KB069543

그래,
나
상처
받았어

이야기를 통해 배우는 마음 돌봄

“이 저서는 2016년도 서울디지털대학교 대학연구비의 지원으로 저술되었음”

그래,
나
상처
받았어

이야기를 통해 배우는 마음 돌봄

김기환 지음

학지사

들어가면서

우울, 불안, 분노, 공포…. 왜 우리는 마음의 고통을 겪게 되는 것일까? 그리고 해결책은 무엇일까? 이에 대해 수많은 현자와 철학, 종교가 답해 왔으며 근래에는 과학적 연구들을 통해 답을 찾으려 노력하고 있다. 이러한 과정 중에 최신 심리치료의 하나인 수용전념치료(Acceptance and Commitment Therapy)는 인간이 심리적 고통을 겪는 이유가 특유의 고차원적인 인지적 능력과 언어에 있다고 제안한다. 즉, 인간의 뛰어난 지적 능력은 만물의 영장이 되게 하는 축복의 근원이자, 동시에 다른 동물들은 겪지 않아도 되는 심각한 심리적 고통을 겪게 만드는 이유가 된다는 것이다. 예를 들어, 토끼는 눈에 보이는 위협적인 대상(예. 늑대)에게 공포반응을 나타내지만 당장 눈에 보이지 않는 위협적인 대상에 대해 미리 걱정하고 두려움에 떨지는 않는다. 하지만 인간은 눈앞에 나타난 강도에게 극심한 공포감을 느끼는 것은 물론, 아직 걸리지도 않은 질병을 머릿속에 미리 떠올리며 염려와 불안에 빠질 수 있으며, 자칫 이에 대한 과도한 두려움으로 생활에 제한을 받기도 한다(예. 질병불안장애). 아울러 수용전념치료는 인간 마음의 산물인 생각, 감정, 느낌, 기억 등을 없애려고 싸우지 말고 있는 그대로 '수용'하면서 그 산물과의 관계를 새롭게 할 것을 조언하고 있다.

수용전념치료와의 만남은 늘 애쓰고 노력하면서 '변화'에 치중해 있던 저자에게 새로운 관점을 전해 주었으며, 삶 속에서 '변화'와 '수용'의 두 날개를 모두 사용할 수 있는 전환점을 제공해 주었다. 그뿐만 아니라, 임상현장에서 만나는 고통받는 이들의 치유와 성장을 돕는 작업에서도 뜻깊은 성찰과 도약을 가져다주었다.

하지만 이렇게 저자의 삶과 치료작업에 지대한 영향을 준 수용전념치료를 배우고 가르치고 적용하면서, 많은 이가 수용전념치료를 너무 어렵게 생각해 학습을 포기하는 모습을 자주 보았다. 이에 저자는 수용전념치료를 보다 쉽게 배우고 삶에 적용할 수 있는 방법을 모색하기 시작하였으며, 수용전념치료가 마음의 작용을 설명하기 위해 비유를 사용하는 점에 집중하였다. 저자는 수용전념치료의 비유를 하나의 연결된 이야기로 묶을 수 있다면 마음을 이해하는 데 있어 큰 도움이 되겠다는 판단을 하였고, 그 결과가 바로 이 책이다.

이 책의 각 장은 두 부분으로 구성되어 있다. 전자는 스토리 형식으로 구성되어 있으며, '미농'이라는 어린 왕자가 기사 '엑스페리언스'와 함께 마음의 고통을 해결하기 위해 여행을 떠나는 내용이다. 이 과정을 통해 미농은 다양한 마음의 고통을 경험하고 있는 사람들을 만나게 되고, 후에 '엘리'라는 마법사(치료자)를 통해 마음의 치유를 경험하게 된다. 이러한 스토리는 인간 마음의 작용에 대한 비유로, 심리적 특성과 증상의 세밀한 특징들을 독자가 이해하기 쉽게 그려 내고 있다. 후자는 스토리 부분에 내포되어 있는 심리학적 설명 및 지식을 보다 직접적으로 제공하는 부분으로, 책에서 '마인드 매뉴얼'로 소개된다. 이 장은 독자가 마음에 대한 다양한 심리학적 설명을 읽고 이를 스스로에게 적용할 수 있도록 구성하였다.

저자는 10년 넘게 상담 및 심리치료를 통해 다양한 심리적 고통을 겪는 내담자들을 만나왔으며, 동시에 강의와 워크숍을 통해 상담 관련 전공 학생과 전문가들을 가르치고 있다. 오랫동안 상담과 강의를 하면서 많은 사람들이 마음을 이해하거나 심리적 고통을 대하는 방법을 습득하는 데에 어려움을 겪는 모습을 보아 왔다. 하지만 시중에 있는 심리학 전문서적들은 지나치게 난해하거나 혹은 이론에만 치중하여 현실과 동떨어진 경우가 많다. 반면, 심리학 관련 대중서적들은 이론적 깊이가 없이 저자의 주관적 경험에 기반하여 과학적 근거와 타당성이 떨어지는 경우가 많다. 이에 저자는 마음과 심리적 고통에 대해 이론적 근거를 가지며, 동시에 쉽고 재미있게 이해할 수 있는 대중서적을 쓰고자 하는 의도로 이 책을 집필하였다. 물론 상담 및 심리치료에 관심을 가지고 있는 학생이나 초심자들에게도 마음의 작용과 증상 및 대처에 대해 배울 수 있는 좋은 자료가 되리라 생각한다. 아울러 상담을 받으러 오는 내담자들에게 권할 수 있는, 마음의 고통과 해결책에 대해 쉽게 설명하는 책 한 권을 내밀고 싶은 의도도 있다.

그래, 나 상처 받았어

이 책을 집필하는 과정도 책 속 주인공의 여행만큼이나 순탄치 않았다. 많은 시간과 에너지가 필요했으며, 무엇보다 저자의 부족한 지식과 필력을 직면하고 보완하기 위한 노력과 숙고의 시간이 요구되었다. 그만큼 힘들지만 꽤 유익한 여행이었으며, 저자의 삶에 중요한 가치인 '나를 통한 타인의 성장과 회복을 보는 삶'에 접촉할 수 있는 과정이었음이 더없이 기쁘다. 만약 이 책의 후속작을 쓸 수 있게 된다면 다시 머리를 뜯을 만큼 괴롭겠지만 그래도 기꺼이 하고 싶을 정도이다.

이 책을 쓰는 데 많은 분의 도움이 있었음에 감사드린다. 먼저 수용전념치료를 소개해 주신 민병배, 문현미 선생님께 감사드린다. 부족한 초고를 읽고 아낌없는 조언과 격려를 전해 준 김하정, 이은림, 변지영 선생님께도 감사드린다. 제목을 함께 고민해 주신 이영호 목사님과 틴즈기획팀에게도 감사드린다. 부족한 책을 출판하도록 친절을 베풀어 주신 학지사 김진환 사장님과 교정을 도와주신 안정민 선생님께도 감사드린다. 나의 원고를 가장 먼저 읽고 "아빠, 이 책 재밌어요."라고 격려해 준 초등학교 4학년 책벌레 아들에게 고마움을 전한다. 나에게 아빠 미소를 가르쳐 준 사랑스러운 딸과 언제나 삶의 모든 굴곡을 기꺼이 함께 경험해 주는 나의 사랑 아내에게도 감사를 전한다. 끝으로 지치고 상처받은 마음을 가지고 갈 때마다 있는 그대로 받아 주시고 돌봐 주시는 치료자, 나의 엘리, 주님께 영원한 감사를 전한다.

김 기 환

차례

마음의 탄생

옛날 아주 먼 옛날에 '랑가주'라는 나라가 있었습니다. 이 나라에서는 사람들과 요정들이 함께 어울려 살고 있었습니다. 어떤 이유인지는 모르지만, 모든 아기가 태어날 때 각자의 수호요정도 함께 생겨났습니다. 수호요정은 그 주인인 사람이 죽을 때까지 늘 함께 있었습니다. 사람들은 수호요정의 힘을 사용하여 여러 가지 놀라운 일을 할 수 있었습니다. 하지만 사람들 각자가 가진 요정의 능력은 서로 달랐습니다. 어떤 사람의 요정은 뛰어난 총명함을 지녔고, 어떤 사람의 요정은 탁월한 미적 감각을 가지고 있었으며, 또 다른 사람의 요정은 놀라운 음악성을 가지고 있었습니다. 이처럼 각자의 요정이 능력을 나타내는 분야가 다르기도 했으며, 그 능력의 정도도 조금씩 차이가 났습니다. 사람들은 각자의 수호요정과 함께 나름대로 행복하게 살고 있었습니다. 사람들은 그 수호요정을 '마음'이라고 불렀습니다.

　어느 날 이 나라에 왕자가 태어났습니다. 왕은 왕자의 이름을 '미뇽'이라고 지었습니다. 물론, 미뇽이 태어나는 날에 그의 수호요정도 생겨났습니다. 다른 모든 요정들이 그렇듯이 요정은 미뇽과 함께 조금씩 자라났습니다. 미뇽이 갓 태어난 아기였을 때, 요정은 미뇽 주위를 빙글빙글 날아다니는 것 외에는 할 수 있는 것이 거의 없었습니다. 하지만 미뇽이 점점 자라나면서 미뇽의 요정 또한 더 많은 능력을 가지게 되었습니다. 수호요정은 미뇽이 아침에 일어날 때, 밥을 먹을 때, 화장실에 갈 때, 장난감을 가지고 놀 때, 심지어 잠을 잘 때도 늘 함께 있었습니다. 그렇기에 요정은 미뇽에게 가장 가깝고도 친한 친구라고 할 수 있었습니다. 미뇽이 아기였을 때 주로 하는 일은 요정과 함께 노는 것이었습니다. 미뇽은 처음에는 공이나 장난감 같이 주로 손으로 만지고 입으로 빨고 눈으로 볼 수 있는 것을 가지고 요정과 놀았습니다. 하지만 둘 다 점점 자라나면서 언제부터인가 눈앞에서 사라져 버린 것도 가지고 놀 수 있게 되었습니다. 왜냐하면 요정이 조금 전 사라진 것과 똑같은 대상을 시각적인 이미지로 눈앞에 만들어 주었기 때문입니다. 예를 들어, 누군가가 베개 뒤에 공을 숨겨도 요정이 베개 뒤에 있는 공의 이미지를 보여 주기 때문에, 미뇽은 베개를 밀쳐 내고 공을 찾을 수 있었습니다. 그뿐만이 아니었습니다. 요정의 능력은 갈수록 놀라울 정도로 발달하여 시각적 이미지와 소리를 조합하고, 그 이미지의 움직임을 만들어 내

그래, 나 상처 받았어

기도 했습니다. 처음에는 짧고 단순한 움직임을 만들어 내었지만, 그 움직임이 점점 더 발달하여 간혹 현실과 구별이 안 될 정도로 생생하고 실감나는 영상을 만들어 내기도 하였습니다. 한번은 요정이 왕궁 창가에 비치는 나무 그림자를 가지고 만들어 낸 괴물의 모습이 어찌나 생생했는지, 미뇽은 심장이 쿵쾅거리기도 하고 오줌을 찔끔 쌀 정도로 무서워서 잠을 못 이루기도 하였습니다.

　요정의 능력이 놀이에만 사용된 것은 아니었습니다. 미뇽이 주변 환경에 대해 하나씩 배우고 주어진 문제를 해결할 때에도 요정의 능력이 큰 힘이 되었습니다. 미뇽이 처음 수(數)에 대해 배울 때는 눈에 보이는 사과의 개수를 세고 더하는 정도가 고작이었습니다. 하지만 요정이 보여 주는 이미지를 이용하고, 나아가 숫자라는 기호까지 사용할 수 있게 되자 더 어려운 계산도 가능하게 되었습니다. 또한 책을 읽을 때에도 글자가 의미하는 시각적 이미지와 소리들을 요정이 생생하게 그려 주었기에, 내용이 오래 기억되고 때로는 책을 읽다가 웃기도 하고 감동을 받아 눈물을 흘릴 때도 있었습니다. 뿐만 아니라, 미뇽이 더 많은 내용을 효과적으로 익힐 수 있도록 요정은 비슷한 것들끼리 연관시키는 능력까지 가지고 있었습니다. 예를 들면, 미뇽이 시금치를 먹고 맛이 없다고 느끼자, 시금치와 비슷한 상추나 브로콜리 등과 같은 채소는 먹어 보지도 않고 모두 맛이 없다고 느끼게끔 했습니다. 미뇽의 편식에 속이 상한 왕비는 죽을 끓일 때 몰래 채소를 갈아 넣어 보았지만, 영리한 요정이 약간의 푸른색만 보고도 '저건 채소일거야.'라고 알려 주었기에 미눙은 절대 먹지 않았습니다.

　요정의 능력은 미눙이 위험에 처하지 않도록 돕기 위해서도 사용되었습니다. 이 능력은 아주 유용하고 강력한 것이었습니다. 미눙이 하루 중 가장 좋아하는 시간은 귀족 아이들과 어울려서 놀 때입니다. 왕궁에서 조금 떨어진 곳에 지금은 사용하지 않는 낡은 성 하나가 있었습니다. 그 곳은 미눙과 친구들의 놀이터이자 어른들이 모르는 비밀 아지트이기도 했습니다. 하루는 그곳에서 아이들이 땀을 흘려 가며 열심히 놀던 중, 한 아이가 위층으로 올라가는 낡은 나무 계단을 발견했습니다. 그러자 그 아이의 요정이 다른 아이들에게 위층에 있을 법한 비밀스러운 방을 영상으로 보여 주었습니다. 그 방은 계단을 올라간 다음 나타나는 방인데, 요정은 그 방에 화려한 보물들과 신기한 장난감들이 가득차 있다고 말하며 그 멋진 광경을 생생하게 보여 주었습니다. 그러자 아이들의 요정들은 더 멋지고 화려한 장면을 경쟁하듯 순식간에 만들어 냈습니다. 모두들 신이 나서 환호성을 지르며 계단을 빨리 오르자고 재촉했습니다. 하지만 미눙의 요정은 달랐습니다. 미눙의 요정이 보여 준 영상은 위층에 있는 멋진 방이 아니었습니다. 그것은 오래된 나무 계단을 올라가다가 그만 계단이 무너져서 아이들이 크게 다치게 되는 장면이었습니다. 다친 아이들의 팔다리가 부러지고 머리에서 피가 나기까지 하는 모습이 어찌나 선명한지, 보는 아이들의 미간이 찡그려지고 심지어 눈을 가리는 아이도 있었습니다. 자신의 요정이 만든 영상이기에 가장 선명하게 보게 된 미눙은 다리가 떨리고 땀이 나고 심장이

　　　　　　　　　　　　　　　그래, 나 상처 받았어

두근거릴 정도였습니다. 하지만 모험심이 강한 녀석이 미뇽을 향해 말했습니다.

"미뇽, 너의 요정은 정말 바보 같은 겁쟁이구나. 내 요정이 보여 준 멋진 방을 봐. 그곳에는 보물과 장난감이 가득한 게 틀림없어."

그리고 다른 아이들에게 의기양양하게 말했습니다.

"겁쟁이 요정을 가진 녀석들은 모두 여기 남아. 내가 먼저 가서 그 보물과 장난감을 싹 다 차지할 테니."

이렇게 말하고는 냉큼 나무계단을 쿵쿵 소리 내며 올라갔습니다. 그 아이가 올라가자, 몇 명의 아이들이 뒤를 따라가기 시작했습니다. 그러자 신이 난 아이들이 서로 밀치며 뛰어 올라갔습니다.

"가자, 보물 찾으러. 겁쟁이는 잘 있으라고!"

그런데 아이들이 우르르 몰려 올라가자 튼튼한 줄 알았던 계단이 우지끈 소리를 내면서 크게 흔들렸습니다. 올라가던 아이들이 깜짝 놀라 비명을 질러 대며 난간을 서로 잡으려고 했지만, 순식간에 계단은 큰 소리를 내며 와르르 무너져 버렸습니다. 갑자기 아수라장이 된 곳에는 먼지가 자욱했고, 떨어져 다친 아이들이 여기저기 뒹굴며 신음과 울음소리를 냈습니다. 결국 이 일로 많은 아이가 다쳐서 병원에 몇 달 동안 꼼짝 못하고 누워 있어야 했습니다. 왕은 미뇽을 안전하게 지켜 준 수호요정을 크게 칭찬했습니다.

"너의 신중하고 조심스러운 판단 덕분에 우리 미뇽이 다치지 않았구나. 앞으로도 계속 이런 식으로 만약의 상황을 늘 대비해 주기 바란다. 정말 고맙구나."

그날 밤 미뇽은 잠들기 전 요정에게 조용히 속삭였습니다.

"마음아, 고마워. 네 덕분에 큰 사고를 피할 수 있었어."

그래, 나 상처 받았어

마인드 매뉴얼

마음의 능력과 부작용

인간은 만물의 영장이라는 호칭에 걸맞게 뛰어난 능력으로 여러 가지 놀라운 성과를 이루어 냈다. 지금 이 순간에도 대형 여객기는 밤낮없이 전 세계를 날아다니며 사람들을 실어나르고, 영상통화를 통해 먼 나라에 있는 가족의 얼굴을 실시간으로 마주하고 대화를 나눌 수 있다. 비단 과학기술에만 한정된 이야기가 아니다. 공원 벤치에 앉아 해리포터 이야기에 심취해 있는 소년을 떠올려 보라. 그 옆에 앉아 있는 소년의 애완견이 과연 그 상황을 이해할 수 있을까? 흰 종이에 찍힌 검은 점들을 보며 흥분을 감추지 못하는 주인의 심정을 상상이나 할 수 있을까? 머릿속에 어떤 생각들이 지나가는지, 얼마나 멋진 장면 속을 여행하고 있는지 도저히 알 수 없을 것이다.

인간에게 다양한 경험과 뛰어난 능력을 제공하는 내적인 공간을 '마음mind'이라고 할 수 있다. 마음에 대한 다양한 정의가 있지만, 사전적 정의 중 하나는 '사람의 생각, 감정, 기억 따위가 생기거나 자리 잡는 공간이나 위치'를 말한다. 마음 안에서 인지적·정서적 활동들이 쉬지 않고 일어난다. 이 마음 덕분에 인간은 만물의 영장이 될 수도 있고, 다른 동물들에게 없는 놀라운 경험을 할 수 있다. 물론 이러한 마음의 작용은 뇌라는 중추 신경계에서 일어난다. 지금 바로 당신의 마음이 얼마나 뛰어난 능력을 가지고 있는지 한번 시험해 보자. 다음과 같은 두 가지 상황을 차례대로 상상해 보라.

1. 당신은 지금 상가건물 화장실에 있다. 손을 씻고 거울 앞에 서 있는데 갑자기 밖에서 "불이야!" 하는 소리와 함께 연기가 올라오고 무언가 타는 냄새가 난다. 나가는 문을 열려고 하는 순간 문고리가 뜨겁게 달아올라 손을 데이고 만다. 옆에 있는 타월로 문고리를 돌리려고 하지만 꿈쩍도 않는다. 이 위급한 상황에서 당신은 어떻게 하겠는가? 위기를 모면할 수 있는 방법들을 잠시 생각해 보라.

2. 당신은 늦은 밤 피곤한 몸을 이끌고 집으로 가는 골목길을 걷고 있다. 빨리 집에 들어가서 쉬고 싶은 마음에 발걸

그래, 나 상처 받았어

음을 재촉하는 중이다. 그런데 순간 발밑에서 뭔가 물컹한 느낌이 들더니 주욱 미끄러지면서 몸이 공중에 살짝 뜨는 느낌을 경험하고 금세 엉덩방아를 찧고 만다. 넘어진 당신은 엉덩이의 통증을 느낀다. 손을 짚고 일어나려는 순간, 뭔가 끈적끈적하고 축축한 액체가 손가락 사이에서 느껴진다. "맙소사!" 취객이 골목길에 만들어 놓은 커다란 피자 같은 토사물 바로 위에 당신이 주저앉은 것이다. 축축하고 찝찝한 느낌이 엉덩이와 다리에서 느껴지고, 시큼하고 구역질나는 냄새가 코끝을 찌른다. 손가락에는 토사물의 일부인 물컹한 소시지 조각과 라면 줄기가 잡힌다. 이 토사물 피자는 당신의 바지에 순식간에 스며들고 있다. 당신은 피자를 좋아하는가? 혹시 불쾌했다면 양해해 주기 바란다.

당신은 방금 무엇을 경험하였는가? 1번 상황을 떠올리면서 마음의 작용이 활발한 사람이라면 벌써 몇 가지 대처방안들을 떠올렸을 것이다. '창문으로 뛰어내릴까?' '소리를 지를까?' '119에 신고하고 구조를 기다릴까?' 하는 등의 다양한 방법을 생각했을 것이다. 그러고는 그 결과까지 생각했을 수도 있다. 낮은 건물이라면 다리 정도는 부러질 생각을 하고 뛰어내리겠지만 고층 건물에 있는 화장실이었다면 그 방법은 포기했을 것이다. 이런 상상 가운데 약간의 긴장감을 느낄 수도 있을 것이다. 2번 상황은 어떤가? 아마도 글을 읽으면서 기분이 썩 좋지는 않았을 것이다. 생생하게 상황을 떠올린 독자는 약간의 매스꺼움까지 느꼈을지도 모른다.

하지만 사실 당신이 지금 있는 곳에 불이 나지도 않았고, 그곳에 취객의 토사물도 있지 않다. 당신이 한 것은 단지 인쇄된 종이 위에 있는 활자들을 해독하였을 뿐이고, 당신의 마음이 이에 더해 생생하게 시각적·청각적·촉각적 감각의 살을 붙인 것이다. 나아가 단지 마음에 떠올리는 것만으로도 감정(예, 불안, 불쾌감)과 신체감각(예, 긴장감, 메스꺼움)을 경험하기도 한다.

이처럼 마음의 놀라운 능력은 우리에게 많은 유익을 가져다주지만, 때로는 큰 고통을 가져다주기도 한다. 마치 문명의 이기가 그러한 것처럼 말이다. 우리는 문명의 이기도, 우리의 마음도 포기할 수 없다. 적어도 당신이 살아 있는 동안은 이 혜택과 부작용의 양날의 검에서 벗어날 수 없을 것이다.

그래, 나 상처 받았어

용을 만나다

그날 많은 아이들이 사고를 당해 충격받은 부모들은 아이들이 위험한 곳에 가지 못하도록 외출금지령을 내렸습니다. 아이들은 학교가 끝나면 곧장 집으로 돌아와 하루 종일 방안에 갇혀 지내야 했습니다. 아이들에게는 너무나도 따분하고 지루한 시간이었습니다. 미뇽 역시 친구들의 사고에 놀라기도 했고, 왕도 외출을 금지하였기에 한동안 왕궁 안에서만 지내야 했습니다. 시간이 한 달, 두 달 지나자 미뇽은 슬슬 몸이 근질근질해지기 시작했습니다.

왕궁이 봄 축제 준비로 분주한 어느 날, 미뇽은 아무도 모르게 왕궁을 빠져나왔습니다. 물론 그의 요정은 함께 있었습니다. 아이들과 함께 가서 놀았던 그 낡은 성에 가 보았지만, 사고 이후로 어른들이 성문을 막아 놓아서 들어갈 수 없었습니다. 실망한 미뇽은 왕궁에서 조금 더 떨어진 곳으로 난 길을 따라 가보았습니다. 길가에 핀 꽃들과 나무들을 구경하며 두어 시간쯤 걷다 보니 이전에는 보지 못했던 이정표가 서 있었습니다.

두려움의 숲

미뇽과 요정은 겁이 조금 나기도 했지만 숲으로 난 길을 조심스레 따라가 보았습니다. 좁은 길을 따라 걸으며 나무가 울창하게 우거진 숲을 벗어나자 예쁜 꽃밭이 나타났습니다. 그리고 맑은 시냇물이 흐르고 멋진 대리석 분수가 있는 아름다운 정원이 보였습니다.

"뭐야, 두려움의 숲이라니? 이름하곤 전혀 다르잖아. 아마 누군가가 이렇게 멋진 곳에 다른 사람들이 들어오지 못하도록 겁을 준 건가 봐."

요정이 미뇽에게 말했습니다. 신이 난 미뇽은 요정과 함께 물장난을 치고 나비와 새들을 쫓아다니며 즐겁게 뛰어놀았습니다. 오랜만에 땀이 나도록 신나게 논 미뇽은 가슴에 쌓였던 답답함이 모두 씻겨 나가는 것 같았습니다. 그러다 따뜻한 햇살이 내리쬐는 풀밭에서 그만 스르르 잠이 들고 말았습니다.

시간이 얼마나 지났을까? 어느새 해가 뉘엿뉘엿 지고 날은 어두워져 땅에는 찬 기운이 깔리기 시작했습니다. 찬 기운에 몸이 오싹해짐을 느껴 눈을 뜬 미뇽은 두 팔로 자신을 감싸고 일어나 걷기 시작했습니다. 그러다 얼마 지나지 않아 순간 그 자리에 얼어붙고 말았습니다. 뭔가

그래, 나 상처 받았어

알 수 없는 거대한 형상이 자신을 노려보는 것 같았습니다. 미뇽은 순식간에 정신이 번쩍 들고 온몸에 전기가 들어오는 듯한 느낌이 들었고, 심장이 급작스럽고 힘차게 고동치기 시작했습니다.

"용이다!"

실제로 용을 본 적은 한 번도 없었지만 그 괴물체가 용이라는 것은 분명하게 알 수 있었습니다. 그림책에서 보고 할머니의 이야기에서 듣고, 가끔 악몽을 꿀 때 나타났던, 사람을 한 입에 통째로 삼킨다던 그 용이었습니다. 요정이 날카로운 소리로 외쳤습니다.

"미뇽, 뛰어! 용이야!"

미뇽은 있는 힘껏 달렸습니다. 용의 울부짖는 소리와 펄럭이는 날개 소리가 멀지 않은 거리에서 귓가에 생생하게 들려 왔습니다. 하지만 도

저히 뒤를 돌아볼 여유와 용기가 생기지 않았습니다. 미뇽은 정신없이 달렸습니다. 요정은 계속 해서 소리쳤습니다.

"달려! 미뇽, 달려!"

요정이 앞으로 도망칠 길만 보여 주었기에, 주변의 나무나 다른 사물들은 잘 보이지 않고 눈앞에 터널 시야가 만들어졌습니다. 도망치는 길 외에는 주변의 모든 것이 흐릿하게 느껴졌습니다. 으르렁 거리는 소리와 함께 용이 내뿜는 불꽃에 미뇽의 망토가 반쯤이나 타 버렸지만 미뇽은 뜨거움도 느끼지 못했습니다. 오직 달려야 한다는 생각뿐이었습니다. 눈물과 땀이 미뇽의 입속으로 들어오고, 나뭇가지에 팔다리가 긁히는 통증이 잠시 느껴지기도 했지만, 내 몸의 감각이 아닌 것 같았습니다. 미뇽은 계속 달렸고, 요정은 계속해서 소리를 질러 대며 길을 보여 주었습니다. 그렇게 한참을 정신없이 달리자 다행히도 용의 소리는 멀어지기 시작했고, 다시 한참을 더 달리자 멀리서 불빛이 보였습니다. 미뇽을 찾는 사람들의 횃불이었습니다.

"살려 주세요. 저 여기 있어요. 살려 주세요."

미뇽은 말을 타고 무리의 맨 앞에 있는 아버지가 보였습니다.

"아버지! 아버지!"

미뇽은 아버지의 품에 안겨서 엉엉 울었습니다. 미뇽의 심장은 여전히 강하게 펌프질하고 있었습니다. 그제야 아까 느끼지 못했던 감각들이 조금씩 돌아오기 시작했습니다. 하지만 탈진한 미뇽은 정신을 잃고 말았습니다.

그래, 나 상처 받았어

마인드 매뉴얼

내가 두려워하는 것

당신은 두려워하는 것이 있는가? 혹은 정말 피하고 싶고 끔찍하게 싫어하는 것이 있는가? 미뇽의 이야기에서 용은 과거 경험이나 외상으로 인해 각자가 두려워하는 대상을 의미한다. 두려움 혹은 회피의 대상은 으르렁거리는 개나 뱀, 피, 주삿바늘, 높은 곳처럼 사람들이 일반적으로 꺼려 하는 대상일 수 있고, 엄격한 아버지, 까다로운 직장 상사, 인상이 사나워 보이는 사람, 자기주장이 강한 사람, 잘난 척하는 사람 혹은 드물게 매력적인 이성과 같은 인물일 수도 있다. 또는 많은 사람들 앞에서 발표나 자기소개, 노래를 하는 상황, 한가지 목표를 두고 치열하게 경쟁해야 하는 상황, 시험이나 면접을 보는 상황, 타인에게 부탁이나 거절을 해야 하는 상황, 사람들의 시선이 집중되는 상황, 서로 갈등하고 싸우는 상황과 같은 특정한 상황이나 사건이 될 수도 있다.

　다음 빈칸에 당신이 두려워하거나 싫어하는 대상 혹은 상황을 기록해 보라. 저자의 경우 엄격하고 무뚝뚝한 윗사람을 대하는 데 두려움이 있었다. 그러한 윗사람 앞에서는 하고 싶었던 말을 다하지 못하고, 만나기 전에는 무슨 말을 해야 할지 깊게 고민하고 걱정을 지나치게 많이 하였다. 특히 삶에 중요한 영향을 미칠 수 있다고 생각되는 엄격한 윗사람을 만나기 전날에는 꿈에 나타나기도 할 정도로 지나치게 긴장하고 불안을 경험하기도 하였다.

● 내가 두려워하는 것 혹은 피하고 싶은 것

　　1. _____

　　2. _____

　　3. _____

그래, 나 상처 받았어

이번에는 내가 그 대상, 상황을 두려워하거나 피하게 된 이유를 한번 진지하게 생각해 보라. 정확하지 않아도 좋다. 단지 내가 생각할 수 있는 이유를 한번 추측해 보라는 것이다. 많은 경우 이전에 유사한 대상 혹은 상황과 관련된 부정적인 경험이 있었을 것이다. 그 경험은 단 한 번의 강력한 외상일 수도 있고, 여러 번의 반복된 좋지 않은 경험일 수도 있다. 즉, 심각한 사고나 폭력과 같은 충격적인 한 번의 사건일 수도 있고, 엄격하고 무서운 아버지, 까다롭고 비교하는 어머니, 또래관계에서 겪었던 따돌림이나 놀림, 혹은 가족의 경제적 어려움 등과 같이 지속된 경험일 수도 있다. 큰 충격으로 단번에 바위가 깨질 수도 있고 오랜 기간의 빗방울로 바위에 금이 갈 수도 있듯이, 우리 마음의 두려움과 상처도 다양한 이유들로 생겨날 수 있다.

저자의 경우 어렸을 때 경제적으로 어려웠던 부모님을 대신해 키워 주신 외조모가 생각난다. 외조모는 일찍 남편을 잃고 홀로 되신 생활력이 강한 분이셨는데, 매우 엄격하고 무서웠다. 외조모는 고아인 여자아이들을 데려다가 키워서 출가시키곤 하셨는데, 한번은 그런 누나가 빨래를 하고 늦게 집에 들어왔을 때 외조모가 화가 많이 나서 어린 저자가 보는 앞에서 소리를 지르며 부엌칼을 던지셨다. 그 때 나무 대들보에 꽂힌 부엌칼이 아직도 눈앞에 선명하게 떠오른다.

그 외조모에 대한 경험 때문에 윗사람을 대하는 것이 매우
두려워진 것이다.

● **내가 생각하는 그 이유는?**

     1. _____

     2. _____

     3. _____

그래, 나 상처 받았어

용이다!

시간이 얼마나 지났을까? 미뇽은 뺨에 닿는 포근한 이불의 감촉을 느꼈습니다. 순간 놀라서 눈이 번쩍 뜨였지만 금세 자신의 침대에 누워 있다는 것을 알아차렸습니다. 잠시 안도의 한숨을 내쉬었지만, 그때 요정이 용을 피해 도망치던 순간을 영상으로 보여 주었습니다. 그러자 미뇽의 심장이 뛰기 시작했습니다.

"미뇽, 괜찮니?"

다시 눈앞에 들어온 것은 미뇽을 지켜보는 어머니의 모습이었습니다. 미뇽의 눈에 눈물이 맺혔습니다.

"많이 놀랐지?"

어머니가 손을 내밀어 미뇽을 안아 주었습니다. 안전한 곳에 있다는 사실을 머리로는 알았지만, 가슴은 계속 두근거리고 식은땀이 났습니다.

그 일 뒤로 몇 달 동안 미뇽은 아무 곳에도 나가지 않고, 자신의 방 안에서만 지냈습니다. 좀 더 정확히 말하자면 화장실을 갈 때를 제외하고는 자신의 침대 위에 계속 누워 있었습니다. 왕비는 미뇽이 많이 걱정스러웠지만 자신의 걱정을 아들에게 보이고 싶지 않았습니다. 대신 미뇽에게 부드러운 음성으로 말했습니다.

"미뇽, 밖에 나가서 산책을 좀 해 보는 게 어떻겠니? 너무 방 안에만 있으면 좋지 않단다. 몸에 힘도 빠지고…. 네 요정도 풀이 죽어 있잖니?"

"네, 엄마."

미뇽은 밖에 나가고 싶지 않았지만 어머니를 걱정시키고 싶지도 않았습니다. 그래서 무거운 몸을 이끌어 방문을 열고 복도를 걸었습니다. 미뇽은 왕궁의 정원으로 나갔습니다. 어느새 밖은 여름 기운으로 무더웠습니다. 매미소리가 카랑카랑하게 울리고 온 세상이 짙은 초록으로 채색되어 있었습니다. 오랜만에 햇살을 마주한 미뇽은 눈이 부셔 한동안 얼굴을 찡그리고 서 있었습니다. 늘 걸어 다니던 왕궁의 돌계단이 낯설게 느껴졌습니다. 매년 여름이면 물장난을 치던 분수로 눈을 돌렸습니다. 시원한 물줄기가 뿜어 나와 더운 공기를 적시며 공중에 무지개를 만든 후 다시 떨어지고 있었습니다. 별 생각 없이 분수를 지켜보고 있으니 이제 좀 편안해지는 것도 같습니다. 그런데 바로 그때였습니다.

"용이다! 용이야!"

갑자기 미뇽의 수호요정이 놀라 소리쳤습니다. 그 소리에 미뇽은 깜

그래, 나 상처 받았어

짝 놀랐고, 이내 심장이 고동치고 몸이 움츠러들었습니다. 그러고 나서
두 눈으로 주변을 빠르게 살폈습니다. 하지만 어디에도 용은 없었습니
다. 요정이 본 것은 분수에 장식되어 있는 거북 조각상이었습니다. 그
조각상을 보고 요정이 놀라 소리친 것이었습니다.

"왜 그래? 놀랐잖아?"

"진짜 용인 줄 알았어."

미뇽은 다시 방으로 돌아가야겠다는 생각밖에 없었습니다. 그때 다
시 요정이 소리쳤습니다.

"용이다! 용이다!"

이번에는 왕궁 지붕에 있는 검은 기왓장들을 보고 요정이 소리친 것
이었습니다. 촘촘한 기왓장들이 용의 비늘처럼 보였던 것입니다. 요정
은 소리만 친 것이 아니었습니다. 눈앞에 무시무시한 용의 모습과 함께,
정신없이 도망치던 그날의 긴박했던 상황을 영상으로 다시 보여 주는
것이었습니다.

"그만해. 마음아!"

미뇽이 소리쳤지만 이미 놀라 버린 요정은 통제가 되지 않았습니다.
미뇽은 방으로 달려 들어가 이불을 뒤집어썼지만, 요정은 따라오면서
계속 소리쳤고 끔찍한 영상은 멈추지 않았습니다. 미뇽은 정말 견디기
힘들었습니다. 다시는 방문을 열고 밖으로 나가고 싶지 않았습니다.

"마음아, 그만해. 제발 그만해. 제발…."

눈물이 앞을 가렸습니다.

마인드 매뉴얼

불안이란 무엇인가?

미뇽이 다시 용을 만나게 될까 봐 긴장하고 두려워하면서 경험하는 감정을 '불안anxiety'이라고 할 수 있다. 그러면 불안이란 무엇인가? 불안은 위험, 위협, 처벌과 같은 부정적인 결과가 예상되는 상황에서 경험하게 되는 정서적 반응을 말한다. 우리는 앞서 살펴보았던 두려운 대상 혹은 상황을 접하게 될 때 혹은 접하기 전에 불안을 경험하게 된다. 불안은 그 자체로는 불쾌한 경험이지만, 차후 발생가능한 부정적인 결과를 예방하는 데 도움이 되는 정서이기도 하다.

만약 우리가 불안을 전혀 느끼지 못한다면 어떻게 될까? 사나운 개를 조심하지 않아 물릴 수 있고, 까다로운 직장상사 앞에서 실수하여 크게 혼날 수 있으며, 중요한 시험이나 발표를 대충 준비하여 나쁜 평가를 받게 될 수도 있다. 그러

그래, 나 상처 받았어

므로 불안은 건물 곳곳에 설치되어 있는 화재경보기와 같이 나쁜 결과를 피하라고 미리 경고하는 역할을 하는 것이다.

그러나 만약 화재경보기가 지나치게 민감하다면 어떤 일이 벌어질까? 지나치게 예민해서 아주 사소한 온도의 상승에도 작동한다면 어떻게 될까? 예를 들어, 무심코 화재경보기 쪽으로 내 쉰 입김이나 오후의 나른함을 달래기 위한 뜨거운 커피 한 잔에도 화재경보기가 작동한다면 어떻게 될까? 아마도 수시로 울리는 경보음 때문에 일상에 집중하기 힘들 것이다. 이처럼 불안은 우리를 '미래에 발생 가능한 위험과 부정적 결과에서 보호하는 역할'을 하지만, 그 정도가 심하다면 이는 병적인 불안이 될 것이다. 병적인 불안으로 고통받고 이로 인해 학업, 직업, 대인관계 등에 심각한 지장을 경험하는 경우, 이를 불안장애라고 한다.

앞서 살펴본 바와 같이 이전에 좋지 않은 사고, 사건, 충격, 경험 등을 겪은 후에 그와 관련된 불안이 더 심해질 수 있다. 저자의 예를 든 것처럼, 이전에 엄하고 무서운 외조모와의 경험에서 겪은 고통을 다시 겪지 않기 위해서, 현재에 엄격한 윗사람을 만나면 불안의 경보기가 미리 작동하여 조심하게 하는 것이다. 하지만 문제는 그 정도가 심하여 오히려 대인관계나 수행에 방해가 되는 것이다.

때로는 특별한 외상이나 부정적 경험이 없음에도, 불안의 경보기가 태어날 때부터 민감한 경우도 있다. 선천적으로 타고난 개인의 심리적 특성을 '기질temperament'이라고 하는데, 클로닝저Cloninger 박사는 자신의 심리생물학적 인성모델에서 선천적이고 생물학적인 기질을 네 가지로 분류하였다. 그중에서 처벌이나 위험 신호에 대한 반응으로 행동이 쉽게 억제되는 경향인 '위험회피harm avoidance' 기질이 불안을 쉽게 일으키는 특성이라고 할 수 있다. 위험회피 기질을 쉽게 표현하자면 '겁(怯)'이라고 할 수 있는데, 즉 태어날 때부터 겁이 많은 사람이 있다는 것이다. 이렇게 위험회피가 높게 태어난 사람은 사소한 일에도 쉽게 불안을 경험하고 다가올 위험이나 위협을 피하려는 반응이 예민하게 나타날 수 있다.

불안은 크게 신체적, 인지적, 행동적 요소로 구분될 수 있다. 신체적 요소는 가슴 두근거림, 얼굴 빨개짐, 어지러움, 식은 땀, 손발 떨림 등이 있다. 인지적 요소는 불안할 때 드는 생각으로 '나쁜 일이 생기면 어떡하지?' '나를 나쁘게 보면 어떻게 하지?' 등과 같이 불안과 관련된 생각들을 말한다. 마지막으로, 행동적 요소는 불안할 때 내가 하게 되는 행동들을 말한다. 이러한 예로는 불안할 때 손톱을 물어뜯거나, 왔다갔다하거나, 불안을 일으키는 대상을 회피하는 것, 혹은 불안한 상황에 대해 지나치게 많이 생각하는 것 등이 있을 수 있다.

그래, 나 상처 받았어

다음의 예는 엄격하고 무뚝뚝한 윗사람을 대할 때 경험하
는 불안을 신체적, 인지적, 행동적 요소로 나누어 본 것이다.

불안의 3요소		
* 불안을 경험한 상황을 간단히 기술하시오. 상황: 부장님에게 결재를 받을 때		
신체적 요소	인지적 요소	행동적 요소
내가 경험한 신체적 증상들은…. - 가슴 두근거림 - 얼굴 빨개짐 - 식은땀 - 손 떨림	내가 했던 생각들은…. -'부장님이 화내실 거 야.' -'서류가 왜 이 모양이 냐고 소리 지르실지도 몰라.' -'부장님께 멍청한 사 원으로 찍히게 될거 야.' -'결국 인사고과에 반 영되어 나쁜 평가를 받게 되고 승진이 안 될지도 몰라.'	다른 사람들에게 관찰될 만한 나의 행동들이나 행동하는 방식은…. - 결재받으러 가는 시 간을 자꾸 미루게 됨 - 부장님의 표정을 수 시로 살피게 됨 - 담배를 자주 피게 됨 - 서류를 반복해서 확 인하게 됨

출처: 『사회불안증의 인지행동치료』(최병휘 역, 2006)에서 인용

다음의 표에는 당신이 불안을 경험하는 상황을 써서 정리해 보라. 이렇게 자신이 불안해하는 상황과 그 때 일어나는 불안의 요소들을 살펴보는 것은 자신의 불안을 이해하고 관리하는 데에 도움이 될 것이다.

불안의 3요소		
불안을 경험한 상황을 간단히 기술하시오. 상황:		
신체적 요소	**인지적 요소**	**행동적 요소**
내가 경험한 신체적 증상들은….	내가 했던 생각들은….	다른 사람들에게 관찰될 만한 나의 행동들이나 행동하는 방식은….

그래, 나 상처 받았어

신체적 요소들을 진정시키기 위해서는 천천히 심호흡을 하거나 몸을 이완시키는 방법들을 활용하는 것이 좋다. 인지적 요소들을 다루기 위해서는 그 생각이 정말 타당한지, 현실적인지 혹은 도움이 되는지를 살펴보고, 다르게 생각하거나 다른 관점을 가질 수 있도록 노력할 수 있다. 아울러 행동적 요소들에 대해서는 불안을 다루기 위해 보다 적응적이고 효과 있는 행동들(예, 주의를 분산하기, 심호흡하기 등)을 탐색하고, 도움이 되는 새로운 행동을 익숙할 때까지 연습하는 것이 필요하다.

여행을 떠나다

미뇽은 용에 대한 두려움 때문에 방 밖으로 거의 나가지 않았습니다. 예전에 그렇게 좋아하던 친구들도 만나지 않았습니다. 틈만 나면 열심히 하던 라틴어 공부도, 책읽기도 손에서 놓은 지 오래되었습니다. 다른 사람은 손도 대지 못하게 할 정도로 보물처럼 아끼던 작은 하프를 연주하는 것도 그만두었습니다. 미뇽은 이러한 자신의 모습이 너무 한심하고 싫었습니다. 요정이 미뇽을 향해 말했습니다.

"넌 정말 한심해. 구제불능이야. 도대체 왜 이러고 앉아 있니?"

그리고 자꾸만 눈물이 났습니다. 그럴수록 자신의 모습이 더욱 한심하고 마음에 들지 않았습니다.

어느 날 잠잠히 지켜보고 있던 왕이 미뇽을 불렀습니다.

그래, 나 상처 받았어

"미뇽, 도대체 왜 그러느냐? 그렇게 많이 힘든 게냐?"

왕은 걱정스러운 눈으로 미뇽을 보았습니다. 하지만 미뇽은 아무런 말도 할 수 없었습니다. 한참동안 침묵이 흘렀습니다.

"이 애비도 계속 지켜만 보고 있을 수는 없구나."

미뇽은 아버지 앞에서 바보같이 서 있는 자신의 모습이 더욱 싫어지고 화가 나서 눈물만 뚝뚝 흘렸습니다.

"미뇽, 저 동쪽 나라에는 너를 도와줄 수 있는 마법사들이 살고 있단다. 그 마법사들을 만나 도움을 청해 보거라."

왕은 여전히 자상하지만 단호한 말투로 말을 이었습니다.

"그리고 혼자 가기 쉽지 않을 테니, 너를 도와줄 믿음직하고 용감한 기사 한 명이 함께 갈 것이다."

왕이 옆에 있던 시중드는 신하에게 손짓을 했습니다. 잠시 후 문이 열리고 건장한 체격에 짙은 갈색 머리의 사나이가 한 명 들어왔습니다. 그는 한쪽 무릎을 궁중 카펫에 꿇고 말했습니다.

"왕자님, 저는 '엑스페리언스'라고 합니다. 전하의 명으로 왕자님을 모시게 되었습니다. 동쪽 나라로 가는 여행에 왕자님을 모시게 되어 영광입니다. 앞으로 왕자님을 잘 보필하겠습니다."

기사는 씩씩하고 우렁찬 목소리로 미뇽에게 인사를 했습니다.

마인드 매뉴얼

경험의 힘

미뇽은 용에 대한 두려움 때문에 방 안에서만 지내고, 다른 모든 경험들을 차단하고 회피하는 행동의 패턴을 가지게 되었다. 이렇게 회피하는 행동패턴으로 인해 미뇽은 더욱 우울해지고 자신이 못나게 느껴지게 되었으며, 자신에게 중요한 일이나 기쁨을 주는 활동까지 중단하게 되어 삶에 큰 지장을 겪게 되었다. 이처럼 우리의 삶에서 현재 문제를 일으키는 행동들을 '부적응적인 패턴'이라고 한다.

그런데 현재의 부적응적인 패턴은 과거에는 '적응적인 패턴'이었을 수 있다. 이게 무슨 말인가? 예를 들어 보자. 직장 상사를 무서워하고 지나치게 눈치를 보며 피하는 직장인 최씨의 현재의 행동은 직장 생활에 큰 지장을 주기 때문에 부적응적인 패턴이라고 할 수 있다. 이렇게 상사를 무서워하는

그래, 나 상처 받았어

최 씨는 어릴 때 매우 엄격하고 무서운 아버지 밑에서 자랐다. 그의 아버지가 어찌나 무섭고 엄격했던지, 퇴근 후 집에 들어오면 온 식구가 숨을 죽이고 생활해야 할 정도였다. 그와 형제들이 집에서 TV를 보고 있거나, 방을 어지럽혔거나, 공부를 하고 있지 않으면, 바로 아버지의 불호령이 떨어지고 심할 때는 뺨을 맞기도 하였다. 이러한 아버지 밑에서 최 씨는 늘 눈치를 보고 아버지의 표정을 살폈다. 어찌나 눈치를 보았던지, 집에 키우던 개가 짓는 소리만 듣고도 아버지가 오시는지, 다른 사람이 오는지를 구분할 수 있었다. 만약 그가 아버지가 들어올 때에도 눈치 없이 TV를 보고 낄낄거리고 있거나 편하게 소파에 기대어 있었다면 어떻게 되었을까? 아마도 난리가 났을 것이다. 아버지를 무서워하고 눈치를 보며 회피하는 최 씨의 행동은 불호령과 폭력이라는 부정적인 결과를 막을 수 있었기에 그 당시에는 '적응적'이었다. 그러므로 '현재의 부적응적인 패턴은 과거에는 적응적이었다'는 것이다.

그렇다면 현재 부적응을 가져다주는 패턴을 변화시키기 위해서는 어떤 노력이 필요할까? 그것은 단지 '내가 그래서 지금 이렇구나.' 하는 식의 깨달음만으로는 부족하다. 새로운 시도와 행동을 통해 이전과 다른 결과를 '경험'해야만 하는 것이다. 예를 들어 직장 상사를 피하지 않고 찾아갔을 때,

생각했던 것만큼의 나쁜 결과가 일어나지 않는다는 것을 경험해야 하는 것이다. 그리고 회식자리에서 술잔을 건네며 말을 걸었을 때 상사가 생각보다 무서운 사람이 아니라는 것을 경험하는 것이다. 이렇게 새로운 경험들이 누적될 때, 윗사람들이 모두 아버지처럼 엄격하고 까다롭지는 않다는 것을 깨닫게 되고, 아버지가 늘 말했던 것처럼 내가 그렇게 부족하고 멍청한 사람이 아니라는 것을 알게 되는 것이다.

이처럼 경직된 패턴을 깨는 새로운 경험만이 나를 변화시킨다는 것을 기억하기 바란다. 이 때문에 미뇽의 변화와 치유를 돕는 기사의 이름이 '엑스페리언스(experience, 경험)'인 것이다.

두려움, 걱정이나 불안으로 인해 회피하고 절대로 하지 않는 행동들이 당신에게도 있는가? 이를 깨뜨리기 위한 예를 다음에 들어 보았다. 이 외에도 수많은 예들이 가능할 것이다.

● **새로운 경험을 위한 시도들의 예**

1. 낯선 사람이나 무서워 보이는 사람에게 말 걸어 보기

2. 계획을 세우지 않고 여행 떠나 보기

3. 예전과 매우 다른 패션과 헤어스타일로 자신을 꾸며 보기

4. 맘에 드는 이성에게 고백해 보기

5. 익숙하지 않은 도구나 기계 사용해 보기

6. 낯선 곳에 가 보기

7. 안 먹어 본 음식 도전해 보기

8. 평소의 나의 모습과 맞지 않는 새로운 취미 생활해 보기

9. 삶의 변화를 위해 심리상담 받아 보기 등

자, 이번에는 당신의 차례이다. 그동안 당신이 두려움, 걱정, 어색함 등으로 인해 해 보지 않았던, 하지만 새롭게 시도해 보고 싶은 일들을 적어 보기 바란다. 주변 사람들이 원하는 것이 아닌, 정말 내가 나를 위해 새롭게 시도해 보고 싶은 일들을 적기 바란다. 해외여행이나 새로운 직장으로의 이직과 같이 큰 결심이 아니어도 좋다. 작고 소소한 일이라도 내 입장에서 새로운 경험이라면 충분하다. 집으로 갈 때 늘 가던 골목길이 아닌 새로운 길로 가는 것 같은 작은 변화라도 충분히 훌륭하다.

● **새로운 경험을 위해 내가 해 볼 수 있는 시도들**

1. _____

2. _____

3. _____

4. _____

5. _____

6. _____

7. _____

단, 여기서 주의할 점은 '시도'를 했다는 것에 의미를 두고, '결과'에 중요성을 두지 않는 것이다. 예를 들어, 맘에 드는 이성에게 고백을 했다고 해서 상대가 무조건 수락하지는 않을 것이다. 하지만 나는 이전 같으면 두려워서 하지 못했을 행동을 하는 새로운 경험을 한 것이다. 이는 변화를 위해 한 걸음을 내딛은 것이며, 이것만으로도 스스로 칭찬하고 보상을 줄 충분한 가치가 있다. 나의 익숙한 생각과 패턴에 갇히지 말고 충성스러운 기사 엑스페리언스(경험)와 함께 새로운 시도를 많이 해 보길 바란다. 그 경험들이 차곡차곡 쌓이면 당신에게 지혜의 보고(寶庫)가 되어 줄 것이다.

그래, 나 상처 받았어

사회불안과의 만남

다음날, 아침 일찍 일어나 준비를 마친 미뇽은 부모님께 인사를 드렸습니다.

"미뇽, 잘 다녀오너라. 이 아버지는 네가 잘 해내리라 믿는다."

왕이 걱정을 감추며 담담하게 말했습니다.

"미뇽, 어디가든 항상 조심하고 기사 옆을 떠나지 말고, 끼니 거르지 말고…. 혹시 너무 힘들면 돌아와도 괜찮아…. 그리고…."

왕비는 말을 다 맺지 못하고 눈물을 보였습니다.

"네, 다녀오겠습니다. 너무 걱정하지 마세요. 그리고 꼭 해결하고 돌아올게요."

미뇽은 어머니가 걱정할까봐 일부러 더 힘주어 말했습니다. 미뇽은 말을 타고 기사와 함께 동쪽 나라를 향해 출발했습니다. 성문을 나와서 한참 동안 말없이 길을 가다 미뇽이 기사에게 말을 건넸습니다.

"기사님, 당신이 매우 용감하다고 아버지께 들었어요. 두려워하는 것이 없다고 하시더군요. 물론 용도 두렵지 않겠지요? 어떻게 그렇게 용감할 수 있죠?"

"왕자님, 저도 두려워하는 것이 있답니다. 당연히 용도 조금은 두렵지요. 단지 저는 수호요정의 말을 곧이곧대로 다 듣지 않을 뿐이죠. 저는 제 눈으로 보고 경험하는 것만 믿는답니다. 지금 내 눈에 용이 보이지 않으니 미리 겁을 먹거나 걱정하진 않죠. 하지만 눈앞에 나타나면 저도 꽤 두려울 것 같습니다. 하지만 그 두려움 때문에 얼어붙어 있진 않을 겁니다. 제가 할 수 있는 힘을 다해 왕자님을 지켜 드릴 겁니다!"

왕국을 떠난 후 많이 위축되어 있던 미뇽과 그의 요정은 기사의 말을 듣고 조금 힘이 나는 것 같았습니다.

길을 따라 가다 보니 어느새 날이 어두워지고 저녁이 되었습니다. 두 사람 앞에 때마침 낡은 집 한 채가 나타났습니다. 문에는 '사회불안social anxiety'이라는 문패가 달려 있었습니다. 기사가 말에서 내려 노크를 했습니다.

"실례합니다. 계십니까? 실례합니다. 아무도 안 계십니까?"

아무런 인기척이 없었습니다.

"아무도 없나 봐요."

미뇽이 말했습니다.

그래, 나 상처 받았어

"아닙니다. 제가 멀리서 봤을 때 분명히 굴뚝에서 연기가 났습니다. 그리고 뭔가 음식 냄새 같은 것도 좀 나지 않나요? 이 근처에는 다른 인가가 없습니다. 이 집에서 머물지 못하면 길거리에서 자야 할 수도 있어요."

"계세요? 안에 아무도 안 계세요?"

엑스페리언스가 큰 소리로 계속해서 불렀습니다. 그러자 문 안에서 아주 작고 가느다란 목소리가 들렸습니다.

"누, 누… 누구세요?"

"저희는 길 가는 행인입니다. 하루 밤만 묵어 갈 수 있게 해 주세요. 사례는 충분히 하겠습니다."

"안 됩니다. 그럴 수 없어요."

다시 모기같이 작은 소리가 들렸습니다.

"한 번만 도와주십시오. 그렇게 매정하게 굴지 말고요. 안 그러면 동네방네 소문낼지도 몰라요. 인심 사나운 집이 저기 있다고. 여기 동네 사람들!"

기사가 소리치자 문이 힘없이 끼익 소리를 내며 열렸습니다.

"네네, 그만하세요! 들어오세요. 대신 저에게 너무 많은 말을 걸지 말아 주세요. 부탁이에요."

문 뒤에는 왜소한 체구의 남자가 아래위로 짙은 색의 옷을 단정하게 입고 서 있었습니다. 그와 그의 요정 모두 표정이 어둡고 위축된 듯했으며, 수시로 미뇽과 엑스페리언스를 살펴보는 것 같았습니다.

"잠시만 기다리세요."

미뇽 일행이 집으로 들어가자 남자는 다소 긴장한 듯한 모습으로 다급하게 음식을 준비하였습니다. 그런데 그의 수호요정은 그를 따라다니며 쉴 새 없이 비난조로 중얼거렸습니다.

"찌질해. 바보 같아. 좀 제대로 해. 저 사람들이 너의 이런 느려 터진 모습을 보고 얼마나 비웃겠어."

얼마 후 남자는 빵과 수프를 가져왔습니다.

"드, 드세요."

남자는 미뇽과 엑스페리언스를 제대로 쳐다보지 못하고 시선을 아래로 향하며 음식을 건넸습니다.

"이런 형편없는 음식을 누가 먹겠어? 그리고 '드세요'가 뭐니? 말이 왜 그렇게 짧아? 그리고 말을 너무 더듬잖아. 목소리까지 떨리고…. 게다가 얼굴까지 빨개진 게 …. 저 사람들이 너를 어떻게 보겠어?"

그의 요정이 계속해서 말을 덧붙였습니다. 식탁에 음식을 놓은 남자는 미뇽과 기사가 앉은 자리에서 떨어져 앉았습니다. 그는 여전히 시선을 잘 맞추지 못하고 바닥을 보고 앉아 있었습니다.

"식사 안 하세요? 같이 드시면 좋을 텐데…."

미뇽이 말했습니다.

"아, 아뇨. 저는 이따가 따로 먹는 게 편해요."

사회불안이 떨리는 목소리로 답했습니다.

"잘 먹었습니다. 음식이 맛있습니다."

기사의 씩씩한 목소리에 남자는 깜짝 놀라는 모습이었습니다. 그러자 그의 요정이 또다시 말하기 시작했습니다.

"네가 바보처럼 깜짝 놀라는 모습을 저 사람들이 봤어. 너의 얼굴이 빨개지는 모습을 봐. 네 손이 떨리는 것은 또 어떻고…. 네가 하는 말들은 너무 지루할 게 틀림없어. 그러니 말을 하지 않고 있는 게 더 나아. 이런 바보 같은 모습 계속 보이지 말고 빨리 침실로 안내하고 네 방으로 들어가는 게 가장 상책일 듯 싶어."

"당신의 요정은 정말 짜증나는 수다쟁이군요. 당신의 행동 하나하나에 대해 다 잔소리를 하고 비난을 하네요. 정말 짜증나시겠어요."

보다 못한 엑스페리언스가 말했습니다.

"제 행동이 너무 바보 같죠? 모든 사람들이 저를 비웃고 웃음거리로 여길 거예요. 정말 찌질하기 짝이 없죠? 그래서 제가 밖에 잘 나가지 않고 사람들을 피하는 거예요."

사회불안의 말이 끝나자 바로 미뇽이 말했습니다.

"아니에요, 아저씨. 그렇게 생각한 적 없어요. 아저씨는 매우 친절하고 따뜻한 분 같아요. 모르는 사람들에게 이렇게 정성스럽게 음식까지 주셨잖아요."

미뇽이 말을 이었습니다.

"그리고 제 수호요정도 제게 수시로 말해요. '용이다!'라고요. 이 집에 들어오고 나서도 벌써 저에게 용이라는 말을 열 번도 넘게 했어요. 저기 걸려 있는 악어가죽 가방을 보고 한 번, 벽난로 불을 보고 한 번, 창

그래, 나 상처 받았어

틀에 붙어 있는 도마뱀을 보고 한 번, 날카로운 포크를 보고 한 번, 그리고 '드세요'라는 말에서 나온 '요'자 때문에 한 번…. 더 말하면 피곤하지요. 저야말로 정말 찌질하지요. 있지도 않은 용을 겁내고 있으니…."

집주인은 한참동안 고개를 숙이고 있다가 잠시 후 입을 열었습니다.

"휴…. 저도 처음부터 이렇진 않았어요. 조금 수줍음이 많고 내성적인 편이긴 했지만 이 정도는 아니었어요."

잠시 후 그는 다시 말을 이었습니다.

"사춘기에 접어들 때 즈음, 친구들과 놀다가 돌아가면서 노래를 부를 일이 있었지요. 그때 여자아이들도 있었는데, 마침 마음속으로 좋아했던 여자애도 있었지요. 잘 보이고 싶어서였는지 긴장을 해서 노래를 부르다 목소리가 여러 번 꺾이고 말았어요. 그 때 친구 중 하나가 큰소리로 웃으며 '삑사리 난쟁이야. 삑사리 난쟁이.' 하고 놀려댔어요. 그 뒤로 다른 친구들도 저를 볼 때마다 삑사리 난쟁이라고 놀리고 제가 노래하던 모습을 흉내 내었지요. 그런데 다른 친구들이 놀리는 것은 어느 정도 참을 수 있었고 견딜 만했어요. 하지만 가장 충격적이었던 건, 그때 가장 친했던 친구 녀석마저 저를 놀려 대는 아이들의 무리에 있었던 거예요. 그렇게 믿었던 친구였는데…. 그 친구만은 제 편이 되어줄 줄 알았는데… 흐흐흑…."

사회불안은 결국 눈물을 보였습니다. 그리고 말을 이었습니다.

"그때 아직 어린 나이지만 배신감이 뭔지 알게 되었어요. 그 배신감과 두려움으로 다시는 이런 실수를 하지 말아야겠다고 굳게 다짐했지요. 그리고 사람들이 겉으로 내색하지 않아도 속으로는 나에 대해 부정적인 생각을 할 수 있다고 굳게 믿게 되었지요. 그 뒤부터 저의 요정은 제가 하는 행동, 말, 표정 하나하나까지 그때그때 지적해 주었지요. 그러자 저는 점점 더 긴장하게 되고 사람들과 있는 것이 더 불편해지게 되었답니다. 이후로 저는 정말 어쩔 수 없는 상황을 제외하고는 되도록 집 밖으로 나가지 않았어요. 물론 친구도 정말 믿을 수 있는 한두 명 외에는 만들지 않았지요. 저는 사람들이 저를 우습게 보고 놀리거나 무시할까 봐 두려워요. 그런 일을 당하느니 차라리 아무도 만나지 않는 게 더 나아요. 또 그런 일을 당할까 봐 너무 불안해요."

그가 힘들게 말을 꺼내는 동안에도 그의 요정은 쉴 새 없이 떠들어 댔습니다.

"그런 말을 하면 어떡해? 진짜 바보처럼 보일 거야. 이제 너의 바보 같은 이야기가 모든 마을 사람들에게 전해지게 될 거야. 그러니 더욱더 아무도 안 만나는 게 좋을 거야! 큰일 났어. 큰일 났다고…."

미뇽은 사회불안의 이야기에 눈물이 났습니다. 그리고 너무 안타깝게 느껴졌습니다. 한편으로는 마음 때문에 괴로움을 겪는 사람이 자기만은 아니라는 생각에 약간의 안도감이 들기도 했습니다.

그래, 나 상처 받았어

마인드 매뉴얼

타인의 시선을 지나치게 신경 쓸 때 생기는 '사회불안'

앞서 불안은 미래에 발생 가능한 위험과 부정적 결과에서 보호하기 위해 미리 알려 주는 역할을 한다고 하였다. 그렇다면 사회불안은 어떤 역할을 할까? 사회불안은 '다른 사람들이 자신에 대해 할 수 있는 부정적인 평가와 그 결과를 피하기 위해 미리 조심하게 하는 역할'을 한다. 다시 말해, 내가 생각 없이 마음대로 행동했을 때 타인이 나를 나쁘게 보고 멀리하거나 싫어하지 않도록 막아 주는 역할을 한다. 예를 들어 처음 소개팅을 하는 자리에서 상대방에게 좋은 인상을 주고 싶은 남자가 마음속으로 '내 외모가 마음에 들까?' '내 말투가 너무 무뚝뚝하게 느껴지는 건 아닐까?' '어떤 음료를 주문해야 마음에 들어 할까?' '내가 너무 소리 내면서 차를 마신 건 아닐까?' '내 이야기가 재미없는 건 아닐까?' 등과 같은 생각을 하면서 긴장하고 초조해하는 감정이 바로 사회불안이다. 그러므로 사회불안을 조금도 경험하지 않는다면 당당하고 자신감 있는 사람이 될 수도 있겠지만, 자칫 눈치 없고 센스가 부족하며 지나치게 자기중심적인 사람이 될 수도 있다.

타인의 시선이나 평가가 과도하게 부담스럽고 불안해서 어려움을 겪는 것을 '사회불안장애' 혹은 '사회공포증'이라고 하며, 일반인들에게는 울렁증, 대인기피증, 시선공포증, 무대공포증, 연설공포증, 적면공포증, 발표불안, 면접불안, 이성불안, 대화불안, 지나친 낯가림 등의 다양한 명칭으로 알려져 있다. 『정신장애의 진단 및 통계편람 제5판』에서는 사회불안장애를 '타인에게 면밀하게 관찰될 수 있는 하나 이상의 사회적 상황에 대한 극심한 공포와 불안'으로 정의내리고 있다. 아울러 이러한 사회불안장애를 가진 사람은 자신이 부정적으로 평가되는 방향으로 행동할까 봐(또는 불안 증상을 보일까 봐) 두려워한다고 한다.

사회불안을 가진 사람들이 두려워하는 사회적 상황은 크게 두 가지로 구분될 수 있다. 하나는 대인관계를 맺는 상황이고, 다른 하나는 사회적인 수행 상황이다. 전자는 다른 사람과 상호작용을 할 때 심한 불안을 경험하는 것으로, 낯선 사람을 만나거나 지도교수나 직장상사와 같은 권위자를 만날 때 두려워하는 경우, 동성과는 잘 어울리나 소개팅과 같이 이성을 만나는 상황을 두려워하거나, 거절이나 자기주장을 하기 어려워하는 경우 등이 있다. 후자인 사회적인 수행 상황은 다른 사람들 앞에서 평가받을 수 있는 행동을 하는 것으로, 발표, 연설, 강의, 면접, 토론, 노래, 연주, 공연 등과 같은 수행을 할 때 심한 불안을 경험하는 경우이다.

그런데 조금만 생각해 보면 앞서 말한 상황들을 전혀 두려워하지 않는 사람이 있을까 하는 의문이 들 것이다. 저자의 경우에도 대학생 시절 교수님을 찾아뵐 일이 있을 때, 연구실 문 밖에서 숨을 고르며 심한 긴장으로 심장이 튀어나올 것 같았던 기억이 생생하다. 그러나 이러한 불안 증상이 심해 학업이나 직업 그리고 대인관계에 있어 심각한 손해나 고통을 겪는 경우 사회불안장애라고 할 수 있다. 역학 연구에 따르면, 사회불안장애의 평생 유병률이 3~13%의 범위에 속해 있어, 비교적 흔한 심리장애라고 할 수 있다. 의외로 많은 사람들이 사회불안으로 인해 고통을 경험하고 있다는 것이다.

사회불안이 높은 사람들은 대부분 '자기초점적 주의self-focused attention'를 많이 나타낸다. 이는 자동적으로 자신의 신체감각, 행동, 생각 등에 주의를 지나치게 두는 것을 말한다. 예를 들어, 발표를 하는 도중에도 '내 얼굴이 빨개지고 있어. 사람들이 내 행동을 바보처럼 볼 거야. 방금 내 발음이 새고 말을 더듬거렸어. 아 망했다. 어쩌지…' 등과 같이 발표 내용에 집중하기보다 자신의 신체감각이나 수행 등에 반복적으로 주의를 둠으로써 오히려 더 큰 불안을 경험하는 것을 말한다.

그리고 대부분 자신에 대해 지나치게 엄격하고 높은 기준을 갖고 있어서, 실수하지 않고 완벽하게 하려고 과도하게 애쓰는 경우가 많다. 즉, '모두가 집중할 정도로 발표를 잘해야 해.' '모든 사람이 다 나를 좋아하게 하고 싶어.' '실수하면 사람들이 모두 비웃을 거야.'와 같은 생각들을 많이 한다. 하지만 이렇게 잘하려고 지나치게 애쓰는 것이 오히려 불안과 부담을 높여서 더 큰 어려움을 가져오게 된다.

그러면 이러한 사회불안을 극복하는 가장 좋은 방법은 무엇일까? 그것은 바로 자신이 두려워하는 사회적 상황을 오히려 의도적으로 직면하는 것이다. 이를 '노출 훈련exposure exercise'이라고 한다. 이러한 노출 혹은 직면 훈련이 가장 중요한 이유는 무엇일까? 그것은 바로 불안이 회피라는 먹이를 먹고 자라기 때문이다. 원래 불안은 흉악한 괴물이 아니라 나를 지켜 주는 애완견과 같은 존재이다. 하지만 불안을 지속적으로 회피하다 보면, 그 불안이 오히려 지나치게 커지고 불안을 느끼는 대상도 더 폭넓어지게 되는 것이다. 마치 나를 물었던 치와와가 무서워서 자꾸 피하면 더 무서워지고 다른 종류의 개들도 다 피하게 되는 경우와 같다. 그러므로 자신이 불안을 느끼는 상황을 불안의 강도에 따라 열거해 보고, 다소 낮은 정도의 불안을 느끼는 상황에서부터 스스로 직면해 보는 것이 필요하다. 그러한 노출 경험을 통해 그 상황에 조금씩 익숙해지고, 그 상황이 생각만큼 위험하지 않고 끔찍한 결과를 가져오지 않는다는 것을 경험하게 될 때, 비로소 불안이 줄어들게 되고 부정적인 생각의 변화가 일어나게 된다.

　이는 마치 무대 경험이 적은 신인가수가 첫 무대에서 지나치게 긴장하고 떨어서 노래를 어떻게 불렀는지조차 기억이 안 나지만, 많은 무대 경험으로 베테랑이 되었을 때에는 사전에 준비하지도 않았던 즉흥 공연까지 해내면서 무대를 즐기는 것과 같은 이치이다. 물론 두려워하는 상황을 스스로 직면하는 것은 매우 고통스러운 일임에 틀림없다. 하지만 근력운동을 할 때 근육이 아프고 통증을 느끼는 만큼 더 튼튼한 근육을 가지게 되어 차후에는 웬만한 격렬한 운동에도 통증이나 피로를 느끼지 않는 것처럼, 불안을 받아들이고 직면하는 만큼 불안을 견디는 감내력이 더 커진다고 할 수 있다. 기억하길 바란다. 불안은 회피를 먹고 자란다는 사실을….

● 내가 불안해하고 회피하는 사회적인 상황은 무엇인가?

1. _____

2. _____

3. _____

4. _____

5. _____

6. _____

앞서 나열한 상황들을 회피하거나 수동적으로 겪지 말고, 가장 덜 불안한 상황에서부터 조금씩 더 불안한 상황으로 스스로 직면하고 능동적으로 경험해 보자. 때로는 힘들고 고통스럽겠지만 결국 사회불안을 견디는 근육이 조금씩 더 생겨나 강해질 것이다.

손 씻는 아주머니와 아들

　　다음날 아침 미뇽과 기사는 고맙다는 인사를 하고 사회불안의 집을 나왔습니다. 사회불안은 문을 열고 아주 작은 목소리로 잘 가라는 인사를 해 주었습니다. 말을 타고 한참을 달리자 미뇽과 기사는 땀이 나기도 하고 목이 마르기도 했습니다. 마침 멀리 보이는 개울가를 발견한 미뇽이 말했습니다.

　　"엑스페리언스, 우리 저 개울가에서 잠시 쉬었다 가요."

　　"그러죠. 왕자님."

　　개울가에 도착한 미뇽과 엑스페리언스는 시원한 개울물도 마시고 세수도 하였습니다. 시원한 개울물에 한나절을 달려 온 피로가 사라지는 것 같았습니다. 한숨을 돌리고 개울가 바위에 걸터앉은 미뇽과 엑스페리언스는 그제야 개울 바로 건너편에 하얀 옷을 입은 아주머니 한 명을 보았습니다.

"안녕하세요, 아주머니?"

미농이 인사를 건넸지만 아주머니는 대답도 하지 않고 뭔가를 열심히 씻고 있었습니다. 궁금한 미농은 돌다리를 건너 아주머니에게 다가갔지만 그녀는 미농이 옆에 온 것을 아는지 모르는지 열심히 손을 씻고 있었습니다. 가까이서 보니 아주머니의 옷은 매우 새하얗고 방금 다림질한 것 같았습니다. 아주머니는 혼잣말을 하면서 손을 씻고 있었습니다.

"마지막으로 손등 한 번, 손바닥 한 번, 각 손가락을 세 번씩 문지르고 손뼉을 세 번 쳐서 물을 떨쳐 내면…. 됐다!"

그렇게 마지막으로 손뼉을 쳐서 물기를 떨어뜨리고는 자신의 수호 요정과 눈을 마주치며 기쁜 표정을 지으며 안도의 한숨을 쉬는 것이었습니다. 둘의 표정이 한층 밝아지는 것 같았습니다.

"아주머니 안녕하세요?"

"어, 그래. 꼬마야. 인사를 못 받아 줘서 미안해. 한 번 씻다가 다른 곳에 주의를 뺏겨서 순서에 맞지 않게 씻으면 처음부터 다시 해야 하거든. 그럼 여간 불편해지는 게 아니야."

"손을 씻고 계신 것이었어요? 뭔가 많이 더러운 것을 만지셨나 봐요. 한참 동안을 씻으시던데…. 그리고 손을 씻는 데 순서가 정해져 있나요?"

그래, 나 상처 받았어

"넌 참 호기심이 많은 아이로구나. 내가 손을 어떻게 씻는지 물어보는 아이는 네가 처음인 것 같구나."

그러더니 아주머니는 자신의 손가락을 펼쳐 바라보면서 말을 이었습니다.

"넌 손을 깨끗하게 씻었을 때의 안도감과 뿌듯함 그리고 그 쾌감을 아니? 마치 손바닥 자국과 더러운 먼지로 지저분해진 유리창에 비누칠을 하고 물을 뿌리고 광을 내서 깨끗하게 한 다음, 그 유리를 통해 세상을 선명하고 깨끗하게 볼 때 경험하는 뿌듯함 같은 거란다."

그녀는 혼자서 흐뭇한 표정을 지었습니다. 미뇽의 요정은 순간 왕궁에서 시녀들이 호호 입김을 불어 가면서 열심히 유리창을 닦는 장면을 보여 주었습니다.

"솔직히 저는 잘 모르겠네요. 그리고 다른 사람들도 손을 씻고 나서 그렇게 좋아하지는 않는 것 같은데요. 그런데 뭘 만지셨길래 그렇게 오래 동안 손을 씻으세요?"

그녀는 자신의 손을 계속 살펴보면서 말을 이었습니다.

"뭘 특별히 만진 건 없어. 그냥 문고리 정도 만진 거지. 문고리에 뭐가 묻어 있을지 모르잖아. 나쁜 병균이 묻어 있을지도 모르고, 불결한 침이 묻었을 수도 있고…. 그리고 무엇보다 난 그 찝찝함이 싫어. 찝찝한 건 정말이지 싫어. 그건 죽는 것보다 더 싫어. 어떤 때는 피부를 벗겨 내고 싶을 정도로 미쳐 버릴 것 같단 말이야."

그 순간에도 아주머니는 계속해서 자신의 손을 살펴보았습니다.

그래, 나 상처 받았어

"나도 처음엔 이렇게 한 번 씻는데 두어 시간씩 걸리진 않았단다. 참! 초면인데 내 소개부터 해야지. 그게 올바른 순서니까. 내 이름은 '강박 obsession'이라고 해. 나도 원래부터 이렇게 손만 씻는 이상한 여자는 아니었지. 젊을 때, 나는 우리 마을에서 제일 똑똑하고 장래가 촉망되는 아가씨였지. 작가 지망생이었어. 그리고 남자들에게 꽤나 인기도 있었고···. 우리 집이 가난하고 부모님이 별로 배운 것이 없긴 했어도, 나의 글쓰기 실력 하나만큼은 어디에도 뒤지지 않는다고 자부하고 있었지. 그리고 가족의 기대를 한 몸에 받는 외동딸이었지."

그녀는 잠시 시선을 손에서 옮겨 허공을 바라보았습니다. 그녀의 요정이 젊은 날 그녀의 모습을 그려 주었습니다.

"그러던 어느 날 드디어 절호의 기회가 찾아왔어. 왕궁에서 주최하는 글쓰기 공모전이 있었던 거야. 나는 일생일대의 기회를 잡는 심정으로 나의 모든 지식과 경험 그리고 영감을 총동원하여 글을 쓰기 시작했지. 장편의 서사시를 미친 듯이 써 내려갔지. 그때가 내 삶에 있어 가장 열정적이고 위대한 순간이었지. 정말 영혼을 다해 글 쓰는 것에만 집중했어. 최고의 작품을 만들기 위해 몸과 마음의 태도를 늘 살피고 바른 자세만을 유지했지. 음식도 최소한만 먹고 옷도 항상 깨끗한 옷만 입었지. 거의 여섯 달 동안 밖에 나가지도 않고 요정과 지내면서 서로 깊은 대화를 나누면서 나의 골수를 짜내듯 글을 썼지. 그런데 마감이 바로 두 주 앞으로 다가왔을 때 나는 그만 심한 감기에 걸리고 말았어···. 그래서 거의 일주일 동안 펜을 잡을 수가 없을 정도였지. 침대에 누워 있을 때 나의 요정이 내게 매우 진지하고 심각하게 이런 말을 했지. '만약 큰 병에 걸린다면 이 모든 일이 수포로 돌아가 버릴 텐데…. 지독한 세균이나 알 수 없는 바이러스에 감염된다면 글쓰기는 커녕 평생 병치레 하면서 끔찍한 삶을 살아야 할지도 몰라.' 그러고는 요정은 공모전에 입상도 하지 못한 채 침상에 누워 초췌한 얼굴로 아무것도 하지 못하고 쿨럭거리고 있는 나의 미래의 끔찍한 모습을 보여 주었지. 순간 나는 하늘이 무너지고 심장이 터지는 듯한 엄청난 두려움을 경험했지. 그리고 세균이나 바이러스의 감염을 막기 위해 무엇보다 먼저 몸을 깨끗하게 씻어야겠다는 생각이 들었어. 그래서 벌떡 일어나 손을 씻기 시작했어. 손을 몇 번 반복해서 씻고 나니 기분이 훨씬 좋아지고 뭔가 안정되고 상쾌한 느낌까지 들기 시작했지. 그때부터 손을 씻는 습관이 생기기 시작했어. 나는 서사시의 마무리를 제대로 짓진 못했지만 글쓰기 공모전에서 3등을 하는 영예를 차지했지. 하지만 요정은 나보다 훨씬 더 아쉬워했어. '만약 그때 감기에만 걸리지 않았다면 1등을 할 수 있었을 텐데….' 나는 그런 아쉬움과 후회가 들 때마다 손을 씻기 시작했어. 처음에는 손을 대충 씻기만 해도 요정이 안심을 하고 상쾌한 느낌을 주었지만, 시간이 지나자 간단한 손 씻기로는 만족스럽지 못했지. 그래서 손 씻는 시간이 조금씩 길어지기 시작하고 나름의 복잡한 순서와 방법대로 씻어야지만 요정이 안심하기 시작했어. 결국 나의 손 씻기는 어떤 정교한 의식(儀式)과 같이 되어 버려서 조금이라도 찝찝한 느낌이 들 때, 그 과정에서 최선을 다해 하지 않으면 요정은 금세 '찝찝해. 불길해. 뭔

그래, 나 상처 받았어

가 느낌이 좋지 않아.'라고 외치며 내 주위를 소란스럽게 날아다니게 되었지. 그러면 나는 씻기에 더 집중하고 더 많은 에너지를 쓰게 되었지. 결국 하루 대부분의 시간을 손 씻기에 쓰다 보니 글을 쓰는 것은 생각조차 할 수 없게 되었지. 손에 잉크가 묻으면 더 열심히 씻어야 하니까… 이 씻기에서 벗어나고 싶지만 도저히 그럴 수 없어. 나는 왜 이렇게 살아야 하지. 이게 내가 원하는 삶은 아닌데…"

그녀의 눈에서 눈물이 흐르기 시작했습니다. 그러자 갑자기 요정이 그녀의 주위를 날아다니며 외치기 시작했습니다.

"찜찜해. 불길해. 뭔가 느낌이 좋지 않아. 찜찜해. 불길해…"

순간 아주머니의 얼굴이 다시 어두워졌습니다.

"꼬마야, 미안하지만 나는 다시 좀 씻어야겠다."

그녀는 다시 시냇가에 쭈그리고 앉아 손 씻기를 시작했습니다. 그러자 그녀의 요정이 마치 병풍처럼 그녀의 머리를 둘러싸고 다른 것이 보이지 않게 시야를 막았습니다.

미뇽은 손 씻기에 빠져 있는 아주머니가 불쌍하게 느껴졌습니다. 그리고 아주머니의 요정에게 '제발 그만 좀 해!'라고 소리치고 싶었습니다.

"꼬마, 넌 누구냐?"

그때 갑자기 날카로운 남자의 음성이 미뇽의 뒤에서 들렸습니다. 돌아보니 키가 크고 삐쩍 마른 매부리코의 사나이가 서 있었습니다.

"웬 낯선 녀석이 우리 어머니 옆에 있는 거지? 그 이유를 정확하게 납득 가능하도록 논리적으로 설명해 봐."

그 사나이는 미눙이 대답할 여유도 주지 않고 다시 속사포처럼 말을 빠르게 이었습니다.

"나는 매사에 정확한 것을 좋아해. 넌 적이냐 아니면 아군이냐? 우리 어머니와 친한 거냐? 아님 우리 어머니를 해치려고 하는 거냐? 이것도 저것도 아니라는 식의 애매하고 모호한 대답은 절대 사양이야. 난 그런 것은 딱 질색이거든. 대답을 제대로 정확하게 해 주길 바란다. 대충 얼버무려 말할 것 같으면 아예 말을 꺼내지도 마. 난 모든 일에 '모 아니면 도'이거든. 뭐든지 확실한 게 좋아. 그렇지 않으면 아예 안 하느니만 못 하지. 자, 정확하게 10초를 줄 테니 말해 보거라. 10, 9, 8…."

말이 끝나기가 무섭게 그 사나이는 칼자루에서 칼을 꺼내 미눙을 향해 겨누었습니다. 미눙은 연속으로 쏘아 대는 그의 말에 정신을 차릴 수가 없었습니다. 사나이의 어깨 위에서는 사나이를 닮은 날카로운 인상의 수호요정이 날아다니며 외쳤습니다.

"모 아니면 도! 제대로 할 게 아니면 아예 하질 마."

미눙은 너무나도 당황스럽고 무서웠습니다. 그 때 챙 하고 칼들이 부딪히는 소리가 들렸습니다.

"우리 왕자님에게 칼을 들이대는 너는 누구냐? 감히 무엄하도다."

바로 엑스페리언스였습니다. 삐쩍 마른 사나이는 순간 흠칫 놀라는 표정이었으나 금세 언제 그랬냐는 듯 냉정한 표정으로 칼을 엑스페리언스에게 겨누고 대답했습니다.

"내 이름은 '완벽주의perfectionism' 완전할 '완(完)', 구슬 '벽(璧)', 주인 '주(主)', 옳을 '의(義)'. 어려운 말일 테니 다시 말하자면, '완~ 벽~ 주~ 의~' 이것이 나의 자랑스러운 이름이지."

미뇽은 순간 완벽주의의 교과서를 읽는 듯한 딱딱하고 무미건조하며 지나치게 설명하는 말투가 우스워 웃음이 나올 뻔했습니다.

"넌 또 뭐냐? 이 꼬마가 왕자라고? 무엇으로 그것을 증명할 수 있지? 증명서라도 가지고 있나? 내 예리한 판단력으로는 도저히 납득이 되지 않는군."

미뇽은 완벽주의의 말투에 웃음이 나와 손으로 입을 막아야 할 정도였습니다.

"그건 그렇고 이제야 나에게 맞는 상대를 만난 것 같군. 너 정도는 돼야 싸울 맛이 나지. 그래 한판 붙자. 내가 한 칼에 끝내 주지."

완벽주의는 지나치게 진지하고 우스꽝스러운 그 말투로 계속 말을 이어 갔습니다. 미뇽이 보기에 이 싸움은 하나 마나 한 것이었습니다. 완벽주의는 엑스페리언스에 비하면 키나 덩치, 그리고 칼 잡은 자세까지 비교가 되지 않았습니다. 언뜻 보기에도 단단한 석상과 비쩍 마르고 왜소한 고목나무가 서로 마주보고 서 있는 것 같았습니다. 정말이지 너무도 무모해 보였습니다. 아니나 다를까 엑스페리언스의 노련한 칼 놀림 한 번에 완벽주의의 칼은 땅에 떨어지고 말았습니다. 하지만 완벽주의는 다시 칼을 집어 들었습니다. 그의 요정이 외쳤습니다.

"진다는 것은 있을 수 없어. 더 열심히 하란 말이야. 지느니 차라리 죽는 게 나아."

완벽주의는 있는 힘껏 다시 엑스페리언스에게 칼을 날렸으나 여전히 역부족이었습니다. 다시 그의 칼이 땅에 떨어졌습니다. 완벽주의는 씩씩거리며 다시 칼을 들었고, 그의 요정은 계속 소리쳤습니다.

"제대로 하란 말이야. 더 정신을 바짝 차리고 제대로 해. 집중을 하라고! 저런 녀석 하나 못 이기면 죽는 게 나아. 최고가 되지 못할 바에는 세상에서 없어지는 게 나아."

"아들, 그만둬! 그 아이는 적이 아냐. 나의 손 씻기에 대해 자세히 물어봐 준 좋은 아이야."

그제야 손 씻기를 끝낸 아주머니가 소리쳤습니다.

"어머니, 저 꼬마 녀석이 적이 아니라고 판단할 수는 있겠지만, 저는

 그래, 나 상처 받았어

저 덩치 큰 녀석에게 졌단 말입니다. 말도 안 돼요. 이렇게 사느니 죽는 게 나아요. 도저히 견딜 수가 없어요."

칼을 내려놓은 완벽주의는 갑자기 아주머니에게 달려가서 품에 안겨 어린아이처럼 엉엉 울기 시작했습니다. 미뇽과 엑스페리언스는 그 상황에 당황스러워 어찌해야 할지 몰랐습니다.

"기사님, 죄송합니다. 우리 아들이 나쁜 사람은 아니에요. 단지 승부욕이 강하고 항상 자신이 할 수 있는 것보다 훨씬 높은 기준을 세우고, 그것에 도달하지 못하면 스스로를 다그치고 채찍질한답니다. 정말 죄송합니다."

품에 안긴 아들을 다독이며 아주머니가 말했습니다.

"목표를 세우고 도전하는 것이 나쁜 건 아니죠. 하지만 좀 무모하긴 하네요."

기사는 머쓱한 표정으로 칼을 칼집에 꽂으며 말했습니다.

"네, 그래서 이렇게 살이 안 찌고 예민한가 봐요. 아들의 요정 녀석이 엄격한 조련사처럼 늘 높은 기준을 들이대고 닦달을 하니 마음의 여유가 없지요. 휴…."

아주머니는 아들을 데리고 집으로 돌아가는 듯했습니다. 미뇽은 아주머니와 아들이 매우 안쓰러웠습니다. 그리고 왕궁에 계신 어머니 생각도 났습니다. 미뇽과 엑스페리언스는 바위에 앉아 좀 더 쉬었습니다.

"엑스페리언스, 이제 그만 가요."

미뇽이 말했습니다.

"네, 그러지요."

엑스페리언스가 말에게 안장을 얹으며 대답했습니다. 그때 미뇽과 기사에게 아주머니가 바구니 하나를 내밀었습니다.

"미안한 마음에 가져왔어요."

언제 준비했는지 바구니 안에는 광이 날 정도로 깨끗하게 닦은 사과 두 개, 반듯한 보름달 모양의 빵 두 개, 그리고 우유가 담긴 깨끗한 유리병 두 개가 가지런히 정돈되어 있었습니다.

그래, 나 상처 받았어

마인드 매뉴얼

스스로를 괴롭히는 강박과 완벽주의

우리는 모두 무언가를 확실히 하고 싶은 욕구가 있다. 현관문을 닫고 집을 나서는 순간 가스레인지를 제대로 껐는지, 난방시스템을 외출로 전환하였는지 확실하게 알고 싶고, 건강을 해치는 세균이나 바이러스가 손에 묻지 않았는지 확실히 알고 싶고, 중요한 시험 전날에는 피로감 없이 깔끔하고 온전한 컨디션을 유지하고 싶으며, 책꽂이에 꽂힌 책들이 보기 좋게 가지런히 정리되길 바라며, 연인이 조금의 갈등도 없이 나만을 진심으로 사랑한다는 확신을 얻고 싶다. 물론 개인마다 정도의 차이는 있겠지만 이렇게 확실한 것을 좋아하는 성향을 누구나 조금씩은 가지고 있을 것이다. 이는 불확실한 상황은 우리에게 불편함과 걱정을 가져다주며, 미래에 잠재된 위험이나 위협이 있을 수 있다는 신호로 여겨지기 때문이다.

하지만 이러한 불확실함과 그로 인한 불안을 회피하고자 하는 정도가 지나칠 경우에는 심각한 고통을 겪게 될 수도 있다. 미뇽의 이야기에 나오는 손 씻는 아주머니처럼 오염을 막기 위해 많은 시간을 보내는 사람, 머릿속에 떠오르는 불순한 생각을 없애기 위해 수시로 기도문을 외워야만 하는 사람, 전쟁이 일어날 것을 두려워하여 뉴스를 보지 못하는 사람, 중요한 시험을 앞두고 복장과 머리모양을 정리하는 데에 집중하여 오히려 공부를 하지 못하는 학생, 아기가 다칠까 봐 주변의 모든 뾰족한 물건을 치우고 신경 쓰느라 정작 아이를 돌보지 못하는 엄마 등 이러한 성향이 삶에 지장을 주는 경우를 강박장애라고 한다.

강박장애와 관련된 여러 가지 원인들이 대두되고 있지만, 그 중에서도 유력한 원인들 중 하나로 '찜찜함NJRE: not just right experience'과 '완벽주의'를 들 수 있다. 찜찜함은 말 그대로 '뭔가 내가 원하는 대로 딱 맞아떨어지지 않을 때 경험하는 느낌'이라고 할 수 있다. 강박장애를 호소하는 많은 사람들이 이러한 찜찜함을 견디는 것을 매우 힘들어 한다. 그리고 이러한 찜찜함을 해결하려는 나름의 다양한 방법들을 만들어 내고 그것에 집착하느라, 정작 의미 있는 삶으로부터는 멀어지는 모습을 보게 된다. 찜찜함이 줄어들 때 경험하는 순간의 안도감을 위해 자신의 일상들과 장기적인 삶의 방향을 놓쳐 버리는 것이다.

완벽주의는, 미뇽의 이야기에서 강박의 아들로 소개된 것처럼, 강박장애에 있어 핵심적 기제인 것으로 보인다. 완벽주의는 '자신에게 혹독하고 높은 기준을 세우고 그 기준에 이를 때까지 자신을 몰아붙이는 태도'로, 그 기준을 설혹 달성하더라도 다시 더 높은 기준으로 상향 조정하기 때문에 스스로 만족감이나 성취감을 가질 수 없게 만든다. 또한 지나치게 생산성 혹은 효율성을 강조하기 때문에 성취나 일에 있어서 생산적이지 않은 상황이나 방법에 대해서는 불편함을 느끼게 된다. 이 때문에 마음 놓고 편히 쉬거나 자신에게 여유를 주는 것이 어렵게 된다.

이러한 높은 기준과 생산성에 대한 강조로 인해 나타나는 태도 중에 하나는 '모 아니면 도, 전부 아니면 전무all or nothing'이다. 즉, 높은 기준에 맞게 제대로 하는 것이 아니면 안 하느니만 못하다고 생각하기 때문에, 지나치게 자신을 채찍질하여 과도하게 노력하거나 아니면 아예 손을 놓아 버리게 만든다. 예를 들면, 완벽주의를 가진 학생이 A+ 학점을 받기 위해 최선을 다해 공부하다가, 한 번의 퀴즈에서 원하는 점수가 나오지 않으면 아예 의미가 없다고 느끼게 되어 결국 수강을 포기해 버리는 경우이다. 이러한 극단적인 태도는 관계에서도 나타날 수 있다. 새로 친해진 친구와 잘 지내다가 약간의 갈등이 생기면 그 관계를 아예 포기해 버리고 연락도 하지 않고, 오히려 피하는 모습까지 보이게 된다. 흠집이 생긴 상황이나 대상을 버리고 다시 새롭고 깨끗하게 시작하고 싶은 것이다. 아예 새 판을 짜고 싶고, 리셋하여 처음부터 다시 시작하고 싶은 것이다.

그렇다면 왜 많은 사람이 완벽주의의 삶을 살게 되는 것일까? 그것은 완벽주의가 주는 성과들이 있었기 때문이다. 예를 들어, 완벽주의를 가진 대학교수는 동료 교수들이 따라오지 못할 연구 실적들을 낼 수도 있고 대내외적으로 유능한 교수로 이름을 날릴 수도 있다. 하지만 이러한 완벽주의에 지나치게 고착되면 주말에도 쉬지 않고 연구에만 집중하여 건강을 해치거나 가족과의 관계가 깨지게 되는 결과를 가져올 수 있다. 가끔 쉬는 날에는 불안하고 묘한 죄책감마저 경험하게 된다. 설령 노벨상을 받을지라도 스스로 만족하지 못하고 평생 자신을 채찍질하는 삶을 살 수 있다. 자신의 성취와 성공을 위해 올라탄 완벽주의라는 튼튼하고 힘센 말에 오히려 끌려다니는 삶을 살게 되는 것이다.

● **찝찝함 받아들이기**

찝찝함을 받아들이는 연습은 불완전한 세상에서 심적으

로 건강한 삶을 사는 데 큰 유익이 있다. 특히 찝찝함을 없애는 편리한 도구들이 수도 없이 개발되고 있는 현대 사회는 찝찝함에 대한 감내력을 기를 수 있는 기회를 거의 제공하지 않는다. 예를 들어, 예전에는 아기들이 몇 번 소변을 보아도 어머니들이 천 기저귀를 그렇게 빨리 갈아 주지 않았다. 하지만 현대의 종이 기저귀는 아기들이 소변을 조금만 지려도 겉으로 표시가 되기 때문에 어머니들은 늘 뽀송뽀송한 기저귀로 갈아 준다. 뿐만 아니라, 무언가 궁금하거나 의문이 생기면 언제든 스마트폰으로 즉각 검색해 볼 수 있으므로 지적인 찝찝함 역시 금방 해결이 가능하다. 현대인에게 찝찝함을 견디는 연습을 할 기회는 없어지므로 결과적으로 더 조급해질 수 있다.

저자는 원래 깔끔을 많이 떠는 사람이었다. 그런데 군대에 가면서 나의 의지와 상관없이 깔끔한 상태를 유지하기 어려운 상황들을 경험하게 되었다. 긴 훈련을 나가서 땀을 흘리고 씻지 못한 채 다시 땀을 흘리는 경험들을 하게 되었다. 처음에는 정말 미칠 것 같았고 그 찝찝함에 모든 마음이 집중되었다. 심지어 피부를 벗겨 내고 싶을 정도의 고통까지 경험하였다. 하지만 그렇게 며칠을 지내고 나니 어느 순간 찝찝하다는 느낌이 줄어들고, 그 나름의 상태를 받아들이고 찝찝함이 그렇게 불쾌하지 않게 되었다. 결국 찝찝함에서 자유로워지

게 된 것이었다. 물론 훈련이 끝나고 부대로 돌아간 다음에
는 열심히 온몸을 구석구석 씻었다.

늘 찝찝한 삶을 살라는 것은 아니지만 심리적인 유연성을
위해 스스로 찝찝한 상황을 받아들이는 것은 좋은 훈련이
될 수 있다. 다음 목록은 찝찝함에 머무르고 받아들이는 연
습을 하기 위해 해 볼 수 있는 것들이다. 무엇보다 당신에게
찝찝한 상황을 찾아내고 그 상태에 충분히 머무르는 연습을
해 보라.

젖은 양말을 신고 돌아다니기: 비 오는 날 젖은 양말을 신은
채 갈아 신지 말고 하루를 지내 보라. 조금 지저분하지만 찝찝함
을 받아들이는 좋은 연습이 될 수 있다.

확인하지 않기: 우리가 하는 많은 확인 행동들은 찝찝함을
즉각 해결하기 위함이다. 찝찝함에도 불구하고 확인하지 않는 행
동은 찝찝함에 대한 감내력을 키워 주는 데 매우 유용한 훈련이
다. 가끔 일을 마치고 집으로 돌아갈 때 엘리베이터 안에서 중요
한 물건을 챙기지 않은 게 아닌가 하는 생각이 들어 가방을 확인
하고 싶은 욕구가 생긴다. 이때 확인하지 말고 그냥 가 보라. 바
로 가방을 열고 확인하는 것은 순간 시원한 느낌을 준다. 하지만
찝찝함을 견디는 근육을 약하게 만들어서 늘 사소한 일에도 확인

그래, 나 상처 받았어

해야만 살 수 있게 된다. 마찬가지로 혹시 집에 조명이나 난방 시설을 켜 놓고 나오지 않았나, 가스 밸브를 잠그지 않고 나오지 않았나 하는 의심과 찜찜함이 들 경우가 있다. 다시 돌아가 확인하지 말고 그냥 외출하라. 하루 종일 조명이 켜져 있다고, 또는 가스 밸브가 잠겨 있지 않다고 해서 큰 일이 일어나지는 않는다. 오히려 다시 집에 돌아와 보면 불이 꺼져 있고 가스가 잠겨 있는 것을 발견하고는 '생각보다 내가 믿을 만한 사람이구나.' 하는 자기 신뢰의 상승이 일어날 것이다. 물론 평소 건망증이 너무 심한 것이 객관적으로 입증된 분들에게는 권하지 않는다. 이 훈련은 강박적인 특성을 가진 분들을 위한 것임을 명심하라.

계획 없이 여행하기: 숙소나 일정을 잡지 않고 여행을 하는 것은 찜찜함과 불안함을 불러일으킬 수 있다. 하지만 무계획 여행을 통해 예상치 못한 기쁨과 자유로움을 경험해 보라.

사소한 다툼 후에 시간을 두고 화해하기: 친구 혹은 연인과 말다툼을 한 후에 경험하는 불편함과 찜찜함을 바로 해결하기 위해 무조건 잘못했다고 말하지 말라. 시간을 두고 찜찜함에 머무르면서 좀 더 깊은 생각과 성찰 후에 화해를 청하라. 진정성 없는 성급한 사과보다 더 깊은 관계를 위한 사려 깊은 말이나 행동을 할 수 있다.

찔끔찔끔 책읽기: 좋아하는 책을 한 권 고르고 늘 들고 다녀라. 자투리 시간이 날 때마다 책을 읽고 본 만큼 표시하고 다음에 다시 책을 읽어라. 찔끔찔끔 읽는 것으로 인해 찝찝함을 느끼게 될 것이다. 그러나 그동안 미루어 놓았던 읽고 싶었던 책을 볼 수 있게 되고, 어느 때보다 가장 많은 독서량이 쌓일 것이다.

● 완벽주의 패턴 깨뜨리기

완벽주의의 가장 큰 특징은 '제대로, 꼼꼼하게, 확실하게' 하려는 태도이다. 그러므로 그 태도를 깨기 위해서는 '(너무 완벽하지 않게) 대충, 자주, 끝까지' 하려는 태도를 가져야 한다. 저자의 경우 완벽주의 때문에 하지 못했던 가장 중요한 활동이 운동이었다. 초등학교부터 비만이었던 저자는 운동을 해야 한다는 생각을 어릴 때부터 해 왔다. 몇 번의 시도는 있었지만 지속적으로 꾸준히 해 본 경험은 없었다. 하지만 운동하기에 대한 완벽주의를 깨고 나서 지속적으로 운동을 하게 되었고, 지금은 과거 어느 때보다 건강하고 슬림한 몸매를 가지게 되었다. 저자의 운동에 대한 완벽주의는 '일주일에 네 번 이상, 1회에 두 시간, 매주 빠지지 않고 하기'였다. 운동이 너무나 중요했기 때문에 제대로 하고 싶었던 것이다. 그래서 매번 새해가 되면 피트니스 센터에 등록을 하였다. 물론 한 달 정도는 그 결심을 유지하였다. 하지만 시간이 지나

그래, 나 상처 받았어

면서 다른 바쁜 일들이 생기고 여유가 없어지면 운동을 빠지게 되고, 피트니스 센터를 그만두고 다시 시간적 여유가 생기기만을 기다리게 되었다. 즉, 운동하기에 '완벽한 상황'을 기다리는 것이다. 몇 달이 지나고 다시 여유가 생기면 마찬가지로 몇 주 정도는 운동을 하지만 금세 다른 바쁜 일이 생기면 멈추게 되었다. 그래서 패턴을 바꾸기로 결심하였다. '일주일에 0, 1, 2회 가기, 대신 피트니스 센터는 무조건 등록하기, 시간이 없을 때는 가서 30분만 뛰고 오기, 집에서도 짧게 5분씩 운동하기'로 바꾼 것이다. 시간이 있을 때에는 일주일에 두 번도 가지만 그렇지 못할 때에는 한 번만 가고 바쁠 때에는 못 가는 주도 있었다. 하지만 계속 등록을 하고 그렇게 0~2회를 계속 유지하였다. 바쁘거나 몸이 좋지 않을 때는 가서 20~30분만 뛰고 그냥 돌아왔다. 그렇게 6개월 정도를 유지하자 몸에 변화가 오기 시작했다. 체중이 조금씩 줄어든 것은 물론이거니와 무엇보다 내 '몸'이 운동을 좋아하게 된 것이다. 즉, 몸이 땀 흘리고 난 다음 씻을 때의 가벼워지는 상쾌한 느낌을 알아 버린 것이다. 예전에 의무적으로 억지로 하려 했던 운동이 이제는 시간만 나면 하고 싶은 취미로 변한 것이다. 결국 이전 어느 때보다 운동한 날 수가 가장 많은 한 해가 되고 있다. '제대로 완벽하게'가 '대충 자주'로 바뀐 것이다.

대충 자주하기: 각자가 하고 싶어 했지만 적당한 시간적, 공간적, 경제적 여유가 오면 '제대로' 하겠다고 마음먹은 것들을 '지금 당장 대충' 하라. 처음 6개월은 '그냥 하는 것'에 의미를 두라. 6개월이 지나면 내 몸과 마음이 그 일을 더 가볍고 즐겁게 할 수 있게 된다.

정해진 기한만큼만 하기: 과제나 프로젝트 결과물을 내야할 때 더 잘하기 위해 정해진 시간을 넘겨 가면서까지 완성도를 높이려고 애쓰는 경우가 있다. 정해진 기한이 되기 전까지 열심히 붙들고 있다가 기한이 가까우면 정리하고 미련 없이 부족한대로 제출하라. 더 붙들고 있는다고 큰 차이가 나지 않는다. 오히려 기한을 넘겨 평가에 불이익을 당할 수 있다. 당신의 상사나 교수는 내용보다 시간 맞추는 것을 더 중요하게 여기는 경우가 생각보다 많다.

시간 정하고 고민하기: 결정을 못 내리는 사람에게 유용한 훈련이다. 결정을 내려야 할 중요한 혹은 사소한 사안이 있는가? 고민의 기간을 정하라. 그 기한까지만 열심히 고민하고 그 시점에 단호하게 결정을 내려라. 그런 다음에는 후회하지도 말고, 번복하지도 마라. 이 세상에 완벽한 결정은 없다. 고민과 염려의 시간만 길어질 뿐이다.

미루지 않기: 제대로 완벽하게 하려는 사람들의 가장 큰 특징 중에 하나가 '미루기'이다. 첫 번째 이유는 제대로 하려는 태도 때문에 오히려 마음의 부담을 더 크게 만들기 때문이다. 마치 건강을 위해 조깅을 하는 것이 국가대표가 되어 출전하는 것처럼 무거워지는 것이다. 그 부담에서 오는 스트레스로 인해 하기 싫고 더 미루게 된다. 두 번째는 그 일을 할 수 있는 더 완벽하고 적절한 상황과 시간을 기다리려 하기 때문에 미루게 된다. 잘하지 않아도 좋다. 일단 시작하라! 결과에 집중하지 말고 시작하는 것에 의미를 두라. 시작이 반이다. 그리고 지금 하지 않으면 영원히 못할 수 있다. 왜냐하면 미래에도 또 미룰 것이기 때문이다. 그건 당신의 경험이 말해 준다.

강박과 완벽에 사로잡힌 사람은 원래 불완전한 세상에서 완전을 추구하는 사람이라고 볼 수 있다. 옛말에 로마에 가면 로마법을 따르라고 하지 않았는가? 찝찝함을 받아들이고 완벽주의 패턴을 깰 수 있을 때, 당신은 원래부터 불완전한 이 세상에서 불완전하게 잘 살 수 있는 시민권을 누릴 수 있다.

움직이지 않는 아가씨

미뇽 일행이 말을 타고 한참을 달리는 동안 어느 새 해가 기울고 있었습니다. 주변에 인가가 보이지 않아 계속 길을 따라 달렸습니다. 하지만 여전히 마을은 보이지 않았고, 눈앞에 허름한 폐가 한 채가 보였습니다.

"왕자님, 오늘은 어쩔 수 없이 여기서 하룻밤 보내야겠습니다."

기사 엑스페리언스가 말을 세우며 미뇽을 향해 말했습니다. 미뇽은 왠지 스산하고 꺼림칙했지만 아무 말없이 말에서 내렸습니다. 혹시나 하여 엑스페리언스가 노크했지만 안에서는 인기척이 없었습니다. 나무로 된 검은 문을 살짝 밀자 힘없이 끼이익 소리를 내며 열렸습니다. 여기저기 거미줄이 쳐 있고 먼지가 수북이 쌓여 있긴 했지만 사람이 살지

 그래, 나 상처 받았어

않는 집치고는 상태가 나쁘지 않은 편이었습니다.

"엑스페리언스, 저기 2층으로 가는 계단이 있어요. 혹시 누가 있지는 않을까요?"

미농이 찜찜한 마음에 말했습니다.

"아이 왕자님도…. 이런 집에 누가 살겠어요. 걱정 마시고 여기 있으세요. 정 그러시다면 제가 올라가 보고 올게요."

기사는 겁 없이 성큼성큼 낡은 나무 계단을 올라갔습니다. 잠시 후 엑스페리언스의 목소리가 들렸습니다.

"거 봐요. 아무도 없잖아요. 한번 올라와 보세요."

미농과 요정은 조심조심 겁먹은 채로 계단을 올라갔습니다. 기사의 말대로 2층에도 사람은 없었습니다. 하지만 여기저기 놓여 있는 오래된 그림들이 스산한 분위기를 더 하는 것 같았습니다. 창가 쪽에 놓여 있는 커다란 침대 위에는 여러 가지 잡동사니들과 검은 커튼 같은 커다란 천이 말려 있었습니다.

"그래도 왠지 이 방은 느낌이 좋지 않아요. 저는 내려갈래요."

"아이, 제가 있는데 뭐가 그리 걱정이십니까? 걱정 마십시오. 하하하!"

엑스페리언스의 목소리가 2층 방에서 쩌렁쩌렁 울렸습니다. 미농은 아래층으로 내려갔고, 엑스페리언스는 여기저기 놓여 있는 그림들이 흥미 있어 살펴보고 있었습니다. 마침 아래층 식탁 위에 양초와 성냥이 놓여 있어 미농은 불을 붙였습니다. 신기하게도 그렇게 허름한 집안 찬

장에 당근, 감자 등 먹을 것이 있었습니다. 약간 오싹했지만 미농은 낮에 개울에서 떠 온 물을 꺼내서 당근, 감자를 넣고 수프를 끓였습니다. 미농이 만든 수프와 강박이 준 빵으로 저녁을 해결한 엑스페리언스와 미농은 피곤함으로 눈이 감기고 졸렸습니다.

"왕자님, 저는 좀 자야겠습니다. 하루 종일 달렸더니 눈꺼풀이 천근만근이네요."

엑스페리언스가 하품을 하며 말했습니다. 미농은 거실에 있는 작은 침대에, 엑스페리언스는 바닥에 깔려 있는 양탄자 위에 누웠습니다. 미농은 낮에 만났던 아주머니와 아들이 떠올랐습니다.

'세상에는 마음 때문에 고통을 겪는 사람들이 생각보다 많이 있구나. 나만 그런 줄 알았는데…'

어느새 미농도 잠이 들었습니다. 꿈에서 요정은 용을 만났던 장면들을 다시 보여 주기 시작했습니다. 두려움의 숲에서 즐겁게 놀다가 갑자기 용이 나타나서는 불을 뿜고 괴성을 지르는 것이었습니다. 미농은 숨가쁘게 달려서 왕궁에 도착했습니다. 이제 좀 안심하려는 찰나, 이게 웬일입니까? 분수대에 있는 조각상들이 용으로 변해서 미농에게 달려드는 것이었습니다. 다시 도망치는데 눈앞에 나무 계단이 나타났습니다. 미농이 급하게 계단을 오르는 순간 계단이 힘없이 와르르 무너져 버렸습니다. 소리를 지르며 끝없이 아래로 떨어지는 순간, 용이 왕과 왕비를 향해 날아가는 모습이 보였습니다. 너무 놀란 미농은 도와달라고 소리를 질렀지만 아무도 도와주지 않았습니다. 그때 눈에 보이는 사회불안은 두려워 문을 닫아 버리고, 또 강박과 그 아들은 각자 무언가에 몰두해 있어서 외면하였습니다. 그 때 요정이 "용이다! 도와줘요! 용이에요!" 하고 비명을 질렀습니다. 요정의 소리에 놀란 미뇽은 벌떡 몸을 일으켰습니다. 온몸이 땀으로 젖어 있었고, 심장은 쿵쾅거리고 있었습니다. 주위를 둘러보자 엑스페리언스는 옆에서 코를 드르릉거리며 자고 있었습니다.

'휴…. 꿈이었구나.'

미뇽은 안도의 한숨을 내쉬었습니다. 그런데 어디선가 희미한 소리가 들렸습니다.

"흑흑흑…. 흐흐흑…."

2층 쪽이었습니다. 누군가가 슬프게 우는 소리 같았습니다. 놀란 미뇽은 엑스페리언스를 흔들었지만 그는 꿈쩍도 하지 않고 코를 곯았습니다.

"엑스페리언스, 2층에 누가 있는 것 같아요. 일어나 보세요."

"아이, 무슨 말씀이세요. 아무도 없어요. 걱정 마시고 그냥 주무시라니까요."

엑스페리언스는 잠꼬대하듯 말을 하고 눈을 뜨지 않았습니다. 미뇽은 양초에 불을 붙여 들고 계단을 오르기 시작했습니다. 조심스레 2층에 올라가자 움직이는 것은 아무것도 없었고 아무런 소리도 들리지 않았습니다. 왠지 그림 속에 있는 인물들이 자신을 쳐다보는 것 같아서 등골이 오싹했습니다.

"아무도 없겠지. 내가 잘못 들은 거야. 악몽을 꿔서 그런가 봐. 마음아, 그냥 가자. 아무도 없어."

계단을 내려오려는 순간, 다시 흐느끼는 소리가 들렸습니다. 분명 사람의 목소리였습니다.

"흑흑…. 오늘도 아무것도 못했어. 난 역시 쓰레기야. 살 만한 가치가 없어."

놀란 미뇽과 요정은 두리번거리다 침대 쪽에 시선이 멈췄습니다. 순간 미뇽은 심장이 멎는 줄 알았습니다. 침대 위의 검은 커튼 같은 천뭉치가 사람처럼 앉아 있는 것이었습니다. 놀란 마음을 달래고 불을 비춰보자, 침대 위에 검은 망토를 입고 창백한 얼굴에 머리가 헝클어진 젊은 여자가 앉아 있었습니다.

"그래. 넌 아무 쓸모없어. 그리고 내일도 무의미한 하루가 시작되겠지. 그런 쳇바퀴 같은 하루가 영원히 계속될 거야. 이렇게 사느니 죽는 게 나아."

그녀의 요정이 쌀쌀한 목소리를 내었습니다.

"다, 당신은 누구세요?"

미뇽이 용기를 내어 물었습니다. 흐느끼던 여인이 목소리를 가다듬고 느리고 힘없는 목소리로 대답을 했습니다.

"나는 우울depression이라고 해. 나는 그림을 그리는 사람이고, 여긴 내 작업실이자 침실이지. 너는 누구니?"

"네, 저는 미뇽이라고 해요. 동쪽 나라의 마법사를 찾아가는 중이지요. 죄송해요. 아무도 안 계신 줄 알고 실례를 했어요. 밑에 있는 감자와 당근도 먹었고요."

미눙은 미안한 표정을 지었습니다.

"괜찮아. 어차피 놔두면 다 썩어 없어질 텐데 뭐. 물론 나도 그렇게 사라지겠지…."

그녀는 눈물을 글썽이며 고개를 떨구었습니다.

"왜 그렇게 슬프게 우세요? 그리고 너무 힘이 없어 보이세요. 식사는 하셨나요?"

미눙이 걱정스럽게 물었습니다.

"아냐, 한 일도 없는데 먹을 자격도 없지. 난 하루 종일 아무것도 안 하고 여기 누워있기만 했어. 그게 너무 슬퍼. 그림도 그려야 하고 마을 사람들도 만나야 하는데, 무기력하게 여기 누워만 있었지. 난 너무 쓸모 없는 존재인 것 같아."

"그래, 너무 쓸모없어. 쓰레기 같은 존재야. 살 가치가 없어."

그녀의 요정도 같은 내용의 말을 하면서 눈물을 글썽였습니다. 그리고 요정의 색깔이 점점 더 어둡게 변하는 것 같았습니다.

"그림을 그리고 싶으면 그리면 되잖아요. 그리고 사람들도 만나면 되고요. 누나는 너무 예뻐서 사람들에게 인기도 많을 것 같은데요."

미눙의 말대로 그녀는 헝클어진 머리에 입술이 말라 있고 얼굴에 핏기가 별로 없었지만, 금발에다 우윳빛깔의 피부, 선명한 이목구비로 마치 동화 속에 나오는 잠자는 공주 같은 외모였습니다.

"그렇게 말도 안 되는 인사치레할 필요 없어. 누구보다 내가 나를 더 잘 아니까."

미뇽의 칭찬을 뿌리치는 그녀의 말투에서 단호함을 넘어 냉정함마저 느껴졌습니다. 정말 그렇게 믿고 있는 것 같았습니다. 둘 사이에 짧은 침묵이 잠시 머물렀습니다.

"언제부터 이렇게 혼자 지내셨나요?"

침묵을 깨고 미뇽이 물었습니다.

"한 2년 정도 되었지. 힘든 일들을 연달아서 겪고 나서부터 삶이 무기력해지고 아무것도 못하게 되었어…."

"힘든 일이라고요? 무슨 일이 있었나요?"

"무슨 좋은 일이라고 너에게 말하겠냐마는…. 굳이 말하자면…."

우울은 천천히 힘없는 목소리로 말을 이어 갔고, 미뇽은 침대 끄트머리에 앉아 귀를 기울였습니다.

"나는 어릴 때 아버지가 돌아가셔서 엄마와 둘이서만 살았어. 가족은 우리 둘뿐이었지만 서로를 너무너무 사랑하고 아꼈지. 그리고 특별히 멋지거나 크게 내세울 건 없지만 씩씩하고 성실한 뱃사람 남자친구가 있었지. 그런데 3년 전쯤 엄마가 갑자기 병에 걸려서 병상에 눕게 되셨고, 그러다 한 달이 채 못 되어 세상을 떠나시고 말았어. 그리고 얼마 후 바다에 나갔던 남자친구는 폭풍에 휩쓸려 생사를 알 수 없게 되었어. 엎친 데 덮친 격으로 때마침 내가 그려서 판 그림이 어느 유명화가의 그림을 베낀 것이라는 누명을 쓰게 되어 억울한 일을 겪게 되었지.

물론 뒤에 그 화가가 오히려 내 그림을 참고로 한 것이 밝혀져 누명이 풀리긴 했지만…. 그 뒤로 내 요정은 온갖 부정적인 말들을 하기 시작했어. '해 봤자 안 될 거야. 넌 뭘 해도 안 돼. 세상은 너무 끔찍해. 게다가 이런 일들이 앞으로도 계속될 거야.' 처음에는 이 소리에 귀를 막고 안 들으려고 했는데, 계속 귓가에 맴돌아서 절망적인 생각을 멈출 수가 없었어. 그리고 요정의 말이 아예 틀린 말이 아니기도 하고…. 시간이 더 지나가서는 '결국 아무것도 안 될 텐데 해서 뭐 하니? 희망이나 기대를 가졌다가 다시 실패를 겪는 것은 높이 올라갔다가 더 심하게 추락하는 것과 같아. 그러니 아무런 기대도 하지 않는 것이 차라리 더 나아.'와 같은 말들을 하기 시작했어. 결국 종일 우울해하면서 아무것도 하지 않고 침대에 누워 있기만 했지. 그랬더니 이제는 몸을 움직이는 것조차 힘들어졌어. 낮에는 잠만 자다가 밤에 잠이 깨면, 하루 종일 아무것도 하지 않고 있었던 내 자신이 한심하고 바보 같아서 울다가 지쳐 아침이 되면 잠이 들고, 또 낮에는 잠만 자는 한심한 삶을 반복하고 있지. 정말 바보 같아. 정말…. 차라리 죽는 게 나아…. 흑흑흑…."

우울 아가씨는 말을 끝내고 다시 흐느끼기 시작했습니다. 미뇽은 너무 안타까웠습니다. 하지만 어떻게 말을 꺼내야 할지 몰라 한참 동안 가만히 있을 수밖에 없었습니다. 그러다 그녀의 금발을 보니 갑자기 엄마가 생각났습니다. 순간 미뇽의 요정이 멀리 왕궁에 계신 엄마의 얼굴을 보여 주었고, 미뇽도 그만 슬퍼졌습니다.

"흑흑흑…. 엄마…. 보고 싶어요…. 엉엉엉…."

 그래, 나 상처 받았어

"얘야, 넌 왜 갑자기 우니? 너도 내 모습이 너무 한심해서 그러는 거니?"

"아니요, 아니요. 엄마가 보고 싶어요. 엄마를 못 본 지 한참 됐어요."

"그래도 너는 엄마가 살아 계시잖아. 나보다는 훨씬 나아. 울지 마."

"엄마가 끓여 주시던 감자 수프도 생각나고 당근 케이크도 생각이 나요. 흑흑흑…."

"그래? 우리 엄마도 감자 수프랑 당근 케이크를 제일 잘하셨는데…. 엄마의 음식 솜씨에 대한 마을 사람들의 칭찬이 자자했었지."

엄마 이야기를 하면서 우울의 표정이 조금 달라졌습니다.

"그래요? 우리 엄마도 음식을 잘하셔서 우연히 구워 준 쿠키 맛에 반해서 아빠가 데이트 신청을 했대요."

"그래? 너네 아빠도 참 엉뚱하시다."

우울의 얼굴에 옅은 미소가 비쳤습니다. 그렇게 둘은 엄마 이야기로 말을 계속 이어나갔습니다. 엄마의 요리, 엄마가 읽어 준 책, 엄마와 했던 놀이, 엄마의 잠버릇, 엄마의 노래솜씨…. 한참이나 이야기를 나누다 보니 어디선가 닭 우는 소리가 들리고 날이 밝기 시작했습니다. 미농은 하품이 나고 눈이 조금씩 감기기 시작했습니다.

"미농, 너 이제 졸린가 보다."

"아니에요. 그냥 하품만 나는 거예요…."

미농은 잠시 미소를 지어 보였지만 이내 스르르 잠이 들어 버렸습니다. 우울이 미농에게 무릎베개를 해 주었습니다. 시간이 얼마나 지났을까?

"미뇽 왕자님, 일어나세요."

미뇽의 눈앞에 엑스페리언스의 얼굴이 보였습니다.

"왕자님, 잘 주무셨어요? 왜 여기서 주무셨어요?"

언제나 그렇듯이 엑스페리언스의 목소리는 씩씩하고 힘이 넘쳤습니다.

"여기 있던 우울 누나 못 보셨어요?"

"우울 누나라니요? 그게 무슨 말이에요?"

미뇽은 순간 어젯밤 일이 꿈이었는지 생시였는지 혼란스러웠습니다.

"아, 그 금발에 미녀 아가씨요? 아래층에 있어요. 왕자님은 참 능력도 좋으세요. 흐흐흐…."

미뇽은 꿈이 아니라는 생각에 안도감이 들었습니다. 그리고는 기지개를 쭉 펴고 눈곱을 떼고 아래층으로 내려갔습니다.

"미뇽, 어서 와. 내가 아침을 준비해 봤어."

우울이 입가에 어색한 미소를 띠면서 미뇽을 맞아주었습니다. 따라 내려온 엑스페리언스는 옆에서 뭐가 그리 좋은지 연신 헤헤거리며 웃고 있었습니다.

식탁 앞에 앉자 미뇽은 눈이 휘둥그레졌습니다.

"오! 이건…."

식탁 위에 차려진 음식은 갓 구운 빵과 하얀 치즈 그리고 감자 수프와 당근 케이크였습니다.

그래, 나 상처 받았어

"입맛에 맞을는지 모르겠어. 물론 미눙 어머니가 해 주시던 것과는 비교도 안 되겠지만."

미눙은 눈물이 핑 돌아서 하마터면 울 뻔했습니다. 하지만 꾹 참고 식탁 앞에 앉아 따뜻한 감자 수프를 한 술 떴습니다. 따뜻한 수프의 온기가 입에서 온몸으로 퍼지는 것 같았습니다. 이번에는 포크로 당근 케이크를 맛보았습니다. 입에 달콤한 케이크가 들어가는 순간, 요정은 미눙이 엄마와 함께 먹었던 식탁을 보여 주고 그때의 기억을 불러일으켰습니다. 미눙은 가슴이 뭉클해졌습니다. 그리고 우울에 대한 고마움으로 다시 눈물이 핑 돌았습니다.

"미눙, 어때?"

우울이 기대에 찬 얼굴로 미눙을 바라보았습니다.

"아가씨, 정말 맛있습니다. 최고입니다. 궁중요리사 음식도 저리 가라입니다."

엑스페리언스는 양쪽 손으로 엄지손가락을 치켜세우며 연신 칭찬해 댔습니다.

"고마워요, 누나. 누나의 따뜻한 마음이 느껴지는 것 같아요. 정말 고맙습니다."

우울의 얼굴에 미소가 퍼져 갔습니다. 그녀의 요정도 좀 더 밝은 색으로 변하는 것 같았습니다.

"동쪽 나라에는 왜 가는 거지?"

우울이 물었습니다.

"왕자님이 우연히 용을 만났다가 죽다 살았어요. 그 뒤로 용 공포증이 생겼어요. 그걸 고치려고 가는 거죠."

이번에도 엑스페리언스가 먼저 대답을 하고 미뇽은 고개만 끄덕였습니다.

"그곳에 가면 고칠 수가 있니?"

우울이 미뇽을 보며 물었습니다.

"당연하죠. 그곳에는 훌륭한 마법사들이 많이 있다고 해요. 특히 요정 전문 마법사들이 많이 있다고 하지요."

이번에도 엑스페리언스였습니다.

"그렇군요. 미뇽, 혹시 훌륭한 마법사를 만나서 좋은 비법이나 약 같은 것을 얻어 오면 나에게도 좀 나눠 줄 수 있겠니? 나와 나의 요정도 나아지고 싶어. 이런 삶은 정말로 사는 게 아닌 것 같아. 물론 나도 사례를 할게."

"네, 당연하죠. 사례는 이미 충분히 받은 것 같은데요."

이번에는 미뇽이 먼저 웃으면서 대답했습니다.

"아가씨도 같이 가시죠. 제가 왕자님과 함께 모시겠습니다. 저로 말할 것 같으면 랑가주에서 가장 용감하고 유능한 기사로서, 전쟁에도 두 번이나 참여하여 혁혁한 공을 세워 임금님께 큰 상과 영토를 받은, 제 입으로 말하긴 그렇지만, 그야말로 최고의 기사지요. 하하하."

엑스페리언스가 평소보다 말이 많아지고 그의 요정도 어쩔 줄 몰라 이리저리 날아다녔습니다.

그래, 나 상처 받았어

"그러곤 싶지만 저는 어려울 것 같아요. 그림도 그려야 하고 부모님이 남겨 주신 이 집도 지켜야지요. 대신 마법사를 만나고 올 때 꼭 들러 주세요."

그녀가 엑스페리언스를 보며 차분하게 말했습니다.

"네, 알겠습니다. 당연하지요. 기사는 한 번 한 약속은 목에 칼이 들어와도 꼭 지킵니다."

엑스페리언스는 여전히 싱글벙글이었습니다.

"아, 그리고 동쪽 나라로 가는 길에 공포정치국이라는 곳을 지나게 될 거예요. 그곳은 가능한 한 빨리 지나가세요. 아주 위험한 곳이라고 들었어요."

"아, 걱정 마십시오. 이 엑스페리언스가 있는 이상 공포 무슨 국이 아니라 지옥에 가더라도 왕자님은 안전할 겁니다. 제가 누구입니까? 아까 말씀드린 것처럼 전쟁에 두 번이나 참여한 용맹한 기사로서…"

신이 난 엑스페리언스의 무용담은 한참이나 계속되었습니다. 물론 미농과 우울 아가씨는 귀기울여 듣진 않았습니다.

마인드 매뉴얼

내가 원하는 삶으로부터 멀어질 때 느끼는 감정, '우울'

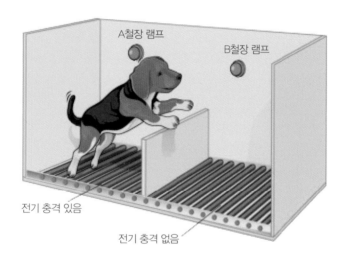

미국의 저명한 심리학자 마틴 셀리그만이 우울에 대해 제
안한 모형으로 '학습된 무기력learned helplessness'이라는 개
념이 있다. 이는 개를 대상으로 한 실험에서 도출된 것으로,

실험을 위해 A, B 두 개의 철장을 만들고 두 곳을 오갈 수 있도록 통로를 만들었다. 먼저 A철장에 불이 켜지면 잠시 후 그 방에 전기충격이 가해지고 다시 B철장에 불이 켜지면 그 방에 전기충격이 들어오도록 처치를 하여, 불빛이 차후 발생할 전기충격을 알려 주는 신호 역할을 하였다. 그러자 기대한 대로 개는 불빛이 들어오면 전기충격을 받지 않도록 미리 피하는 행동을 학습하게 되었다.

그런데 이러한 학습이 일어난 후에 약간의 변화를 주었다. 즉, A철장에 불빛이 들어와서 B철장으로 즉시 피하였는데 두 방 모두에서 전기충격이 일어나게 만든 것이다. 그러자 처음 몇 번은 전기를 피하려고 방에 불이 들어오면 옆방으로 뛰었지만, 얼마 지나지 않아 옆방으로 피하는 행동이 소용없음을 알게 되었다. 몇 번의 시행을 반복하자 개는 매우 독특한 모습을 보이기 시작했다. 즉, A철장에 불이 들어와도 그 자리에 누워 꿈쩍도 하지 않고 있으면서 전기 충격을 온몸으로 맞는 것이었다. 더욱 인상적인 것은, 이제 다시 처음처럼 A철장에 불이 들어올 때 B철장으로 도망가면 전기를 피할 수 있게 돌아갔음에도 불구하고, 개는 여전히 무기력하게 전기를 맞으면서 누워 있는 모습이 관찰된 것이다. 소위 '뛰어야 벼룩'이라는 무기력을 학습한 것이다.

인간도 이와 비슷한 행동을 학습하는 것으로 보인다. 살면서 힘든 시기를 겪으며 그때의 어려움을 피하고자 몇 번의 노력을 하였지만 잘 되지 않게 되면, 이제 상황이 이전과 다르게 변했음에도 불구하고 어떠한 시도도 하지 않고 침대 위에 누워 희망을 버린 모습을 보이는 것이다. 정말 말 그대로 무기력을 학습하게 되는 것으로, 이 학습된 무기력이 우울증의 원인이 된다.

● 내가 학습된 무기력을 경험하는 부분은 없는가? 언제부터 어떤 이유로 무기력을 학습하게 되었는가?

공부, 연애, 시험, 운동, 다이어트, 운전면허, 새로운 인간관계, 여행 등 내가 학습된 무기력을 느끼는 삶의 영역을 떠올려 보자. 그 원인은 무엇일까? 관련된 경험을 떠올려 보자.

1. _____

2. _____

3. _____

그래, 나 상처 받았어

● 학습된 무기력 깨기

이제 예전과 상황이 달라졌을 수 있다. 그때보다는 내가 더 성장하거나 유능해졌을 수도 있다. 어쩌면 마지막 한 스푼의 노력 부족으로 성취라는 완성된 요리를 만들지 못했을 수도 있다. 이러한 무기력을 깨기 위해 다시 해 볼 수 있는 것은 무엇이 있을까?

1. _____

2. _____

3. _____

현대인들이 가장 많이 경험하는 심리장애는 바로 우울장애일 것이다. "그 연예인이 원래 우울증으로 그렇게 힘들어했대." "요즘 우울해 죽겠어. 이렇게 살고 싶었던 게 아닌데." "야! 그렇게 우울해하지만 말고 뭘 좀 해 보는 건 어때?" 이렇게 우울증 혹은 우울이라는 말은 현대인의 일상 속에 언제부터인가 깊숙이 들어와 있다. 그런데 과연 우리 중에 한 번도 우울하지 않았던 사람이 있을까? 우리는 왜 우울해지는 걸까? 그리고 우울은 삶에 불쑥 찾아오는 불청객처럼 가능한 한 피해야만 하고, 우리 삶에 절대로 오지 않기만을 기대하고 대비해야 하는 경험인 걸까?

답은 그렇지 않다. 우울을 뇌에서 분비되는 세로토닌 같은 신경전달물질이나 신체 호르몬의 이상으로만 보기에는 이보다 더 큰 의미가 있다. 이러한 신경생물학적 변화는 단지 결과에 불과하다. 우울은 '내가 바라는 삶에서 멀어진 만큼 생겨 나는 마음의 메시지'이다. 사랑하는 사람의 상실, 소중히 일궈 온 사업의 실패, 꼭 이루고 싶었던 진학이나 승진의 좌절 등 힘든 일로 인해 우울의 터널을 통과한 많은 사람들이 있다. 뿐만 아니라 우울의 터널을 지난 후 삶의 진정한 의미나 목적을 찾고 한층 더 성숙한 존재로 거듭나는 모습 또한 목격하게 된다. 우리는 우울로 인해 가만히 앉아, '내 삶에 진정 중요한 것이 무엇인지?' '현재 삶에서 소중한 무엇을 잃어버렸는지?'에 대해 깊이 고민하게 된다. 이러한 과정을 통해 밝은 대낮에는 볼 수 없었던 어둠 속의 한 줄기 빛과 조우하는 경험을 하게 되는 것이다.

우울을 이러한 관점에서 볼 수 있다면, 우울감 혹은 우울증을 떼어 내고 없애려고만 애쓰기보다 내가 바라는 삶의 방향 혹은 가치에 맞는 행동으로 삶을 채우는 것이 더 현명한 방법임을 알 수 있다. 즉, 캄캄한 방에서 어두움을 몰아내기 위해 부채질하면서 애쓰기보다 작은 등불을 찾고 켜서 빛으로 채우는 것이 더 현명한 방법이다.

● 현재 내가 우울을 경험하는 삶의 영역은 어디인가?
인간관계, 성취, 학업, 건강 등등. 그 속에서 내가 소중
하게 여기는 무엇을 잃어버린 걸까? 다시 찾아야 하는
나의 소중한 삶의 가치는 무엇일까? 친밀감, 보람, 의
미, 활기, 창조성, 자율성, 존중받음, 즐거움…. 어쩌면
삶에서 진정으로 중요하지 않은 것에 집착하면서 우울
해하고 있는 것은 아닐까?
● 앞에서 말한 소중한 삶의 가치, 방향, 의미 등을 다
시 찾을 수 있는 방법을 찾아보자. 그리고 나의 어두운
마음의 방에 다시 빛을 비춰 보자.

우울한 영역	잃어버린 가치	되찾을 방법
예) 이성관계	친밀감	다시 연애하기

잠깐, 내 삶에서 멀어진 가치와 의미를 찾아 어두워진 삶을 채우기 전에 기억해야할 것이 하나 더 있다. 바로 '우울의 습관'이다. 우울은 가만히 앉아서 곰곰이 삶을 돌아보는 기능을 하기 때문에 그 과정에서 매우 익숙해진 습관이 있다. 그것은 바로 '반추rumination'이다. 반추란 소가 여물을 곱씹듯이 생각을 곱씹는 과정을 말한다. '내가 왜 이럴까?' '왜 이런 일이 일어났을까?'라는 질문들을 던지며 생각이 꼬리에 꼬리를 물고 깊어지면서, 예전에 했던 실수, 잘못된 결정, 억울했던 경험, 원망의 대상 등을 떠올리며 마음의 바닥을 박박 긁으면서 점점 생각에 더 빠지게 된다.

적절한 숙고와 반성은 삶에 양약이 되지만, 끝이 없는 반추는 몸과 마음을 상하게 하는 독약이 된다. 그러므로 이러한 반추의 고리를 끊고 '즐거울 수 있는 활동'과 '성취감 혹은 의미를 주는 활동'을 찾아서 조금씩 시도해 보라. 이러한 방법을 심리학에서는 '행동활성화 치료behavioral activation therapy'라고 한다.

● 내가 반추를 가장 많이 하는 시간은 언제이고, 그 장소는 어디인가?

우울한 사람들이 반추에 몰두하는 시간은 주로 잠자기 전이고, 장소는 자기 방 혹은 침대 위이다. 당신은 어떠한가?

내가 반추에 빠지기 쉬운 시간, 장소: _____

_____

● 반추에 빠지는 시간을 줄이고, 그 시간을 즐거움 혹은 성취감이 생기는 행동으로 채워라. 주로 자기 방이나 집에서 반추를 많이 하게 된다면, 그곳을 빠져나와 밖에서 자신이 좋아하는 활동을 하라. 홀로 있는 자기 방에서 아무것도 하지 않으면서 반추에 빠지지 않으려고 하는 시도는 무모하다.

● 즐거움을 주는 활동들

1. _____

2. _____

3. _____

4. _____

● 성취감 혹은 의미를 주는 활동들

1. _____

2. _____

3. _____

4. _____

잊어버리는 아저씨

　　미뇽과 기사는 우울이 만들어 준 도시락을 챙겨서 다시 길을 떠났습니다. 길을 가면서 엑스페리언스가 호기심 어린 눈으로 미뇽에게 물었습니다.

　　"왕자님, 왕자님은 어떻게 그렇게 사람들의 마음을 잘 얻어 내지요? 정말 신기해요. 부럽기도 하고요. 저도 한 수 가르쳐 주세요."

　　"저는 마음을 얻으려고 뭔가 한 적은 없어요. 제가 마음의 고통을 겪다 보니 힘든 사람을 보면 궁금해지고 관심이 가고 공감이 되는 것뿐이에요. 예전에 배운 적이 있어요. '동병상련同病相憐'이라고 같은 아픔을 겪는 사람들끼리는 서로를 잘 이해하고 마음이 통한다는 말이지요."

　　"역시 왕자님이십니다. 저는 싸움에는 자신이 있지만 공부나 어려운 말 쪽에는 전혀 흥미가 없어서요. 하하하.”

길을 따라 한참을 가는데 앞에서 커다란 마차 한 대가 오고 있었습니다. 마차에는 뚱뚱한 체구에 웃는 인상의 중년남자가 타고 있었습니다.

“안녕하세요? 허허허.”

마차에 탄 남자가 먼저 웃으며 말을 건넸습니다.

“네, 안녕하세요?”

“안녕하십니까?”

미뇽과 엑스페리언스도 인사에 답했습니다.

“실례지만 어디로 가는 길이지요? 허허허.”

남자가 마차를 세우고 웃으며 말을 걸어 미뇽과 엑스페리언스도 잠시 멈춰 섰습니다.

“네, 저희는 동쪽 나라로 가는 길입니다.”

“그렇군요. 허허허. 저는 서쪽 나라로 가는 중이지요. 보시다시피 저는 상인이랍니다. 거울이나 빗자루, 그릇 등 잡동사니를 싣고 가서 여기저기 파는 일을 하고 있지요. 혹시 필요한 것 있으세요?”

“글쎄요. 저희는 특별히 필요한 것이 없는 것 같습니다. 감사합니다.”

미뇽이 정중하게 응대했습니다.

“그래요. 언제든 필요한 게 있으면 말해 주세요. 혹시 또 만날지도 모르니까요. 사람 인연이 다 그렇지요. 허허허. 참! 이렇게 만난 것도 인연인데 우리 통성명이라도 합시다. 저는 ‘해리dissociation’라고 합니다.”

“네, 저는 미뇽이라고 합니다. 이쪽은 기사 엑스페리언스라고 하지요.”

엑스페리언스는 그 순간에도 우울이 준 도시락 바구니를 보면서 히죽히죽 웃고 있어 상인에게 별 관심이 없었습니다.

"그래요. 그럼 또 보지요. 안녕히 가세요. 허허허."

"네, 안녕히 가세요."

서로 작별인사를 나누었습니다. 그리고 상인은 점점 멀어져 갔습니다. 미뇽 일행은 동쪽으로 난 길을 따라 다시 갔습니다.

엑스페리언스는 자신의 요정이 보여 주는 우울 아가씨와의 달콤한 연애에 대한 상상 속에 푹 빠져 있었습니다. 엑스페리언스에게 미뇽이 말을 걸었습니다.

"엑스페리언스, 말도 좀 쉬고 우리도 뭘 좀 먹어야 하지 않을까요?"

"네? 네네. 왕자님. 그러지요."

둘은 커다란 아름드리나무 그늘 밑에 자리를 잡았습니다. 미뇽이 도시락을 꺼내 식사를 준비하는 동안 기사는 말들을 냇가로 끌고 가서 물을 먹였습니다. 나무 그늘 아래에서 우울이 싸 준 음식으로 허기를 채웠습니다. 미뇽은 선선한 바람이 불고 향긋한 꽃향기도 실려 와 기분이 좋았습니다. 늘 지금 이대로라면 마법사를 만나지 않아도 용에 대한 두려움이 사라질 것만 같았습니다. 이렇게 평온한 시간을 보내고 있는데 길 저쪽에서 딸랑딸랑 마차소리가 들렸습니다. 눈을 들어 자세히 살펴보니, 아까 그 뚱뚱한 상인이 탄 마차였습니다.

'이상하다. 아까 분명히 서쪽 나라로 간다고 했는데…. 무슨 일이 있으신가?'

미뇽은 궁금증이 났습니다. 상인은 미뇽 일행이 있는 곳 근처에 마차를 세우고 말을 건넸습니다.

"안녕하세요? 반갑습니다. 허허허. 처음 뵙겠습니다. 어디로 가시나요?"

"네? 네네…. 저희는 동쪽 나라로 마법사를 찾아 여행하고 있지요."

미뇽은 뭔가 좀 이상했지만 상인의 물음에 답했습니다.

"그렇군요. 저도 동쪽 나라로 가는 중이지요. 보시다시피 저는 상인이랍니다. 거울이나 빗자루, 그릇 등 잡동사니를 싣고 가서 여기저기 파는 일을 하고 있지요. 혹시 필요한 것 있으세요?"

'방향이 서쪽 나라에서 동쪽 나라로 바뀌고 나머지는 같은 말이잖아. 이상하네. 이 아저씨는 뭔가 기억력에 문제가 있으신가?'

미뇽의 요정이 귓가에 속삭였습니다. 미뇽은 궁금증이 커졌지만 혹시 실례가 될까 봐 모른 척했습니다.

"네, 네. 저희는 특별히 필요한 것은 없답니다."

"그래요. 언제든 필요한 게 있으면 말해 주세요. 혹시 또 만날지도 모르니까요. 사람 인연이 다 그렇지요. 허허허. 아참 이렇게 만난 것도 인연인데 우리 통성명이라도 합시다. 저는 해리라고 합니다."

역시나 똑같은 말이었습니다. 미뇽은 이상했지만 어쩔 수 없이 똑같은 대답을 할 수밖에 없었습니다.

"네, 저는 미뇽이라고 합니다. 이쪽은 기사 엑스페리언스라고 하지요."

미뇽은 왠지 상인 아저씨가 이상하기도 하고 안됐기도 했지만, 엑스페리언스는 아까 딴 생각을 하느라 눈여겨보지 않아서인지 전혀 눈치를 채지 못한 것 같았습니다.

상인은 기사 옆에 자리를 깔고 음식을 꺼내 먹기 시작했습니다. 체구가 커서인지 빵, 우유, 과일, 베이컨, 쿠키, 포도주 등 꺼내 놓은 음식의 종류도 다양하고 양도 많았습니다.

"기사이시면 혹시 전쟁에 나간 적도 있으시겠습니다. 허허허."

"당연하지요. 저는 전쟁에 두 번이나 참여했지요. 그때마다 혁혁한 공을 세워서 지금의 작위를 왕께 받았지요. 하하하."

전쟁 이야기가 나오자 잠잠했던 엑스페리언스가 말문을 트기 시작했습니다.

"저도 전쟁이라면 할 이야기가 좀 있지요. 저도 젊을 땐 군인이었답니다. 돈을 벌기 위해 용병으로 이 나라, 저 나라 안 가 본 곳이 없지요. 허허허."

상인은 입안에 음식을 가득 쑤셔 넣고 포도주를 벌컥벌컥 들이켜면서 말을 이어 나갔습니다. 신이 난 기사와 상인의 전쟁 이야기는 계속되었습니다. 미뇽은 좀 먼발치에 떨어져 앉아 그 광경을 지켜보고 있었습니다. 미뇽은 순간 깜짝 놀라고 말았습니다. 그리고 자신의 눈을 믿을 수 없었습니다. 다시 눈을 씻고 봤지만 놀랍게도 상인은 수호요정이 없었던 것입니다!

'아니, 그럴 리가? 수호요정이 없는 사람은 없다고 들었는데, 저 아저

씨는 마법사인가? 아님 요정을 잃어버렸나? 어떻게 된 거지?'

미눙은 한편으로 이상하고, 한편으로는 무섭기도 하였지만 호기심이 발동해서 견딜 수가 없었습니다. 아무리 눈을 씻고 봐도 상인의 요정은 보이지 않았습니다. 상인이 엑스페리언스와 이야기에 열중하는 동안 미눙은 상인의 마차가 있는 곳으로 가 보았습니다. 마차를 살피다가 포장으로 가려진 곳을 살짝 열어 보았습니다. 그 안에는 상인의 말대로 다양한 물건들이 무질서하게 쌓여 있었습니다. 미눙은 숨을 죽이고 조심스럽게 마차 포장 안에 올랐습니다. 쌓여 있는 물건들의 안쪽 깊숙한 곳에 새장이 하나 매달려 있는 것이 보였습니다. 놀랍게도 그 새장 안에는 새가 아닌 요정 하나가 쿨쿨 잠을 자고 있었습니다. 그 요정은 뚱뚱한 상인의 외양을 많이 닮았습니다.

"여보세요? 저기요."

미눙이 작은 소리로 요정을 불렀습니다.

"적군이다! 날아오는 화살들을 조심해! 방패를 들어 올려!"

깜짝 놀란 요정은 알 수 없는 말들을 잠꼬대처럼 계속 해 댔습니다.

"저기요. 놀라게 해서 죄송해요. 저는 미눙라고 해요. 그런데 당신은 해리 씨의 요정인가요?"

"해리? 해리? 그래! 그 친구가 나의 주인이지. 얼굴 본 지가 오래되어서 가물가물하네. 허허허."

저렇게 인상 좋은 아저씨가 자기 요정을 새장에 가두다니 미눙은 도무지 이해가 되지 않았습니다. 그리고 한편으론 오싹하게 느껴지기도

했습니다.

"왜 당신은 새장에 갇혀 있죠?"

"그야 주인이 가뒀으니까 그런 거지. 허허허."

요정의 웃음소리는 주인을 꼭 닮았습니다.

"자기 요정을 새장에 가둔 사람은 처음 봤어요. 어떻게 그럴 수가 있나요?"

미뇽은 다소 격앙이 되어 목소리가 커졌습니다.

"그럴 수도 있지, 뭐. 허허허."

요정은 아무렇지도 않다는 듯 웃으며 대답했습니다.

"당신은 왜 여기 갇혀 있는 거죠?"

미뇽이 다시 물었습니다.

"말하자면 길지…. 저 친구는 한때 용병이었어. 그래서 나와 함께 이곳저곳을 다니면서 여러 전투에 참여했지. 고아로 자랐지만 성격이 밝았던 저 친구에게는 함께 전쟁을 겪으면서 피를 나눈 용병들이 유일한 형제이자 가족이었지. 서로를 지켜 주고 서로를 보살펴 주며 생사고락을 함께 했지. 그리고 용병 생활이 끝나면 함께 조용한 시골 마을에 정착해서 오순도순 살기로 약속까지 했지. 그런데 한 십 년 전 쯤이었나? 그게 마지막으로 참여한 전쟁이었지. 아주 치열한 전쟁터에 형제 같은 용병들과 함께 투입되었지. 그런데 안타깝게도 그만… 해리를 제외한 모든 용병들이 다 처참하게 죽게 되었어. 해리도 칼에 맞아 쓰러져 기절했지만 그를 본 적군들이 죽었다고 생각해 그냥 지나쳐 버렸지. 그래

 그래, 나 상처 받았어

서 불행인지 다행인지 저 친구만 살아남게 되었어. 큰 실의에 빠져 고향으로 돌아온 해리는 용병 생활을 그만두고 상인이 되었지. 하지만 안타깝게도 그렇게 끝난 것은 아니었지. 그 전쟁터에서 너무 큰 충격을 받은 내가 조금만 놀라면 전쟁터의 끔찍한 장면과 소리들을 수시로 보여 주는 거야. 그 전투에서의 경험이 너무 끔찍했던 거지. 그리고 형제들이 너무 그립고 또 미안했던 거야. 그 후로 해리는 자다가도 벌떡벌떡 깨게 되고 내가 보여 주는 고통스러운 기억들과 용병 형제들을 지키지 못한 죄책감을 지우기 위해 날마다 술에 빠져 살게 되었지. 그러던 어느 날 견디다 못한 해리는 술에 잔뜩 취한 채로 나를 이렇게 새장 속에 가둬 버린 것이지. 아마 그 뒤로 끔찍한 기억이나 악몽은 덜 한 것 같아. 저 친구에겐 어쩌면 잘 된 일일수도 있지.”

상인의 요정은 정말 그 주인을 원망하지 않는 것 같았습니다.

“그런데 이렇게 요정이 없이도 살 수 있는 건가요?”

미뇽은 안타깝기도 했지만 궁금함을 견딜 수 없었습니다.

“나도 잘 모르지. 허허허. 그런데 내가 없으니 상황에 맞는 생생하고 다양한 감정도 잘 못 느끼게 되고 기억력도 많이 떨어지게 된 것 같아. 늘 허허허 웃고만 다니지. 혹시 그 친구 자주 깜빡깜빡하지 않아?”

“네, 그런 것 같아요. 아까도 저를 두 번째 보는데 마치 처음 보는 것처럼 대했어요.”

“그렇겠지. 나를 이렇게 가둬 두었으니 그런 부작용이 있는 게야. 허허허.”

요정은 쓴웃음을 지어 보였습니다.

"왕자님, 어디 계세요? 왕자님."

엑스페리언스가 미뇽을 찾는 것 같았습니다. 그러자 상인의 요정이 미뇽을 보며 간절한 눈빛으로 말했습니다.

"날 봤다고 하지 말아 줘. 어쩌면 저 친구가 나를 더 어두운 곳에 꼭 꼭 숨길지도 몰라. 지금도 충분히 답답해. 제발 부탁이야."

"알았어요. 걱정 마세요. 약속 지킬게요."

미뇽은 급히 대답을 하고 밖으로 나와서는 아무 일 없었다는 듯이 마차 뒤에서 빠져나와 엑스페리언스에게 다가갔습니다.

"왕자님, 어디 계셨어요? 한참 찾았잖아요."

"응, 그냥… 저기서 너무 예쁜 새소리가 나서 가 봤어요."

미뇽은 애써 태연한 웃음을 지어 보였습니다. 하지만 나무그늘 아래서 술에 취해 있는 해리가 딱하게 느껴졌습니다.

"그래요. 어린 친구 분과 기사님도 먼 길 잘 가세요. 저는 좀 쉬었다가 동쪽 나라로 아니 서쪽인가, 암튼 그리로 갈 테니… 또 만날 날이 있겠죠. 기사 양반 또 만납시다. 그려. 허허허."

미뇽은 새장 속에 갇혀 있던 해리의 요정이 떠오르면서, 아저씨의 웃음 뒤에 깊은 눈물이 감춰져 있다는 생각이 들었습니다.

그래, 나 상처 받았어

마인드 매뉴얼

경험의 일부를 떼어 내려는 치열한 시도, '해리'

살다 보면 다시는 돌아가고 싶지 않은 순간들이 있다. 부모님께 혼이 났던 일, 친구들 앞에서 창피를 당했던 경험, 친했던 친구와 싸우고 돌아섰던 일, 낮은 시험점수로 속상했던 순간, 연인과 갈등으로 인한 이별 등과 같은 기억들은 유쾌하진 않지만 마음속 깊이 남지 않을 수도 있다. 반면, 지금도 마음속 깊은 곳에 남아 쓰라린 상처로 자리 잡은 기억들도 있다. 부모로부터 받은 언어적 혹은 물리적 학대, 학창 시절에 겪은 왕따와 괴롭힘, 심각한 교통사고, 물리적 혹은 성적 폭행 등과 같은 충격적인 사건들로 인한 상처를 우리는 '외상trauma'이라고 한다.

이러한 외상을 경험했다면 그와 관련된 사람들을 다시는 보지 않고, 힘들었던 경험을 연상시키는 상황들을 피하고 싶을 것이다. 하지만 이러한 상황들을 피한다고 해서 힘들었던 경험들을 기억에서 깨끗이 지워 버리는 것은 쉽지 않을 것이다. 아니 불가능하다고 하는 것이 더 정확할 것이다.

이렇게 고통스러운 경험들을 기억과 감정 속에서 완전히 지워 버리고자 하는 시도로 일어나는 마음의 작용이 바로 '해리dissociation'이다. 해리는 드라마나 영화 속의 주인공들에게서 자주 관찰된다. 전형적인 스토리는 부유하고 행복한 가정환경에서 지내고 있던 주인공이 어느 날 악인으로 인해 불의의 사고를 당하게 된다. 주로 부모님의 사망, 교통사고, 화재, 추락 등을 겪는 것이다. 사고 이후 기억을 잃은 주인공은 저절로 혹은 또 다른 심리적 충격으로 인해 잊어버린 기억을 조금씩 찾게 된다.

해리는 자주 깜빡 잊어버리는 것에서부터 특정 사건에 대한 기억은 있지만 감정은 느껴지지 않는 것, 기억의 일부를 잃어버리는 것, 그리고 심한 경우에는 타지에서 다른 모습으로 살아가는 '해리성 둔주dissociative fugue', 여러 개의 분열된 성격을 가지고 사는 '해리성정체감장애(과거에는 다중성격장애로 불림)'까지 다양하게 나타날 수 있다. 한편으로는 이렇게 고통스러운 경험을 잊어버리는 것이 살아가는 데 적응적일 수 있다는 생각도 든다. 하지만 실상은 그렇지 않다.

중학교 시절 왕따와 괴롭힘으로 고통받아온 남자 고등학

생이 있다. 늘 싱글벙글 웃으며 어른들에게도 예의바르고 착한 학생으로 알려져 있다. 그런데 이 학생의 문제는 멍하게 있는 시간이 너무 많다는 것이다. 수업시간에 자주 졸면서 멍하게 앉아 있는 경우가 많다. 공부하는 만큼 성적이 나오지 않아서 부모는 걱정하고 있다. 학생 자신의 보고로도 얼마 전 있었던 일도 잘 생각나지 않고 멍하게 있을 때가 자주 있다고 한다. 왜 그런 것일까? 짐작되듯이, 이 학생은 학교에서 힘든 시간을 견디기 위해 늘 엎드려 있고 멍하게 있는 것이 자연스럽게 된 것이다. 괴롭히는 아이들이 뾰족한 볼펜으로 등을 찍고 썩은 우유를 뿌릴 때에도 엎드려 졸고 있는 듯 멍한 상태로 견뎌 낸 것이다!

이처럼 괴로운 경험을 희미하게 할 때에는 그 경험과 기억뿐 아니라, 다른 적응할 수 있는 능력마저도 둔하게 만드는 대가를 지불하게 된다. 대표적인 예가 외상후 스트레스 장애이다. 이 장애로 고통받는 사람들은 외상과 관련된 기억과 감정을 피하기 위해, 외상과 아주 적은 관련성이 있는 상황까지도 회피하면서 삶의 넓이와 깊이가 줄어들게 된다. 노란 택시에 치여서 사경을 헤맨 환자가 회복 후에도 노란색이라면 무조건 피하면서 사는 것과 같다. 해리는 '고통스러운 경험과 그와 관련된 기억, 감정으로부터 자신을 보호하기 위해' 발생하는 심리적 현상이다. 마치 카메라 렌즈를 흐리게 해서 세상을 보는 것처럼 자신의 경험을 흐리게 하는 것이다. 해리의 정도가 심하다면 원인이 되는 외상의 고통도 컸다고 볼 수 있다. 해리가 심각하고 장기적으로 지속될 때에는 그로 인한 부작용 또한 클 수 있다.

그렇다면 끔찍한 기억과 경험을 다루기 위해 해리가 아닌 다른 보다 나은 방법은 무엇일까? 역설적이게도, 많은 심리학과 정신의학 연구들은 그 방법이 기억에 대한 회피가 아닌 노출, 즉 직면이라고 한다. 물론 그 경험을 점진적이고도 조심스럽게 살펴보아야 할 것이다. 힘들었던 경험들을 다시 살펴보는 순간, 끔찍했던 고통이 다시 찾아오고 그 경험에 압도되는 느낌을 가져다줄 것이다. 하지만 그 고통스러운 기억들을 조금씩 살펴보게 되면, 그 경험이 주는 고통에 어느새 내성이 생기고 조금씩 둔감해지는 것을 경험하게 된다. 이는 온갖 복잡한 서류철들이 정리되지 않은 채로 여기저기 튀어나와 있는 서랍장을 차곡차곡 들여다보고 정리하는 것과 같다. 그 과정에서 다시는 보고 싶지 않았던 서류철들이 눈에 띌 수 있다. 하지만 어느 정도 정리가 된 후에는 여전히 아프지만 있는 그대로 보관할 수 있게 되는 것이다. 아울러 그 서랍장을 정리하다 보면 고통스러운 경험에 대한 새로운 '재해석'과 '성숙'이라는 예상치 못한 선물을 받게 될지도 모른다.

● 내 마음 속 서랍장 정리하기

혹시 당신 마음속에도 아직 정리되지 않은 경험이나 떠올리고 싶지 않은 기억들이 있는가? 어쩌면 이 기억을 억누르고 피하느라 나의 삶의 에너지를 낭비하고 있을지도 모른다. 용기가 생긴다면 이 경험 혹은 기억과 마주 앉는 시간을 만들어 보기 바란다.

한 가지 방법은 혼자서 이 경험을 마주하는 것이다. 먼저 방해받지 않는 조용한 혼자만의 공간을 찾아라. 촛불이나 은은한 조명을 켜고 꺼내고 싶지 않은 경험을 조용히 적어 내려가라. 가능하다면 시간과 장소를 생생하게 기억해 내면서 나에게 어떤 일이 있었는지 자세하게 기록하라. 과거형이 아닌 현재형으로 쓰는 것은 기억을 더욱 생생하게 만들어 줄 것이다. 이때 중요한 것은 나의 감정과 느낌이 어땠는지를 떠올려서 적어 보는 것이다. 얼마나 수치스러웠는지, 고통스러웠는지, 죽이고 싶을 만큼 화가 났었는지, 모든 것이 끝난 것 같이 절망적이었는지, 세상에 혼자 남겨진 외로움을 느꼈는지 등을 적어 보기 바란다. 그리고 내가 바랐던 것이 무엇이었는지도 적어 보라. 보호받고 싶었는지, 안전하고 싶었는지, 강하게 저항하고 싶었는지, 따지고 싶었는지 등 내가 바랐던 욕구를 적어 보라. 이 작업을 하다가 감정이 북받쳐 오르면 마음껏 표현하기 바란다. 소리 내어 꺼이꺼이 울어도 좋고, 베개를 내리치면서 소리를 질러도 좋다. 원망의 대상을 실컷 욕해도 좋다.

혼자서 하는 것이 힘들고 두렵다면 평소 마음을 나누던 사람의 도움을 청하라. 소울 메이트도 좋고, 배우자나 연인, 부모님, 형제나 자매가 가능하겠다. 남의 말에 귀 기울이는 것이 힘든 사람은 피하라. 비판적인 사람도 피하라. 그 경험에 깊은 연관이 있어서 서로에게 좋지 않은 영향을 줄 수 있는 사람도 피하라. 나를 있는 그대로 용납해 주고 무조건 이해해 줄 수 있는 사람을 선택하라. 그렇지 않으면 어렵게 용기를 내었지만 깊은 개방이 되지 않아 실망스러울 수도 있다. 또한 처음 꺼내는 이야기를 나에게 힘든 경험을 안겨 준 바로 그 상대에게 하는 것도 피하라. 상대방이 혼란스러워하거나 자신에 대한 공격으로 받아들일 수 있다. 차후에 그에게 이야기할 기회가 올 수도 있겠지만 첫 상대로는 적당하지 않다. 우선 내 마음이 정리되는 것이 필요하다.

친밀한 관계를 맺고 있는 사람에게 나의 힘들었던 경험을 이야기하는 것이 둘의 관계를 해치는 것은 아닌지 너무 걱정하지 마라. 차분하고 깊게 전달된 자기공개는 서로 간의 친밀감을 높일 수 있고, 상대방도 자신의 숨겨진 이야기를 꺼낼 수 있도록 용기를 북돋을 수 있다. 만약 그렇게 된다면 이전보다 더 깊은 관계로 발전될 수 있다.

그래, 나 상처 받았어

※ 주의할 점: 만약 경험을 나눌 적절한 대상이 떠오르지 않거나, 마음속 상처가 깊어 섣불리 꺼내는 것이 염려된다면 상담자나 심리치료자와 같은 전문가를 찾아라. 경험이 끔찍하고 충격적일수록 전문적인 도움을 받는 것이 반드시 요구된다. 물리적 혹은 성적인 학대, 강간, 폭력 등의 외상은 매우 신중하게 받아들이고 주의하여야 하며, 반드시 전문가와 함께 다루어야 한다. 훈련된 전문가는 비용을 지불하는 만큼 전문적이고 안전한 도움을 제공할 수 있다.

무서운 쌍둥이 형제

　　미뇽 일행은 부지런히 달려서 저녁 무렵 어느 마을에 도착했습니다. 마을 입구에는 여관이 있었는데, 문 위에 '쌍둥이 여관'이라는 글씨가 쓰여 있었습니다. 미뇽과 기사가 문을 열고 들어가자 식당이 눈에 들어왔습니다. 여기저기 손님들이 앉아서 일부는 식사를 하고 일부는 술을 마시고 있었습니다.

　　"어서 오세요. 무엇을 도와드릴까요?"

　　주인으로 보이는 왜소한 체구에 눈이 작은 남자가 미소를 지으며 다가왔습니다. 그의 요정도 왜소해 보였습니다. 그의 목소리는 매우 상냥하고 친절했습니다.

　　"여기 먹을 것 좀 주시고, 잠자리도 부탁드립니다."

그래, 나 상처 받았어

엑스페리언스가 말했습니다.

"네, 알겠습니다. 조금만 기다려 주십시오. 금방 음식을 준비해 오겠습니다. 찾아주셔서 감사합니다."

주인이 공손하게 대답을 했습니다. 주인은 빠르게 움직이면서 손님들의 주문을 받고 있었습니다. 그리고 손님들 옆을 지나갈 때마다 '미안합니다'라고 말하며 매번 양해를 구하였습니다. 잠시 후 음식이 나왔습니다.

"여기 음식 나왔습니다. 드시고 부족한 것 있으시면 말씀해 주세요. 간이 맞을지 모르겠네요. 늦게 나와서 죄송합니다. 양해 부탁드립니다. 죄송합니다."

음식이 그렇게 늦게 나오지 않았는데도 주인은 죄송하다는 말을 반복하였습니다.

"괜찮습니다. 음식이 늦게 나오지 않았어요. 죄송해하지 않으셔도 돼요."

미농이 오히려 미안한 마음이 들어 말했습니다.

"아, 감사합니다. 양해해 주셔서 감사합니다."

주인은 연거푸 고개를 숙이며 말했습니다.

미농은 식사를 하면서 식당 안을 찬찬히 살펴보았습니다. 그러다가 주방 쪽에서 방금 본 주인과 똑같이 생긴 남자를 찾아내었습니다. 아마도 쌍둥이 같았습니다. 둘은 정말 외모가 똑같았습니다. 게다가 똑같은 옷까지 입고 있어서 구별하기가 어려웠습니다. 엑스페리언스도 주방 쪽에 있는 쌍둥이를 발견하고는 말했습니다.

"왕자님, 정말 똑같네요. 다른 사람들도 쌍둥이를 구별 못하겠지요?

쌍둥이의 부모들은 어떻게 자기 아이들을 구분해 내는지 몰라요. 흐흐흐."

"저는 구분할 수 있을 것 같아요."

"네? 완전히 똑같은데요? 어떻게 구분이 가능해요?"

"아니에요. 자세히 보면 다른 부분이 있어요. 보세요. 서빙을 하는 주인은 앞머리를 오른쪽으로 내렸어요. 그런데 주방에 있는 주인을 보세요. 앞머리를 왼쪽으로 내렸잖아요. 맞지요?"

미뇽이 웃으며 대답했습니다.

"와, 정말이네요. 저는 전혀 생각을 못했는데요. 왕자님은 정말 대단하십니다. 그런 게 다 보이시다니…"

미뇽과 엑스페리언스의 식사가 끝나 갈 무렵 저쪽 테이블에서 소리가 났습니다.

"주인장, 당신이 괜찮다고 했잖아? 한 번만 더 외상으로 하자고."

키가 크고 덩치가 좋은 사나이가 취한 상태에서 주인에게 말했습니다.

"그렇지만 벌써 세 번째 외상을 하셨습니다. 죄송합니다만 이번에는 어렵겠습니다."

서빙을 하던 주인이 차분하게 웃으며 응대했습니다.

"지난번까지 언제든 외상을 해도 된다고 했잖아? 이번 한 번만 봐줘. 내가 꼭 갚을게. 우리 사이에 왜 그래? 한두 번 본 사이도 아니고 왜 그래? 내가 꼭 갚을게."

"그런데 손님, 왜 자꾸 저에게 반말을 하십니까?"

그래, 나 상처 받았어

갑자기 주인의 표정이 바뀌고 목소리가 높아지는 듯했습니다.

"아니, 그건 내가 나이도 더 많은 것 같고 친하게 생각돼서 그랬지. 그리고 이제까지 그런 걸로 한 번도 뭐라고 한 적 없잖아. 이 사람 왜 이래? 기분 나빴으면 미안해."

덩치 큰 손님이 애써 웃으며 말했습니다.

"왜 웃어? 그러니까, 내가 그렇게 우습게 보여? 내가 그렇게 만만하게 보이는 거야? 그동안 굽신굽신하면서 오냐오냐했더니 내 키가 작다고 완전 우습게 보는 거네. 내가 그렇게 우습게 보여?"

갑자기 주인도 반말을 하기 시작했습니다. 주인이 화가 많이 난 것 같았습니다. 그때 주인의 요정이 갑자기 괴물처럼 커지기 시작했습니다.

"아니, 그런 건 아니고. 미안해. 내가 지금 당장 집에서 돈 가져올게. 못 미더우면 이 금으로 된 목걸이 풀어 놓고 금방 다녀올게. 왜 그래, 이 사람아. 무섭네."

당황한 손님이 걸고 있던 목걸이를 풀어 놓으며 말했습니다.

125

"나, 그딴 것 필요 없어. 내가 뭐 돈 때문에 그러는 줄 알아? 나 무시당하고는 못사는 사람이야. 그동안 나한테 반말하고 외상으로 술 먹고…. 그뿐 아니지 내가 인사했을 때 안 받아 준 적도 다섯 번이고, 식탁에 물을 엎지른 것도 두 번이나 되고, 숟가락을 바닥에 떨어뜨린 것도 세 번이나 되고…. 내가 이제 도저히 참을 수가 없어!"

주인의 요정이 더 커지고 입에서 연기가 보이기 시작했습니다.

"아니, 이 사람아, 그렇게 서운한 일이 있었으면 진작 말을 하지. 나는 전혀 몰랐네."

당황한 손님은 놀란 기색이 역력했습니다.

"이 사람아? 이 사람아? 왜 나를 그렇게 불러? 그럼 내가 사람이지 짐승이야? 그래, 오늘 내가 짐승처럼 한번 발악을 해 봐야겠네. 너 이리 와 봐. 너 이리 와 보라고!"

주변 사람들이 말리는 데에도 아랑곳하지 않고 주인은 결국 폭발했습니다. 그리고 식탁 위에 있는 그릇과 잔, 숟가락과 포크 등을 바닥에 내던졌습니다. 욕을 하며 보이는 물건들을 다 집어던지기 시작했습니다. 외상을 하려던 손님이 사과를 하고 주변 손님들이 말리려 해도 제어되지 않았습니다. 게다가 괴물이 되어 버린 요정이 입에서 뿜어내는 불이 여기저기 식탁과 의자들을 태워 버렸습니다. 바닥에 떨어진 그릇들과 불타버린 가구들로 식당은 순식간에 아수라장이 되어 버렸습니다. 주방에 있던 쌍둥이 주인도 나와서 말렸지만 소용이 없었습니다.

결국 손님들은 다 도망쳐 버리고 엉망이 된 식당에는 쌍둥이 주인들

그래, 나 상처 받았어

과 미뇽 일행만 남았습니다. 화를 낸 주인은 아직 풀리지 않았는지 문 밖으로 뛰쳐나가 버렸습니다.

"저러다가 또 화가 풀리면 순한 양처럼 괜찮아진답니다. 내일 아침 쯤에는 또 풀이 죽어서 들어올 거예요. 자주 겪는 일이라 익숙해요. 놀 랄 거 없어요."

다른 주인의 말에 미뇽과 엑스페리언스는 어안이 벙벙하여 입을 다 물지 못하고 서 있었습니다.

"숙소는 위층에 있으니 따라오십시오."

주방에 있던 주인이 아무 일 없었다는 듯이 미뇽 일행을 안내했습니 다. 2층으로 올라가자 여러 개의 방들이 보였습니다. 주인은 제일 안쪽 에 있는 방으로 미뇽과 엑스페리언스를 안내했습니다.

"자, 이 방을 쓰시면 됩니다. 아, 소개가 늦었네요. 저희 쌍둥이 여관 에 오신 것을 환영합니다. 저는 '반드시'라고 합니다. 그리고 제 동생의 이름은 '참다가 터뜨림'입니다. 이름이 좀 우스꽝스럽지요. 하지만 마을 사람들은 저희 이름이 각자에게 꽤 잘 어울린다고 하지요."

미뇽과 엑스페리언스는 아무 말도 하지 못하고 억지 미소만 지었습 니다.

"그건 그렇고…. 제가 지금부터 말하는 숙소 사용법에 대해 주의 깊 게 들어 주시기 바랍니다. 먼저, 문을 닫을 때는 반드시 소리 내지 말고 조용히 닫아야 합니다. 그리고 걸을 때도 반드시 발소리를 내서는 안 됩니다. 그리고 밤 11시가 되면 반드시 촛불을 꺼야 합니다. 그리고 화장실 사용도 하실 수 없습니다. 그리고 물건들을 반드시 소중하게 다루어야 합니다. 화장실을 쓰신 다음에는 물기를 반드시 제거하셔야 하고요. 이불이나 베개를 반드시 땅에 떨어뜨리지 말아야 합니다. 침대에 누울때도 반드시 소리 나지 않게 누워야 하고요. 질문 있으세요?”

미뇽과 엑스페리언스는 형의 이름이 왜 반드시인지 알 것 같았습니다.

“아, 그리고 절대 떠들면 안 됩니다. 말씀드린 사항들을 어기실 때에는 제가 화를 내게 될 수 있습니다. 아까 동생이 낸 화는 저에 비하면 아무것도 아니지요. 그러니 절대 저를 자극하지 말아 주십시오. 그럼 좋은밤 되세요.”

미뇽과 엑스페리언스는 그날 밤 한숨도 자지 못하고 뜬 눈으로 밤을보냈습니다. 쌍둥이 형이 말한 반드시들을 지키기 위해서는 침대에서몸을 돌려 눕는 것도 조심스러웠기 때문입니다. 밤을 지내는 동안, 복도와 다른 방에서 가끔씩 비명에 가까운 목소리와 불을 뿜는 것 같은 소리가 들렸습니다.

“왜, 소리를 내? 아무 소리도 내지 말라고 분명히 말했잖아! 크악~!”

“왜, 나를 자극해? 주어진 규칙을 잘 지키라고 했잖아! 크악~!”

쌍둥이 형이 폭발하는 소리 같았습니다. 미뇽은 마치 용의 소굴에 누워 있는 것 같았습니다. 누우면 바로 잠에 곯아 떨어져 코를 고는 엑스페리언스도 이날 밤은 조용히 눈만 멀뚱멀뚱 뜨고 있었습니다. 참으로길고도 고통스러운 밤이었습니다.

그래, 나 상처 받았어

마인드 매뉴얼

인간관계를 태워 버리는 불, '분노'

　분노조절의 문제로 어려움을 겪는 김 씨는 작은 개인 사업을 운영하고 있다. 평소 친절하고 싹싹하며 성실하여 주변 사람들에게 칭찬을 듣고 사업도 잘 운영하고 있다. 하지만 김 씨가 한 번 화가 나면 걷잡을 수 없는 일이 생기곤 한다. 일과 관련되어 손님이나 거래처에 화를 내는 경우는 거의 없으며 주로 참고 넘어가는 반면, 집에서는 화를 내는 경우가 적지 않다. 한번은 형과 부모님을 모시는 문제로 다툰 적이 있었는데, 화가 난 김 씨는 형의 집을 찾아가서 몽둥이로 문과 가구를 박살내 버렸다고 한다. 이처럼 우리 주변에는 "김 씨는 다 좋은데 욱하는 게 있어서 문제야." 혹은 "김 씨는 화를 크게 내서 결국 열심히 쌓아 놓은 것을 다 망치게 돼."라는 평가를 받게 되는 사람들이 있다.

분노 혹은 화는 왜 일어나게 되고, 어떤 기능을 하는 것일까? 화는 '내 욕구나 바람이 타인 혹은 주변 환경으로 인해 침해되거나 좌절되었다고 느꼈을 때 일어나는 감정'으로, 그 원망의 대상을 향하게 된다. 아울러 자신이 바라는 것을 되찾기 위한 정서적 에너지를 공급하는 역할을 한다. 문명화가 덜 된 부족사회에서 한 부족의 남자들이 사냥을 간 사이에 다른 부족이 쳐들어와 여자와 아이들과 양식을 다 빼앗아 갔을 때, 빼앗긴 것을 다시 찾기 위해 남자들이 얼굴에 피를 바르고 전투에 출정하려는 상황에서 일어나는 흥분과 같은 것이 분노이다. 그런 면에서 화 혹은 분노는 나 자신이나 소유를 지키기 위해 필요하다고 볼 수 있다. 하지만 법과 질서가 발달된 현대사회에서 이렇게 격하게 화를 내거나 표출할 일은 상대적으로 드물다.

화를 잘 내는 사람들은 크게 두 가지 특징이 있다. 하나는 내면에 경직되고 융통성이 부족한 '당위적(當爲的) 사고'가 강하다는 것이다. 또 다른 하나는 평소에 지나치게 참다가 터지는 반응 패턴을 보이기 쉽다는 것이다. 먼저 당위적 사고가 무엇인지 살펴보자. 당위적 사고는 미뇽 이야기에서 쌍둥이 여관 주인 중 형의 이름에서 드러나듯이 '반드시' 혹은 '절대'와 같은 경직된 형태의 사고가 강한 것을 말한다. '사람들은 반드시 규칙을 지켜야만 해.' '이 사회는 반드시 공정해야

그래, 나 상처 받았어

만 해.' '자녀들은 부모에게 반드시 예의범절을 지켜야만 해.'
등과 같은 사고나 신념들은 내용의 측면에서 틀린 말이 아니
다. 하지만 반드시라는 수식어가 들어감으로써 현실성이 떨
어지고 경직되게 된다. 예를 들어, 지하철을 탈 때 타고 있는
승객이 먼저 내리고, 다음으로 밖에 있던 승객이 타는 것이
질서에 맞는 행동이다. 하지만 현실은 어떠한가? 그렇지 않
은 사람들도 꽤 많이 있다. 미처 다 내리기도 전에 타려는 사
람들이 꼭 있다. 쓰레기는 정해진 곳에 버리는 것이 옳다고
할 수 있다. 하지만 그렇지 않은 사람들도 꼭 있다. 이러한 현
실에서 반드시라는 당위가 들어가는 순간, 이에 어긋나는 사
람이나 상황을 볼 때 화가 나게 되고 예민해지게 된다.

　심리학에서는 이러한 반드시를 '당위' 혹은 '당연한 것'으
로 보기보다, '선호' 혹은 '좋아하는 것'으로 보라고 권유한
다. 즉, '사람들은 반드시 질서를 지켜야만 해'가 아니라, '나
는 사람들이 질서를 지키는 것을 좋아한다.'로 보라는 것이
다. 어쩌면 이 세상에 당연한 것은 없을지도 모른다. 당연하
다고 생각하는 대부분의 것들이 나 혹은 사회가 원하거나 선
호하는 것일 수 있다. 또 다른 방법은 반드시를 '그럴 수도
있지.'로 대체하는 것이다. 아이들이 때로는 부모에게 반항
을 하거나 예의 없게 행동할 때에도 반드시의 틀로 보고 비
난하고 화내기보다, '아이들도 치열한 입시경쟁과 예민한 또

래관계에서 받는 스트레스로 인해 그럴 수도 있지.' 하는 태도가 필요하다. 이러한 유연한 태도가 아이들을 이해하고 양육하는 데 더 도움이 될 수 있다. 다른 예로, 차선과 신호를 어기고 끼어드는 택시를 볼 때, 반드시의 틀로 보고 비난하고 손가락질을 하기보다, '어려운 경기에 생계를 위해 승객을 한 명이라도 더 태우려고 애쓰다 보면 그럴 수도 있지.' 하는 태도가 세상을 더 너그럽게 보게 한다.

두 번째로 말한 '참다가 터뜨리기'의 반응패턴은 쌍둥이 형제 중 동생에 대한 설명이다. 미뇽 이야기에서 쌍둥이 동생은 화를 내기 전까지 지나치게 친절하고 예의바른 모습을 보인다. 그러다가 화가 쌓이게 되면 자신을 무시한다는 생각과 함께 걷잡을 수 없는 분노폭발을 보이게 된다. 마치 댐에 물이 쌓일 때 적절하게 물을 흘려보내지 않으면 결국 댐이 터지는 수준에 이르는 것과 같다. 화를 조절하지 못하는 사람들 중에 평소에는 지나치게 호인이거나, 가족이 아닌 다른 사람들에게는 너무 맞추고 공손한 이들이 있다. 평소에 자신의 감정이나 욕구를 돌보거나 적절히 표현하지 못하고 있다가, 어느 정도 이상 쌓인 채로 사소하고 불쾌한 일이 발생한 후에, 혹은 술을 마신 후에야 과도하게 표현되기도 한다. 아울러 이들은 아랫사람이나 가족과 같은 소위 '만만한' 대상에게 분노를 터뜨리는 경우들이 많이 있다. 즉, 종로에서 뺨맞고 한강에서 화풀이하는 것이다. 그러므로 이들은 평소에 자신의 감정과 욕구를 잘 살피고 이를 건강하게 해결하거나 상대방에게 정중하게 표현하는 연습이 절실하게 필요하다.

● 나의 타인 혹은 주변 환경에 대한 '반드시'를 찾고, 이것을 '그럴 수도 있지'로 바꾸어 보자.

'반드시'	'그럴 수도 있지'
예) 택시들도 반드시 신호와 교통법규를 제대로 지켜야만 해!	예) 생업을 위해 손님을 태우려다 보면 제대로 못 지킬 때도 있지.

● 나의 '참다가 터뜨리기' 패턴을 찾아 보자.

나도 혹시 지나치게 참고 표현하지 않아서 마음속에 쌓아 두고 있지는 않는가? 터지기 전에 정중하고 차분하게 표현할 방법은 없을까?

마음속에 지나치게 참고 쌓아 두고 있는 일	적절하게 표현하는 방법
예) 만날 때마다 나의 외모를 지적하고 그것으로 장난을 치는 친구	예) 친구의 장난에 기분이 좋지 않음을 표현하고 하지 말아 달라고 정중히 부탁하기

그래, 나 상처 받았어

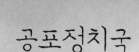

공포정치국

　　다음 날 아침 일찍, 미뇽과 엑스페리언스는 쌍둥이 여관을 나왔습니다. 여관에서 아침식사가 무료로 제공된다는 것을 알고 있었지만 조금이라도 빨리 여관을 벗어나고 싶은 생각에 아침을 거르고 나섰습니다.

　　"엑스페리언스, 어젯밤은 정말 힘들었어요. 차라리 길에서 자는 게 나았을 것 같아요."

　　"네, 왕자님. 두말하면 잔소리이지요. 저도 저런 무서운 사람들은 처음입니다. 전쟁터에서 만난 악랄한 군인들보다 더 무서운 것 같습니다. 저런 사람들은 피하는 것이 상책이지요."

　　둘은 뒤돌아보지 않고 열심히 말을 달렸습니다. 그러다 점심 즈음에 마을이 있는 곳에서 식사를 해결하고 또다시 열심히 동쪽을 향해 달렸습니다.

해가 뉘엿뉘엿 질 무렵 동쪽으로 가는 길이 끝나면서 커다란 성문이 보였습니다. 성문 위에는 '공포정치국'이라는 붉고 굵은 글씨가 무쇠로 된 커다란 현판에 쓰여 있었습니다.

"여기가 우울 누나가 가능한 한 빨리 지나가라고 말했던 나라인가 봐요. 누나가 왜 그렇게 말했을까요?"

미뇽이 말했습니다. 그러자 미뇽의 요정이 답했습니다.

"혹시 용들이 엄청 많이 살고 있는 나라가 아닐까? 나는 무엇보다도 용이 가장 공포스러워."

요정의 말에 미뇽은 괜히 불길한 느낌이 들었습니다.

"왕자님, 걱정을 마십시오. 공포인지 곰보인지 어디로 가든 제가 지켜 드릴 테니 아무 걱정 마십시오. 제가 누구입니까? 랑가주 최고의 기사 엑스페리언스 아닙니까?"

그래, 나 상처 받았어

말은 그렇게 하지만 엑스페리언스도 긴장한 듯 침을 꿀꺽 삼켰습니다.

성 안으로 들어서자 집들과 사람들이 보였습니다. 마을은 뭔가 알 수 없는 어두운 느낌이 가득했습니다. 어둑어둑해진 시간임에도 불구하고 사람들은 삽과 곡괭이 그리고 등불을 들고 무표정한 얼굴로 어디론가 향하고 있었습니다. 많은 사람들이 한 방향으로 줄을 맞추어서 걸어가고 있었습니다. 엑스페리언스가 줄지어 가는 사람 중 한 명에게 말을 걸었습니다.

"저기, 근처에 여관이 있습니까?"

그러나 사람들은 대답 없이 무표정한 얼굴로 지나가 버렸습니다.

"뭐, 이런 불친절한 사람들이 다 있어?"

엑스페리언스의 불평에도 귀 기울이는 사람 하나 없었습니다. 사람들의 행렬이 한참이나 계속 되었지만 누구 하나 대답해 주는 사람도, 관심을 보이는 사람도 없었습니다. 행렬이 다 지나가자 마을은 금세 텅 빈 것처럼 보였습니다. 미뇽과 엑스페리언스는 여기저기 희미한 불빛이 켜져 있는 집들의 문을 노크해 보았으나 아무런 대답이 없었습니다.

"왕자님, 살다 살다 이렇게 냉정한 사람들은 처음 봅니다. 물어도 대답도 없고 표정도 없고 참…. 이 시간에 어디로 저리 가는 건지…."

미뇽은 지나가는 행렬의 무표정한 사람들과 뭔가에 두려움을 느끼는 듯한 요정의 모습들이 머릿속에 남았습니다. 이 나라 사람들의 요정은 모두 하나같이 주먹 크기만큼으로 작았습니다. 그리고 미뇽의 요정이 용을 떠올릴 때 느끼는 두려움과 긴장 같은 것이 요정들에게 엿보였습니다. 미뇽은 이곳 사람들의 요정이 자신의 요정처럼 무언가에 겁먹었다는 것을 분명히 알 수 있었습니다.

'뭔가 이상해. 사람들이 모두 다 저렇게 한꺼번에 두려움에 사로잡혀 있다니, 정말 용이 많이 있는 나라일까? 아니면 거대하고 흉악한 용이 다스리고 있는 걸까?'

순간 미뇽의 뒷덜미가 서늘해지고 등 뒤로 식은땀이 흘렀습니다. 그때 비슷하게 생긴 집들 가운데 한 집의 문이 살며시 열리고 작은 목소리가 들렸습니다.

"당신들은 누구세요? 우리 엄마, 아빠를 잡으러 온 건 아니죠?"

문 뒤에서 작은 꼬마가 두 눈만 빼꼼히 내밀고 둘을 쳐다보았습니다.

"아니란다. 꼬마야. 우린 나쁜 사람이 아니야. 우리로 말할 것 같으면 흠흠…. 이 분은 랑가주의 왕자님이고 나는 랑가주 최고의 기사, 엑스페리언스란다. 혹시 부모님 안 계시니? 우리가 하루 묵을 곳이 필요하거든."

"부모님은 안 계세요. 마을 사람들과 함께 탄광에 일하러 가셨어요."

꼬마는 여전히 몸을 숨긴 채 작은 목소리로 대답했습니다.

"혹시 잠자리만이라도 좀 빌릴 수 없을까? 안 그러면 우린 길거리에서 자야 할 것 같아. 부탁이야."

미뇽이 무릎을 굽히고 애원하는 목소리로 아이에게 청했습니다. 꼬마는 대답 대신 문을 천천히 열어 주었습니다.

그래, 나 상처 받았어

문을 열고 들어가자 아이는 식탁이 있는 곳으로 손짓해서 앉도록 해 주었습니다. 그러고는 아무 말 없이 차를 끓여 왔습니다. 집 안에는 오래된 듯한 허름한 가구와 기본적인 살림도구들만 있었습니다. 차를 내온 아이는 미눙과 기사에게서 몇 걸음 떨어진 곳에 의자를 놓고 앉았습니다.

"나는 미눙이라고 해. 동쪽 나라로 여행을 가는 중이지. 너는 이름이 뭐니?"

"겁fear."

"겁이라고? 이름이 겁이니?"

꼬마는 말없이 고개만 끄덕였습니다.

"혹시 위험한 사람들일지도 몰라. 조심해야 해."

아주 작은 겁의 요정은 모기소리로 말하고는 미눙과 기사를 계속 살피면서 겁의 어깨 뒤로 숨었습니다.

"그렇구나. 이름이 겁이구나. 우린 나쁜 사람들이 아냐. 나와 내 요정이 용에 대한 두려움이 너무 커서 치료를 받으려고 마법사를 만나러 가는 길이야."

"마법사를 만나면 두려움이 사라질 수도 있어요?"

꼬마는 갑자기 눈을 크게 뜨고 미눙에게 물었습니다.

"글쎄, 나도 잘은 모르지만 마법사는 고칠 수 있다고 들었어."

꼬마는 호기심 어린 눈으로 미눙 쪽으로 조금 다가왔습니다.

"여기 있는 사람들은 다 두려움 속에서 살아요. 언제 어떻게 될지 모르니까요. 오늘도 밤 집회가 있어요. 그러면 누가 죽을지도 몰라요."

꼬마는 다시 두려움으로 몸을 움츠렸습니다. 그러자 순간 꼬마의 요
정은 약간 더 작아지는 것 같았습니다.

"밤 집회라니? 그게 뭐니?"

"이 나라는 '공포terror'라는 왕이 다스리고 있어요. 공포 왕은 너무너
무 무서운 왕이에요. 누구든 자기 말을 듣지 않고 반대하는 사람이 있
으면 한 달에 한 번씩 열리는 밤 집회에서 그런 사람들을 심판해요. 지
난달에는 반란을 하려 했다고 세 명, 일을 열심히 하지 않았다고 두 명
을 처형했어요. 그래서 우리 부모님도 몸이 좋지 않으신데 오늘도 탄광
에 일하러 갔어요."

"아, 그래서 사람들이 밤이 되었는데도 모두 일을 하러 가는 거였구
나."

미농은 겁의 말을 들으면서, 어린 아이가 '심판, 반란, 처형'과 같은 무
섭고 어려운 단어를 많이 쓰는 것에 거부감이 느껴지기도 하고 한편으
로 불쌍하게 느껴지기도 하였습니다.

"엄마, 아빠 말로는 우리나라도 예전에는 평화롭고 사람들이 친절했
다고 해요. 그런데 다른 나라와 큰 전쟁을 치르면서 힘이 센 공포 왕이
권력을 차지하고 왕이 되었다고 해요. 지금은 전쟁이 끝났지만 그래도
여전히 공포 왕이 통치하고 있지요. 그 뒤부터는 사람들이 지나가는 나
그네나 낯선 사람들에게 친절하게 하기가 어렵다고 해요. 살아남기 위
해선 무조건 열심히 일해야 하니까요. 앗, 그런데 부모님께서 아무한테

그래, 나 상처 받았어

나 이런 말 하지 말라고 했는데…"

미뇽은 아마도 어른들이 그런 단어들을 많이 쓰는가 보다 하는 생각이 들었습니다.

"아, 그래서 사람들이 말을 걸어도 대답을 안 했구나."

엑스페리언스가 말을 꺼냈습니다.

"우리 아빠도 몸이 아파서 일을 많이 못해 끌려가면 어떡하죠?"

겁의 눈에 눈물이 고였습니다. 잠시 동안 아이의 요정이 끔찍한 장면을 보여 주는 것 같았습니다. 미뇽과 엑스페리언스는 아무 말도 못하고 있었습니다.

얼마 후, 문이 열리는 소리가 들렸습니다. 아이의 엄마와 아빠로 보이는 부부가 들어왔습니다.

"겁, 이 사람들은 누구니?"

두 사람은 지쳐서인지, 몸이 안 좋은지 기운 없는 목소리로 아이에게 물었습니다.

"여행을 하는 왕자님과 기사래요."

아이가 대답했습니다.

"왕자와 기사라고? 아빠가 아무한테나 문을 열어 주지 말라고 했잖니?"

아이의 아버지와 그의 요정이 미뇽과 기사의 머리부터 발끝까지 훑어 보는 것 같았습니다.

"아이의 말이 정말 맞소? 혹시 왕이 보낸 감시원 아니오?"

아버지는 경계하는 눈빛을 풀지 않고 손에 곡괭이를 움켜쥐었습니다.

"공포 같이 악독한 왕이 저처럼 어리고 힘없는 소년을 감시원으로 쓰진 않겠지요? 저는 마음의 병을 고치러 동쪽 나라로 가는 미뇽이라고 합니다. 그리고 이쪽은 저의 기사 엑스페리언스이고요."

마뇽의 소개에 엑스페리언스는 억지 미소를 지어 보였습니다. 그제야 아이의 아버지는 곡괭이를 한쪽으로 치워 놓고 의자에 앉으며 말했습니다.

"그래, 공포 왕이 보낸 감시원이라고 보기엔 한 명은 너무 어리고, 한 명은 그렇게 영리해 보이진 않는군."

엑스페리언스는 억지웃음을 유지하느라 얼굴 근육이 마비되는 줄 알았습니다.

"겁, 손님들과 집을 잘 보고 있거라. 우리는 다시 밤 집회에 가야겠구나."

아이의 어머니가 손을 씻고는 머리에 쓴 수건을 다시 묶으며 말했습니다.

"네. 엄마, 걱정 마세요. 저는 어떤 나쁜 놈들이 쳐들어와도 한 손으로 쳐부술 수 있어요."

미뇽은 아이의 말투가 자꾸 마음에 걸렸습니다. 부모님들이 나가자 미뇽이 기사에게 말했습니다.

"엑스페리언스, 저는 잠시 나갔다 올게요. 그 공포라는 왕이 어떤 사람인지 확인하고 싶어요. 그리고 사람들이 왜 저렇게 겁에 질려 있는지

그래, 나 상처 받았어

도 알고 싶어요."

"왕자님, 안 됩니다. 혹시나 무슨 나쁜 일이라도 생기면 어떡하려고
요?"

미눙은 겁을 향해 한쪽 눈을 찡긋하고 엑스페리언스에게 말했습니다.

"저도 어떤 나쁜 놈들이 나타나도 한 손으로 쳐부술 수 있어요."

결국 미눙과 엑스페리언스는 망토를 뒤집어쓰고 얼굴을 가린 채로
사람들의 행렬을 따라갔습니다. 한참을 걸어가자 넓은 광장이 나타났
습니다. 광장의 중앙에는 돌로 된 큰 단상이 있었고 단상 주위를 창과
칼로 무장한 군사들이 가득 에워싸고 있었습니다. 단상 위에는 군인들
과 함께 매우 뚱뚱한 남자가 얼굴을 무섭게 칠하고 서 있었습니다. 아
마도 그가 공포 왕인 것 같았습니다.

"나의 사랑하는 백성들이여!"

왕이 입을 열었습니다.

"공포 왕 만세! 공포정치국 만세!"

군사들이 창으로 바닥을 내리치며 입을 모아 땅이 흔들리는 듯한 소
리로 연호하였습니다. 그러자 백성들이 그 말을 힘없이 그대로 따라했
습니다.

"공포 왕 만세! 공포정치국 만세!"

미눙은 아버지가 백성들 앞에서 연설할 때의 모습이 떠올랐습니다.
아버지의 호위병들은 소리를 지르지도 않았고, 아버지는 인자한 미소
와 믿음직한 목소리로 공포가 한 말과 똑같은 말로 백성들을 불렀습니

다. 그러면 백성들은 아버지에게 존경의 눈빛을 보내고 만세로 아버지를 환호했습니다. 하지만 이 나라의 백성들은 존경이 아닌 두려움의 눈빛으로 떨고 있었습니다. 공포 왕이 말을 이었습니다.

"유감스럽지만 오늘도 심판해야 할 불순분자들이 있다. 위로 올려 보내라."

그러자 젊은 남녀 한 쌍이 단상 위로 끌려 올라왔습니다. 허름한 옷에 마른 몸으로 기운이 없어 보였지만 둘의 눈에서 비장함이 느껴졌습니다.

"여기 이 두 사람은 감히 짐의 선정에 대해 모독하고 말도 안 되는 유언비어를 퍼뜨려 백성들을 기만해 왔다. 그러나 나의 충실하고 선량한 백성이 이들을 신고하여 이렇게 발각된 것이다."

사람들이 웅성대기 시작했습니다.

"조용!"

병사들의 소리에 회중은 다시 조용해졌습니다.

"이 두 명의 불순분자들을 어떻게 하는 것이 좋겠느냐? 짐이 독단적으로 결정하지 않고 순전히 백성들의 의견에 따르겠노라."

잠시 침묵이 흘렀습니다. 그러나 이내 침묵을 깨고 병사들이 외쳤습니다.

"처단하라! 불순분자를 처단하라!"

백성들이 힘없이 앵무새처럼 그 말을 따라했습니다.

"처단하라! 불순분자를 처단하라!"

그래, 나 상처 받았어

"내 오늘 그대들의 의견에 따르겠노라. 그럼, 즉각 이 둘을 처형하라!"

미뇽은 이런 말도 안 되는 상황에 두 주먹을 불끈 쥐었습니다. 순식간에 불쌍한 남녀는 비명 한 번 지르지 못하고 교수형에 처해졌습니다. 그런데 순간 놀라운 일이 벌어졌습니다. 두 사람이 처형되는 순간, 백성의 요정들이 순식간에 콩알만 해지면서 두려움의 목소리를 일제히 내기 시작했습니다.

"난 죽고 싶지 않아! 공포 왕의 말에 절대 복종해야 해! 난 죽고 싶지 않아! 공포가 시키는 대로 하는 것만이 살 길이야!"

그러자 이번에는 백성들이 먼저 외치기 시작했습니다.

"공포 왕 만세! 공포정치국 만세!"

미뇽과 엑스페리언스는 겁의 집으로 돌아왔습니다. 그리고 아무 말 없이 잠자리에 누웠습니다. 미뇽은 우울 누나가 공포정치국에 오래 머무르지 말라고 한 말의 의미를 알 것 같았습니다. 그리고 아침이 밝으면 빨리 떠나야겠다고 생각했습니다. 하지만 한편으로는 공포정치국에서 자라게 될 겁이 마음에 걸렸습니다.

그래, 나 상처 받았어

마인드 매뉴얼

두려움으로 사람을 움직이는 힘, '처벌'

'공포정치'는 프랑스 혁명 말기에 정권을 유지하기 위해 실시되었던, 대중에게 공포감을 주는 정치를 말한다. 당시 공포정치는 단 1년도 유지되지 못했지만, 그 기간 동안 왕비 마리 앙투아네트를 비롯한 약 1만 5천 명이 단두대에서 처형되고, 약 30만 명이 용의자로 체포되었다. 이러한 극단적인 예가 아니더라도, 현대국가에서도 두려움을 조장하는 방법으로 정치세력들이 힘을 얻을 수 있다. 예를 들어, 집권당이 안보와 경제의 위기를 강조하면서 보수적인 입장을 가진 국민들의 전폭적인 지지를 얻는 것이다. 두려움은 사람들을 보수주의자로 만든다.

이처럼 사람들의 행동을 조절하기 위해 위협을 가하거나 부정적인 조치를 취하는 행위를 심리학에서는 '처벌

punishment'이라고 한다. 처벌은 유기체에게 불편감, 고통, 불안, 공포, 위협감 등을 일으켜 행동을 제한한다. 이렇듯 두려움을 조장하여 사람을 움직이려는 시도는 비단 국가뿐만 아니라, 다양한 조직 및 공동체에서 빈번하게 나타나며, 심지어 가족과 친밀한 관계에서도 나타날 수 있다. 기업에서는 업무 실적이 저조하거나 회사 운영에 도움이 되지 않는 구성원의 임금을 삭감하거나 불리한 근무지로 발령할 수 있으며, 심지어 퇴사 조치를 할 수도 있다. 학교에서는 교사가 성적이 저조한 아이들을 혼내거나 벌을 주기도 하며, 품행상의 문제가 있는 학생들에게는 정학, 퇴학 등의 처벌을 하기도 한다. 가정에서는 부모가 아이들에게 소리를 지르거나 매를 들기도 하고, 때로는 감정을 조절하지 못하고 훈육이라는 미명하에 폭력을 휘두르기도 한다. 또한 연인 관계에서도 상대가 자신의 뜻대로 되지 않을 때 미묘한 방법으로 위협하거나 수치심을 주기도 하고 심한 말을 하는 경우도 있다.

이렇게 행동변화의 대상에게 공포, 불안 등을 심어 주는 처벌은 세 가지의 부작용을 일으키게 된다. 첫 번째는 '도피'이다. 이는 처벌을 주는 주체에게서 피하거나 도망하게 되는 것이다. 늘 얼굴을 대하면 잔소리를 하고 혼을 내는 아버지를 볼 때마다 아들은 피하게 된다. 같이 식사를 하지 않으려 하고, 아버지가 퇴근하면 자기 방에서 나오지 않는다. 아버지

그래, 나 상처 받았어

는 그런 아들이 맘에 들지 않아 더 혼을 내게 되고, 아들은 아버지를 더욱 피하는 악순환이 반복된다. 두 번째는 '공격성'이다. 계속 처벌을 받게 되는 대상은 결국 처벌하는 주체에게 공격성을 드러내게 된다. 한 마디로 복수를 하게 되는 것이다. 그러나 처벌의 더 무서운 점은 공격의 대상이 바뀔 수도 있다는 것이다. 늘 아버지에게 부당하게 폭력을 당하는 아들은 아버지가 아닌 동생이나 다른 또래들에게 그 공격성을 나타낼 수 있다. 그러므로 처벌로 인한 공포가 만연한 사회나 조직은 그로 인한 공격성이 언제 어디서 터져 나올지 모른다. 세 번째는 '무관심'이다. 늘 처벌만 받게 되는 대상은 무기력해지고 잘하려는 의지를 잃고 결국 무관심해진다. 아이의 성적에 매우 민감하고 공부를 더 잘하라고 혼만 내는 부모가 있다고 생각해 보라. 성적이 올라가도 칭찬은 전혀 하지 않고, 조금만 떨어져도 크게 혼을 낸다면, 아이는 겨우 혼나지 않을 만큼만 공부하거나 아예 공부 자체에 흥미를 잃어버리게 될 것이다. 왜냐하면 공부 자체가 부정적인 경험만 주는 대상이 되기 때문이다.

그렇다면 처벌의 대안은 무엇인가? 매우 단순하지만 '강화 reinforcement'이다. 부정적인 행동에 처벌을 하는 대신, 긍정적인 행동에 칭찬과 보상을 주는 것이다. 이에 대해 부모들은 의문이 들 수 있다. '그렇다면 아이의 부정적인 행동은 그대로 두란 말인가? 예의 없게 행동하거나 제멋대로 하는 행동을 내버려두란 말인가?' 이때 필요한 것이 바로 '차별 강화'이다. 이는 부정적인 행동과 반대 혹은 대체되는 긍정적 행동이 나타날 때, 이를 칭찬하고 강화하라는 것이다. 즉, 큰아이가 동생에게 말을 함부로 하거나 괴롭힐 때마다 혼을 내고 야단을 치기보다는 친절하게 대하는 법을 알려 주고, 아주 간혹이라도 큰아이가 동생에게 친절하게 대하거나 도움을 줄 때 적극적으로 칭찬하고 강화하라는 것이다. 예를 들어, "우리 명철이가 동생에게 이렇게 친절하게 설명해 주니까 엄마가 참 기쁘네. 우리 아들 참 멋지다!"와 같이 칭찬하는 것이다. 그러면 큰아이는 신이 나서 동생을 친절하게 대하려 더 노력할 것이다. 그런데 만약 큰아이가 동생에게 거칠게 대할 때마다 혼을 낸다면 앞에서 설명한 세 가지 부작용이 나타날 것이다. 즉, 아이가 부모를 멀리하거나, 부모가 보지 않을 때 동생을 더 괴롭히거나, 아예 동생에게 다가가지 않고 무관심해지는 것이다.

그래, 나 상처 받았어

● 나도 주변 사람이나 조직 내의 구성원에게 처벌의 방법으로 대하고 있지는 않는가? 발견한 처벌의 방법을 (차별적) 강화의 방법으로 바꿀 수 없는가? 기억하라. 칭찬은 고래도 춤추게 한다!

대상	처벌의 방법	(차별적) 강화의 방법
예) 여자친구	예) 여자친구의 화장이나 복장에 대해 지적하고 핀잔을 준다.	예) 여자친구의 작은 변화나 새로운 시도에 적극적으로 칭찬해 준다.

자유경쟁국

날이 밝자 미뇽과 엑스페리언스는 겁의 집을 일찌감치 나왔습니다. 미뇽은 나오면서 아직 잠자고 있는 겁의 머리맡에 금화 한 닢과 메모를 남겼습니다.

> 겁, 갈 길이 멀어서 먼저 갈게. 인사도 못 하고 가서 미안해. 이렇게 재워 줘서 정말 고마워. 이 은혜 절대 잊지 않을게. 그리고 이 금화를 잘 간직하고 있다가 부모님 중 누가 편찮으시면 치료하는 데 꼭 써. 그러면 엄마, 아빠에게는 나쁜 일이 일어나지 않을 거야. 안녕, 잘 있어.
>
> 미뇽으로부터.

그래, 나 상처 받았어

미농과 엑스페리언스는 어제 저녁부터 아무것도 먹지 못해 배가 꼬르륵거렸습니다. 공포정치국을 나와 한나절 길을 달려 인접해 있는 나라에 도착했습니다. 열려 있는 성문을 통해 여러 가지 물건들을 잔뜩 실은 마차들이 부지런히 왕래하고 있었습니다. 공포정치국과 달리 건물도 높고 화려했으며, 거리를 지나는 사람들은 활기로 가득 차 있었습니다. 게다가 식당과 찻집, 여러 가게들이 즐비하였으며, 사람들은 경제적으로 풍요로운 것 같았습니다. 번화한 거리는 미농의 고향 랑가주보다 더 화려하고 오고 가는 사람들로 분주해 보였습니다. 미농과 엑스페리언스는 사람이 가장 많이 몰려 있는 식당으로 가서 말을 세우고 내렸습니다. 말을 세우자마자 식당 종업원으로 보이는 사람이 나와서 근처 마구간으로 끌고 가 주었습니다.

"여기, 이 식당에서 뭐가 제일 맛있죠?"

주문을 받으러 온 종업원에게 허기진 엑스페리언스가 다급하게 물었습니다.

"저희 식당은 부드러운 빵과 쇠고기 스테이크 그리고 양송이 수프 요리가 일품이지요."

종업원이 미소를 띠며 주문을 능숙하게 받아 주었습니다. 잠시 후 미농과 엑스페리언스는 서로 말 한마디 없이 눈앞에 있는 음식들을 허겁지겁 먹어 치웠습니다.

"왕자님, 여기는 공포정치국과는 완전 다르네요. 사람들도 여유 있어 보이고 부족한 게 없어 보이네요. 이곳에 사는 사람들은 다 행복하고 마음에 어려움도 없겠지요?"

그제야 허기를 채운 엑스페리언스가 말을 꺼냈습니다.

"글쎄요. 그렇게 보이긴 하지만 모르지요."

미뇽이 사람들의 표정을 살피며 대답했습니다. 어쩌면 엑스페리언스의 말처럼 이곳 사람들은 아무런 문제도 없겠다는 생각도 들었습니다. 랑가주도 아버지의 선정으로 꽤 잘 사는 나라이지만, 이 나라는 훨씬 더 부유하고 편안한 삶을 누리는 것처럼 보였습니다. 사람들의 옷과 장신구로부터 화려한 건물들, 그리고 빠르게 달리는 마차들에 이르기까지 모두 랑가주보다 훨씬 더 세련되어 보였습니다.

한 가지 눈에 띄는 특징이 있다면, 그것은 이곳 사람들의 요정의 눈이 매우 크다는 것이었습니다. 눈이 큰 요정들이 더 세련되고 매력적으로 보이기도 했습니다.

"여기가 처음이신가 봅니다."

말쑥하게 정장을 차려입고 모자를 쓴 세련된 젊은 남자가 옆 테이블에 앉아 있다가 미뇽 일행에게 말을 걸었습니다.

"네, 처음입니다."

엑스페리언스가 대답했습니다.

"이 나라는 '자유경쟁국'이라고 합니다. 모든 것이 자유롭고 국가의 통제나 규칙은 최소한으로 제한되어 있지요. 그래서 사람들은 자신이 원하는 삶을 위해 모두 열심히 일하고, 그 대가로 풍요로움을 마음껏 누리고 있지요."

젊은 신사는 자신감 띤 미소를 지으며 어깨를 으쓱이며 말을 이었습니다.

"저도 이 도시에서 자그마한 무역회사를 운영하고 있지요. 오늘은 조금 여유가 있어서 식사를 마치고 차를 한 잔 하고 있습니다. 제가 당신과 소년에게 차 한 잔 대접해도 될까요?"

남자는 말쑥한 복장만큼이나 태도도 정중하고 신사다웠습니다. 잠시 후 엑스페리언스와 미뇽에게 따뜻하고 향긋한 차 한 잔씩이 제공되었습니다.

"이 나라는 무엇보다 자유로운 경쟁을 통해 성장과 발전을 이루어 내었지요. 경쟁이야말로 이 거대한 나라의 엔진과 같은 것이지요. 경쟁이라는 엔진이 쉬지 않고 작동해서 이렇게 멋지고 거대하고 정교한 기계와 같은 국가가 지속적으로 안주하지 않고 성장과 발전을 유지하고 있지요. 자유경쟁은 인간이 만들어 낸 최고의 걸작이라고 생각됩니다. 자유경쟁이 있는 곳마다 활기와 번영을 가져다주지요."

남자는 고급스러운 찻잔에 담긴 차를 한 모금 삼키고 말을 이었습니다.

"이러한 경쟁 속에서 성공적인 삶을 살도록 하는 데 있어 가장 큰 지혜는, 바로 끊임없이 자신을 다른 사람과 비교하는 것이지요. 나보다 더 나은 사람과 자신을 비교하면서 채찍질할 때에만 현재 수준에 안주하지 않고 지속적인 노력을 기울일 수 있기 때문이죠. 그래서 성공한 사업가이셨던 아버지께서도 제게 '비교comparison'라는 이름을 지어 주셨지요.

다른 사람들과의 경쟁 속에서 늘 비교우위를 점하길 바라신 거지요."

"그렇군요…."

엑스페리언스는 무슨 대답을 해야 할지 몰라 그냥 들으면서 가끔씩 반응을 할 따름이었습니다. 하지만 젊은 신사는 엑스페리언스나 미농의 반응에는 크게 신경 쓰지 않고 계속해서 자신의 말을 이어갔습니다.

"어릴 때 학교에 다닐 때에는 저보다 공부를 잘하는 녀석과 비교해 가면서 한 명씩 제칠 수 있었지요. 부단한 노력 끝에 결국은 가장 우수한 성적으로 학교를 졸업했지요. 졸업 후에는 사업을 하면서 다른 뛰어난 사업가들을 보면서 저를 채찍질했지요. 결국 아직 젊은 나이에 이 나라에서 귀금속을 취급하는 무역회사 중 가장 큰 수입을 내는 회사로 발전시켰지요. 물론 결혼도 마찬가지이지요. 저는 주변에서 가장 아름다운 아가씨와만 연애를 했지요. 덕분에 결혼 직전까지 갔던 사람이 세 명이나 되긴 했지요. 첫 번째 아가씨와 결혼을 하려고 하다 더 예쁜 아가씨가 나타나서 파혼을 하고 두 번째 아가씨와 결혼을 약속했지요. 하지만 얼마 지나지 않아 내 친구 녀석의 아내가 더 예쁘다는 것을 알고, 다시 더 아름다운 아가씨를 찾아내고 말았지요. 그때의 짜릿함이란! 덕분에 결혼 지참금을 세 번이나 썼지만 그 정도쯤이야 더 환상적인 결혼을 위해 당연한 투자라고 볼 수 있지요. 하하하!"

미농은 처음에 정중하고 신사다웠던 그의 이미지는 점점 사라지고, 말을 들을수록 교만하고 이기적인 사람으로 이미지가 바뀌는 것을 느낄 수 있었습니다.

그래, 나 상처 받았어

"참! 그러고 보니 제가 당신들이 어떤 사람인지 물어보지 않았네요. 머릿속에 생각할 게 많다 보니 중요하지 않은 일들은 종종 잊어버릴 때가 있답니다. 그게 더 효율적이지요. 하하하!"

한참 자기 이야기를 해 놓고선 대화하는 상대가 어떤 사람인지는 중요하지 않다고 하다니, 순간 엑스페리언스와 미뇽은 기분이 나빴지만 내색하지 않았습니다.

"네, 저는 랑가주 최고의 기사 엑스페리언스라고 합니다. 이쪽은 우리 왕국의 미뇽 왕자님이시지요."

엑스페리언스가 힘주어 자신들을 소개했습니다.

"아… 그렇군요. 당신은 기사이고 저 소년은 왕자이군요. 진짜 왕자와 기사를 보는 것은 처음이군요…"

순간 남자의 요정의 눈이 더 커지고 미뇽과 엑스페리언스를 꼼꼼히 살피는 것이 보였습니다. 그리고는 이내 안색이 변했습니다. 하지만 내색하지 않으려 억지로 미소를 짓는 모습도 보였습니다.

"그러고 보니 엑스페리언스, 당신은 몸이 매우 좋군요. 저도 수시로 운동을 하지만…"

남자의 요정은 커다란 눈으로 엑스페리언스의 몸을 이곳저곳 살폈습니다.

"그리고 저 소년은 왕자란 말이지요? 태어날 때부터 타고난 고귀한 혈통이군요…"

이번에는 남자의 요정이 미뇽을 여러 번 훑어보기 시작했습니다. 미뇽의 빛나는 금발과 맑은 눈, 점 하나 없는 깨끗한 피부, 그리고 어릴 때부터 훈련으로 몸에 밴 흐트러짐 없는 자세까지 꼼꼼하게 살펴보았습니다. 그러고는 남자의 귀에 대고 무언가를 한참 이야기하는 것 같았습니다.

"저는 미루어 둔 일이 있어서 그만 가 보겠습니다."

갑자기 일어나는 남자의 안색이 좋지 않아보였습니다. 몸을 일으켜 떠나지만 그의 요정은 계속해서 큰 눈으로 미뇽과 엑스페리언스 쪽을 살펴보았습니다.

"뭐야, 저 사람? 말하다가 갑자기 일어서서 가 버리고… 한참 잘난 척하더니 무례하구만."

158

엑스페리언스가 투덜댔습니다.

그러고 보니 이 나라 사람들의 요정은 대부분 지나치는 다른 사람들을 큰 눈으로 유심히 쳐다보는 것 같았습니다. 마침 미눙의 눈에 길 건너에 화려한 장신구로 치장한 아름다운 귀부인이 양산을 들고 걸어가는 모습이 보였습니다. 그녀의 요정은 큰 눈으로 지나가는 다른 여인들을 살펴보고 있었습니다. 자신보다 치장이 덜 화려하거나 예쁘지 않은 여인들이 지나갈 때마다 요정의 표정이 밝아지고 크기도 조금씩 커졌습니다. 그러다 반대편에서 다른 아름다운 귀부인이 걸어오자, 다시 요정의 눈이 커지면서 상대편을 유심히 살펴보기 시작했습니다. 그러더니 갑자기 안색이 나빠지면서 요정의 크기가 확 줄어들었습니다. 그러고는 갑자기 발걸음을 재촉하여 빠르게 걸어가는 모습이 보였습니다. 아마도 이번에는 지나가던 다른 아름다운 부인에 비해 자신이 부족하다고 느낀 것 같았습니다.

이 나라 사람들의 요정은 남들과 자신을 비교해서 우쭐해하거나 스스로를 채찍질하는 습관을 가진 것 같았습니다. 그런 습관이 오히려 자신을 더 괴롭히는 것 같았습니다.

"엑스페리언스, 이제 그만 일어날까요?"

"네, 왕자님. 딴 건 모르지만 오랜만에 잘 먹고 가네요. 공짜로 차도 다 마시고. 하하하!"

말들도 물과 여물을 먹고 흡족한 표정인 것 같았습니다.

마인드 매뉴얼

브레이크 없는 엔진, '비교'

우리는 문자 그대로 무한경쟁의 시대에 살고 있다. 경쟁은 우리를 나태함에 머물지 않고 부단한 노력으로 더 나은 성취를 이룰 수 있도록 돕는 자극제 역할을 한다. 하지만 우리 사회의 경쟁은 이미 적절한 수준을 넘어선 것 같다. 우리는 태어나기 전부터 초음파 사진을 통해 태아의 머리 크기와 다리 길이가 같은 개월 수의 태아와 비교했을 때 몇 퍼센트 내에 해당되는지 확인한다. 유치원에 가서는 발표회에서 우리 아이가 다른 아이보다 조금이라도 비중이 덜한 역할을 맡게 되면 엄마들은 매우 속상해하고 심지어 불만을 직접 표현하기도 한다. 이러한 경쟁은 초 · 중 · 고등학교의 교육환경을 겪으면서 더욱 심화되며, 결국 대학입시라는 치열한 전쟁터에서 승자와 패자가 나누어진다.

어느 학원버스 광고판은 '이 차의 종점은 SKY입니다.'라

그래, 나 상처 받았어

는 문구로 높은 명문대 진학률을 뽐낸다. 과연 치열한 경쟁은 우리 아이들을 SKY로 데려다줄 것인가? 혹시 아이들을 경쟁의 지옥으로 내모는 것은 아닐까? 아이들이 현실의 경쟁을 피하고자 몰두하는 소셜 네트워크 서비스SNS는 다른 친구들의 자랑거리(예, 여행 사진, 멋진 옷, 잘 그린 그림 등)로 인해 오히려 질투와 비교를 더 부추기기도 한다. 이처럼 우리 사회는 건강한 경쟁을 넘어 무한경쟁으로 달려가고 있다.

경쟁의 심리적인 핵심과정은 바로 '비교'이다. 경쟁 속에서는 상대를 이기기 위해 끊임없이 나와 상대를 비교해야 한다. 내가 우위에 있는 것은 무엇인지, 상대가 우위에 있는 것은 무엇인지 끊임없이 살펴야 상대를 밟고 이길 수 있다. 치열한 경쟁이 만연한 사회에서는 비교를 엔진으로 삼고, 그 엔진에서 나오는 에너지로 자신을 채찍질하게 된다. 물론 비교는 '나와 상대를 돌아보고 더 나은 나로 성장하도록 자극을 제공하는' 기능이 있다. 선의의 경쟁이라는 말처럼 서로에게 자극을 주어 함께 성장하는 순기능이 있는 것이다. 하지만 지나친 경쟁과 비교는 그 부작용 또한 만만치 않다.

비교는 크게 '상향비교'와 '하향비교'로 나눌 수 있다. 상향비교는 나보다 우위에 있는 사람과 나를 비교하는 것이고, 하향비교는 나보다 열위에 있는 사람과 나를 비교하는 것이다. 예를 들어, 나보다 공부를 잘하는 친구를 비교대상으로 설정하고 그 친구를 이기기 위해 열심히 공부하는 것이 바로 상향비교이다. 상향비교는 내가 더 열심히 노력할 수 있도록 자극과 열정을 불러일으킬 수 있다. 이를 통해 열심히 공부해서 상대방을 이기게 된다면 그 성취감과 쾌감은 이루 말할 수 없다. 하지만 한번 가동된 상향비교의 엔진은 쉽게 멈추지 않는다. 성취감은 잠시뿐 다른 더 높은 우위에 있는 상대가 눈에 들어오게 된다. 다시 상향비교의 엔진이 작동하게 되고 있는 힘을 다해 올라가기 위해 에너지를 총동원하게 된다. 물론 또 다시 성취를 경험할 수 있겠지만 그 끝은 존재하지 않는다. 어느 위치에 가든 자신보다 우위에 있는 사람은 쉽게 찾아볼 수 있기 때문이다. 이렇듯 상향비교는 자신에게 스스로 만족하는 마음이나 여유를 주지 않고 끊임없이 더 높은 목표를 향해 스스로를 채찍질하게 만든다. 저자가 상담자로서 국내 최고의 명문대에서 만난 학생들이 말한 입학 후 가장 큰 충격은 대학 새내기가 되어 처음 치른 시험에서 자기보다 잘한 누군가가 있는 상황이었다. 늘 일등만 해 온 그들에게 자신보다 잘 하는 사람들이 있다는 사실은 받아들이기 힘든 충격이었다. 그 충격으로 좌절과 우울에 시달리는 학생들이 꽤 많았다.

하향비교는 나보다 못한 위치에 있는 사람과 비교하는 것으로 때로는 감사한 마음을 가지게 돕는다. 즉, 기아에 허덕

그래, 나 상처 받았어

이는 어린이들을 보면서 나는 밥을 먹을 수 있다는 사실이 감사할 수 있고, 전쟁의 공포에 시달리는 난민들을 보면서 나는 쉴 곳이 있다는 사실에 감동할 수 있다. 하지만 지나치거나 잘못된 하향비교는 마음속에 미묘한 우월감을 갖게 하여 상대를 업신여기는 태도를 갖게 한다. 자신의 성적이 높은 것에 자신감을 가지고 성적이 낮은 친구들을 볼 때 안도감과 우월감을 느낀다면, 마음속에 교만한 마음이 들고 성적이 낮은 친구들을 우습게 여기기 쉬울 것이다. 아울러 하향비교도 결국 비교라는 맥락 속에 있기 때문에 자신보다 나은 위치에 있는 사람들에 대한 상향비교가 반사적으로 작동할 수밖에 없다.

비교는 삶을 위한 좋은 엔진이 될 수 없다. 다른 사람과의 비교가 아닌 나만의 고유한 가치와 목표에 집중하고, 그 방향에 맞는 삶을 살고 있는지 스스로 점검하는 것만으로도 충분하다. 남들이 어떤 길을 가든 나는 나의 길을 가는 것이다!

● 나도 모르게 상향비교 혹은 하향비교를 하는 대상은 없는가? 비교라는 엔진을 버리고 나만의 가치와 방향에 집중하자.

	비교 대상	비교하는 특성	나의 가치, 방향
상향 비교	예) 대학동창 형석	예) 부모님께 물려받은 집, 외제차, 많은 돈	예) 부모님께 도움받지 않고 나의 힘으로 사는 것
하향 비교	예) 직장동료 명철	예) 왜소한 체격과 볼품 없는 외모	예) 외양보다 내면을 가꾸는 삶, 외모로 판단하지 않음

그래, 나 상처 받았어

동쪽 나라의 마법사를 만나다

며칠을 더 이동하여 드디어 동쪽 나라에 도착했습니다. 도착해서 안 사실이지만 동쪽 나라의 이름은 '테라피therapy'였습니다. 엑스페리언스는 길을 가는 한 아주머니에게 말을 걸었습니다.

"이 나라에 훌륭한 마법사가 있다고 들었는데 어디 계시는지 아시나요?"

"여기는 마법사들이 많이 살고 있다오. 무슨 일로 마법사를 찾으시오?"

아주머니가 발걸음을 멈추고 둘을 쳐다보았습니다. 그때 미뇽이 말에서 내렸습니다.

"제가 용을 한 번 만난 이후로 용에 대한 두려움이 너무 커서 어려움을 겪고 있습니다. 그래서 도움 받을 곳을 찾고 있습니다. 아시는 게 있다면 꼭 알려 주십시오."

미눙이 손을 모으고 공손하게 부탁했습니다.

"음…. 그럼 이 길을 쭉 따라가다가 다리를 건너자마자 나오는 빨간 벽돌로 된 집에 사는 마법사를 한번 만나 보슈. 그런 문제라면 그 마법사가 도움을 줄 수 있을 게요. 유명하다고 들었거든."

"고맙습니다. 고맙습니다."

미눙은 벌써 두려움이 다 사라진 것 마냥 발걸음이 가벼워지는 것을 느꼈습니다. 꽤 먼 거리였지만 단숨에 말을 달려 아주머니가 말한 빨간 벽돌집에 도착했습니다. 문패에는 '통제control'라는 마법사의 이름이 쓰여 있었습니다. 미눙은 약간의 긴장이 느껴졌지만 크게 개의치 않고 문을 두드렸습니다.

"계십니까? 마법사님 계십니까?"

"누구세요?"

잠시 후 삐쩍 마른 소년 한 명이 나왔습니다.

"마법사님을 찾아 왔습니다. 마음에 있는 두려움을 없애고 싶어요."

"마법사님은 지금 바쁘신데, 잠시 들어와서 기다리시겠어요?"

소년이 문을 열어 주자 미눙과 엑스페리언스는 말을 매어 두고 집 안으로 들어갔습니다. 넓은 응접실의 한쪽 벽면에는 책들이 잔뜩 꽂혀 있었고, 다른 쪽에는 약물들이 들어 있는 듯한 각양각색의 병들이 가득 진열되어 있었습니다. 한참을 기다리자 마법사를 만나고 나오는 듯한

그래, 나 상처 받았어

중년의 남자가 이마의 땀을 닦으며 다소 지친 얼굴로 나왔습니다.

"감사합니다. 마법사님."

"그래, 또 도움이 필요하면 오게."

묵직하고 위엄 있는 목소리가 들렸습니다.

"들어가세요."

아까 그 소년이 방으로 미뇽을 안내해 주었습니다. 두꺼운 가죽 표지의 책을 살펴보는 나이 든 마법사가 크고 딱딱한 나무의자에 앉아 있었습니다.

"무슨 일 때문에 왔지, 소년?"

마법사가 다소 무뚝뚝한 표정으로 미뇽에게 잠시 시선을 건네고 다시 책을 쳐다보았습니다.

"네, 용에 대한 두려움 때문에 왔습니다."

미뇽의 목소리가 조금 떨렸습니다.

"그래? 좀 더 이야기해 봐."

"예전에 혼자 놀러갔다가 큰 용을 만났습니다. 그때부터 제 요정이 너무 놀라서 용과 조금만 비슷한 것이 보여도 '용이다!'라고 소리를 지릅니다. 심할 때는 용의 모습과 소리까지 재현해 주기도 해요. 물론 꿈에 나타나기도 하지요. 점점 심해지더니 지금은 용과 비슷한 것이 보이지 않아도 수시로 용에 대한 이야기를 해서 두렵게 합니다."

"그러게 애초에 혼자 위험한 곳에 가질 말았어야지. 애들이란 쯧쯧쯧."

마법사는 여전히 무뚝뚝한 목소리로 말하면서 책을 살펴보고 있었습니다.

"지금부터 내가 하는 말을 잘 들어."

그제야 마법사는 미뇽에게 시선을 주었습니다. 그리고는 천천히 위엄 있는 목소리로 말했습니다.

"사람에게는 수호요정을 다스릴 수 있는 힘이 있어. 그 힘을 '정신력'이라고 하지. 그 힘을 사용해서 요정이 하는 말과 보여 주는 영상들을 억누르는 훈련을 해야 하는 거야. 쉽게 말해서 요정의 입을 막고 때로

그래, 나 상처 받았어

는 요정이 하는 말을 무시해 버리란 말이다. 요정이 말을 너무 많이 하거나 영상이나 소리를 너무 생생하게 제시할 때에는 큰 소리로 '그만!' 하고 외쳐. 강한 정신력을 동원해서 요정을 제압하라는 말이지. 네가 바로 마음의 주인이야! 너에게는 그럴 만한 힘이 있다는 것을 믿어! 가끔 잘 되지 않을 때는 요정의 말이 아닌 다른 것에 주의를 집중해. 책을 보거나 딴 생각을 하란 말이다. 일이나 공부를 열심히 하다 보면 요정의 소리가 잘 안 들릴 수도 있어. 어른들에게는 적당한 술을 권하기도 하지. 술만큼 요정의 목소리를 잘 줄여 주는 것도 드물지. 알겠느냐?"

마법사는 다시 책으로 시선을 돌렸습니다.

"네, 알겠습니다. 그런데 요정의 목소리를 제가 잘 막을 수 있을까요?"

미눙은 더 물어보는 것이 쉽지 않았지만, 왠지 지금 물어보지 않으면 바로 나가게 될 것 같아서 다급하게 질문을 하였습니다.

"내가 아까 말하지 않았느냐? 사람에게는 요정의 목소리를 막을 수 있는 능력이 있어. 그것이 잘 안 되는 것은 훈련이 부족하거나 의지가 약한 것이지. 그러니 열심히 연습하고 노력하면 강한 정신력으로 잘 막아 낼 수 있단 말이다. 알겠느냐? 내가 용이 그려진 그림 한 장을 줄 테니 가져가서 연습을 해 보거라. 다음!"

"네."

미눙은 더 물어보면 마법사에게 혼날 것만 같았습니다.

"왕자님, 어떠세요? 이제 다 나았나요?"

밖에서 기다리던 엑스페리언스가 기대에 들뜬 표정으로 물었습니다.

"글쎄… 아직은 잘…."

"은화 한 냥입니다."

응접실을 나서는 미뇽에게 마른 체구의 소년이 건조하게 말했습니다. 은화를 지불하고 나오면서 미뇽은 희망을 가져보기로 하였습니다. 그러고는 마법사가 준 용 그림을 가지고 근처 여관에 머물려고 들어갔습니다. 씻고 식사를 한 후 미뇽은 자기 방으로 들어갔습니다. 그리고 그림을 가져와서 침대에 앉았습니다. 묶여 있는 매듭을 아직 풀지도 않았는데 가슴이 두근거리는 것을 느꼈습니다.

'용기를 내야지…. 사람에게는 요정의 목소리를 막을 수 있는 능력이 있어! 내가 마음의 주인이야!'

미뇽은 이를 꽉 깨물고 눈을 질끈 감고 두루마리를 풀었습니다. 눈을 떠 보니 꽤 큰 종이에 용이 실감나게 그려져 있었습니다. 순간 요정이 사방을 날아다니면서 '용이다!'라고 소리치기 시작했습니다.

"조용히 해! 조용히 하라고!"

미뇽은 요정에게 소리쳤습니다. 요정은 아랑곳하지 않고 소리를 질러 대며 정신없이 미뇽의 머리 위를 날아다녔습니다. 미뇽은 머리가 터질 것 같았고 가슴이 콩닥거렸습니다. 하지만 정신을 차리고 더 힘을 내서 요정에게 명령했습니다.

"그만! 조용히 하라고. 조용!"

그래, 나 상처 받았어

그러자 미눙의 요정은 울먹이는 표정으로 소리 지르는 것을 멈추고, 얼어붙은 듯이 그 자리에 멈췄습니다.

"드디어 성공이야. 요정이 멈췄어!"

순간 미눙은 엄청난 희열을 느꼈습니다. 그리고 뭔가 해결의 실마리를 찾은 것 같아 감격이 되기도 하였습니다. 여전히 요정은 울먹이는 표정이기에 불안하기도 했지만, 소리 지르고 정신없이 날아다니는 것보다는 훨씬 나았습니다.

'이제 됐어. 이 끔찍한 경험도 이제 끝이야.'

미눙은 너무 기뻤습니다. 그동안의 끔찍한 고통들이 한순간에 끝이 난 것 같았습니다.

하지만 요정을 다시 잠잠하게 하는 데에는 엄청난 에너지가 들었습니다. 요정의 목소리를 멈추는 데 온통 신경이 다 가 있어야 했고 애를 많이 써야 가능한 일이었습니다. 그러다 힘이 빠지는 순간이 오자, 요정이 다시 "용이다! 용이다! 용이다! 살려 줘, 용이야!" 하고 처음보다 더 큰 소리로 외치기 시작했습니다. 마치 커다란 용수철을 온 힘을 다해 꾹 누르고 있다가 힘이 빠지면, 그 반작용으로 용수철이 거세게 튀어나오는 것 같았습니다. 그러나 미눙은 포기하지 않았습니다.

'그 마법사님의 말씀대로 내가 훈련이 더 필요하고 의지력이 약해서 그런 걸 거야.'

미눙은 다음날도, 그 다음날도 자기 방에서 나오지 않고 정신력을 기르기 위해 하루 종일 연습했습니다. 요정의 목소리를 막기 위해 최선을 다했습니다. 소리를 지르기도 하고 입을 막기도 하고 책을 보거나 다른 것에 주의를 두기도 하였습니다. 결국 어느 정도 시간까지는 요정의 소리를 잘 막을 수 있었습니다. 하지만 미뇽이 기운이 빠질 때 즈음에는 어김없이 요정이 더 큰 소리로 울부짖듯이 두려움을 호소했습니다. 결국 미뇽은 기진맥진하여 침대에 쓰러져 지쳐서 울음을 터뜨리고 말았습니다.

'안 돼…. 난 안 돼…. 정신력이 부족한가 봐…. 도저히 안 돼…. 난 왜 이렇게 나약한 걸까?'

미뇽의 눈에서 눈물이 끊임없이 흘러내렸습니다. 그러고는 잠시 정신을 잃고 말았습니다. 얼마나 지났을까? 눈을 뜨자 미뇽의 머리맡에 엑스페리언스가 있었습니다.

"왕자님 괜찮으세요?"

엑스페리언스가 걱정스러운 눈으로 쳐다보며 물었습니다.

"엑스페리언스, 도저히 안 돼요. 제 정신력이 너무 부족한가 봐요. 혹시 술이라도 좀 구해 줄 수 있어요? 그거라도 있어야겠어요."

미뇽이 한숨을 쉬며 기운 없는 목소리로 말했습니다.

"왕자님, 술은 안 돼요. 제가 실컷 먹어 봐서 누구보다 더 잘 알아요. 저도 전쟁이 끝난 후에 힘든 기억으로 너무 괴로워서 매일 술만 마신 적이 있어요. 술 먹어서 잊어버리는 건 그때뿐이고, 술에서 깨고 나면 더 괴로워요."

"하지만 이런 정신력으로 제가 어떻게 아버지 뒤를 이어 백성들을

그래, 나 상처 받았어

다스릴 수 있겠어요. 난 너무 나약한 것 같아요."

"아니에요. 왕자님. 이 마법사가 신통치 않은 것 같아요. 왕자님처럼 뭐든 열심히 노력하고 애쓰는 사람이 또 어디 있다고요. 그러지 말고 다른 마법사를 찾아보자고요. 누워 계실 때 제가 여관 주인에게 물어보니 다른 훌륭한 마법사가 있다고 하더라고요. 제가 어디 있는지도 알아놨으니 기운이 좀 나실 때 같이 가기로 해요."

며칠 동안 미뇽은 아무것도 못하고 누워 있었습니다. 미뇽은 우울 누나의 심정이 이해가 갔습니다. 열심히 최선을 다해 노력해도 안 될 때 느끼는 무기력감이 이런 거구나 하는 생각이 들었습니다.

마인드 매뉴얼

통제가 문제다!

우리는 어릴 때부터 주어진 문제를 해결하기 위한 다양한 방법들을 배운다. 통 안에 든 과자를 꺼내 먹기 위해 뚜껑을 여는 법을 배우고, 장난감을 작동시키는 법을 배우고, 수학 문제를 푸는 법을 배운다. 이렇게 문제해결 방법을 배워 가면서 주어진 상황과 사건들을 내가 원하는 대로 통제하는 법을 배우는 것이다. 우리가 경험과 교육을 통해 이루고자 하는 궁극적인 목표가 통제력을 기르는 것이라고 해도 과언이 아닐 것이다.

그런데 우리가 외적 사건이나 상황을 통제하기 위해 썼던 유용한 방법들이, 내면의 경험에 그대로 적용했을 때에는 잘 작동하지 않을 수 있다. 그 대표적인 예가 '원치 않는 것 없애기'이다. 당신이 집에 들어갈 때마다 현관에서 퀴퀴한 냄새가 나는 것을 감지하고 신발장 문을 열었을 때, 낡은 구두에서 지독한 냄새가 나는 것을 알게 되었다. 그러면 당신은 당장 그 오래된 구두를 꺼내서 버릴 것이다. 그러면 다시는 그 냄새를 맡지 않아도 된다. 아주 좋은 해결방법이다. 그러나 이 '원치 않는 것 없애기'의 방법이 내면의 과정에서는 잘 작동하지 않는다. 당신이 상사에게 결제를 받으러 갈 때마다 가슴이 두근거리고 살짝 배가 아프기까지 하다고 하자. 당신은 불안을 경험하는 것이다. 그래서 당신은 그 불쾌하고 불편한 불안을 없애기로 마음을 먹고, 불안한 마음을 억누르기로 했다. 혹은 불안한 마음이 일어날 때마다 '나는 강하다. 나는 아무렇지도 않다.'와 같은 마인드 컨트롤을 하면서 불안을 제거하려고 한다. 이 시도는 과연 성공할 것인가? 결코 그렇지 않다. 우리 내면에서 일어나는 감정, 생각, 기억, 감각 등은 그렇게 쉽게 제거되지 않는다.

하지만 당신이 강한 정신력을 기르면 이 모든 것들을 충분히 통제할 수 있다고 속삭이는 목소리가 수많은 자기개발 서적들에서 지금도 쏟아져 나오고 있다. 이러한 책들은 그럴싸한 논리, 위인들의 삶, 개인적인 경험들을 근거로 들면서 당신에게 통제력을 키울 것을 종용하고 있다. 그러고는 기대만큼 통제가 되지 않으면 그것은 당신의 정신력 혹은 의지력이 약하기 때문이라고 탓한다. 결국 더 열심히 노력하지 않은 당신의 잘못으로 돌린다.

그러나 당신 잘못이 아니다! 뜻대로 되지 않는 것은 당신의 정신력 때문이 아니라 애초부터 방법이 잘못되었기 때문이다. 지금부터 하나의 간단한 실험을 해 보도록 하자. 이 실험은 아주 쉽다. 당신은 지금부터 5분간 한 가지만 하면 된다. '치킨을 생각하지 마라!' 말 그대로 치킨을 생각하지 않으면 된다. 바삭바삭한 프라이드 치킨이든 매콤한 양념 치킨이든, 아니면 짭조름한 간장 치킨이든 간에 아무런 치킨도 생각하지 마라! 고소하고 바삭한 튀김옷이 입혀진 치킨을 생각하지 마라. 그 부드러운 속살이 따뜻한 김을 내면서 입에 들어갈 때 씹히는 그 느낌. 아무튼 치킨을 생각하지 마라. 시원한 맥주와 먹어도 혹은 얼음이 든 콜라와 먹어도 환상의 조합을 이루는 치킨을 생각하지 마라. 머릿속에 절대로 치킨을 생각하지 마라. 단 5분간만 치킨을 생각하지 않으면 된다. 자, 치킨을 머릿속에서 깨끗이 지워라. 단 5분만 치킨을 생각하지 말길 바란다. 5분 뒤에 다시 이 책으로 돌아오자.

어땠는가? 계속 치킨을 생각하지 않았는가? 아니면 치킨 생각이 자주 났는가? 심지어 너무 생각나서 전화를 걸어 주문을 하고 말았는가? 이처럼 생각하지 않으려고 하면 더 생각나는 현상을 심리학에서는 '사고 억제의 역설적 효과'라고 한다. 말 그대로 생각을 억제하려고 하면 오히려 더 생각나

그래, 나 상처 받았어

는 현상이다. 'X를 생각하지 마라.'는 명제 속에는 이미 X가 포함되어 있기 때문에, X를 억누르려는 시도는 오히려 X를 더 생각나게 한다. 무언가를 없애려는 시도가 바로 그 무언가를 더 생각나게 한다.

뿐만 아니라, 우리의 내적 경험인 생각, 감정, 기억, 감각 등은 나름대로 필요한 이유가 있고, 나름의 역사가 있기 때문에 쉽게 없앨 수가 없다. 앞서 설명한 것처럼, 불안은 미래에 있을 수 있는 위험을 대비하기 위해, 우울은 삶에서 잃어버린 중요한 것을 찾고 깊이 생각하기 위해 필요하다는 식으로 그 이유가 있기 때문에 쉽게 없애 버릴 수 없다. 당신이 연인과 이별한지 얼마 되지 않았다면 헤어진 연인과 함께 했던 시간들, 그 사람과 함께 갔던 카페와 함께 마셨던 카페라떼 등은 나름의 이야기가 있기 때문에 쉽게 지워지지 않는다. 없애고 제거하려는 시도가 오히려 더 증폭되게 하는 악순환을 가져올 뿐이다.

그러므로 다양한 내적인 경험들을 있는 그대로 받아들이고 이해하며, 그 경험들이 나에게 주는 메시지가 무엇인지 알아차리고, 통제하지 않고 있는 그대로 경험하는 것이 더 현명한 방법이다. 이에 대해서는 뒤에 더 자세하게 이야기하게 될 것이다. 한 가지만 기억하자. 내 마음을 과도하게 통제하고 억누르려고 하지 말자. 있는 그대로 받아들이자. 떨리면 떨

리는 대로 직장상사를 만나자. 잘하고 싶어서 긴장되는 것일

뿐이다. '통제가 문제이다!'

닥터 논박을 만나다

미뇽이 기운을 차리자 둘은 다시 말을 타고 여관 주인이 말한 마법사를 찾아 이동하였습니다. 엑스페리언스는 여관 주인이 알려 준 대로 두 개의 산을 넘고 강을 건너 마법사의 집까지 미뇽을 인도했습니다. 마법사의 집에 도착하자 엑스페리언스가 노크를 하였습니다.

"계십니까? 마법사님 안에 계십니까?"

잠시 후 문이 열리고 하얀 가운에 안경을 쓴 아가씨가 나왔습니다.

"네, 계십니다. 어떤 일이시죠?"

"마법사님께 도움을 받고자 먼 나라에서 찾아왔습니다. 지금 뵐 수 있을까요?"

"예약을 하셨는지요? 스케줄이 많으셔서요."

"예약은 못했습니다만, 기다려야 한다면 얼마든지 기다릴 수 있습니다."

"네, 그럼 들어오세요. 조금 많이 기다리실 수도 있습니다."

미눙과 엑스페리언스는 문을 지나 응접실로 안내를 받았습니다. 응접실에는 학위패들과 수많은 상장, 상패 같은 것들이 보였습니다. 그리고 한쪽에는 실험 도구들이 잔뜩 놓여 있어 마법사의 집이라기보다 과학자의 연구실 같이 느껴졌습니다. 대기하는 곳에는 미눙 일행만이 아니라 꽤 많은 사람들이 자신의 순서를 기다리고 있었습니다. 미눙은 기다리는 동안 응접실에 비치된 꽤 두꺼운 책 한 권을 집어 들었습니다. 책 표지에는 '논리학 입문'이라는 제목이 굵은 글씨로 찍혀 있었습니다. 엑스페리언스가 옆에 앉아 졸고 있는 동안 미눙은 꽤 긴 시간 동안 책을 읽어 보았습니다. 책에는 인간에게 논리적 사고가 얼마나 중요한지를 강조하고, 반면에 얼마나 많은 논리적 실수들을 범하는지에 대한 내용들이 들어 있었습니다. 미눙에겐 꽤 어려웠지만 끝까지 집중해서 읽었습니다. 두꺼운 책을 다 읽고 날이 조금씩 어두워지자 흰 가운의 아가씨가 여기저기 등불을 켜기 시작했습니다. 마침내 미눙의 차례가 다가왔습니다.

"들어오세요."

아가씨가 미눙을 마법사가 있는 곳으로 안내했습니다. 두꺼운 안경을 쓴 마법사가 책들로 가득 찬 방 안에서 미눙을 기다리고 있었습니

그래, 나 상처 받았어

다. 마법사 역시 흰옷을 입고 있었으며 그렇게 나이가 많아 보이지 않았습니다.

"그래, 미뇽. 나는 '닥터 논박dispute'이라고 하지. 차트를 보니 꽤 멀리서 온 것으로 기록되어 있군. 여긴 어떤 도움이 필요해서 왔지?"

그는 매우 차분하고도 또박또박 말했습니다.

"네, 저는 혼자서 놀러갔다가 크고 무서운 용을 만난 적이 있습니다. 그때 크게 놀란 이후로 제 수호요정이 수시로 '용이다!'라고 소리를 치며 저를 두려움에 떨게 합니다. 심지어 분수대에 있는 조각상을 보고도 소리를 지르는 바람에 한동안은 밖에 나가는 것까지 피하게 되었습니다."

미뇽은 닥터 논박의 논리 정연한 말투에 자신도 육하원칙에 따라 말해야 할 것 같은 부담감을 느꼈습니다.

"흠…. 그렇군. 그 사건을 계기로 네 요정의 논리적인 사고력에 문제가 생긴 거로군. 그런 경우를 '과잉일반화의 오류'라고 하지. '자라 보고 놀란 가슴 솥뚜껑 보고 놀란다.'는 속담이 그에 해당되지."

닥터 논박이 말을 이어 가며 자리에서 일어났습니다. 그러고는 칠판을 가져다 쓰면서 미뇽에게 설명을 하기 시작했습니다.

"인간에게 있어 가장 놀라운 능력은 바로 논리적인 사고력이지. 이러한 논리에 맞는 생각을 통해 인간은 많은 것을 배워 가고 이루어 내고 있지. 너는 잘 모르겠지만, 우리가 쓰고 있는 말 한 마디조차도 논리성이 결집된 결정체이지. 예를 들어 '나는 강아지를 좋아하고 사자를 무

서워한다.'라는 문장을 '강아지를 사자를 무서워한다 좋아하고 나는'과 같은 식으로 말하면 그게 무슨 말인지 도무지 알아들을 수가 없지. 왜냐하면 문장의 논리적인 체계가 무너졌기 때문이야. 그만큼 사소한 일에도 논리적이고 합리적인 사고가 매우 중요하다는 것이지."

미농의 요정은 예전에 궁중학사에게서 강의를 듣던 장면을 잠시 떠올렸습니다. 닥터 논박은 계속해서 말을 이었습니다.

"그런데 너의 요정은 용을 만난 이후로 논리적이고 합리적인 판단이 어려워진 것 같구나. 그러므로 너의 요정을 논리라는 훌륭한 도구로 다시 잘 길들이는 것이 필요하지. 논리적이고 이성적인 판단이 가능한 사람이야말로 마음의 고통에서 벗어나 건강한 사람이 될 수 있어."

미농은 그의 말이 어려웠지만 다행이 아까 읽은 책 덕분에 조금은 이해가 되는 것 같았습니다.

"그럼, 내가 예를 들어 보지. 네가 그 용을 다시 만날 확률은 얼마나 될까? 그 뒤로 용을 만난 적이 있니?"

"아니요. 그래도 다시 만날 확률이 20% 정도는 될 것 같아요."

닥터 논박은 칠판에 미농이 말한 확률을 썼습니다.

"그 뒤로 한 번도 만난 적이 없는데 확률을 20%나 잡다니 너무 높지 않을까? 내 생각에는 기껏해야 5~10% 정도 밖에 되지 않을 것 같은데…. 아무튼 20%로 잡고. 그리고 용을 만났을 때, 용이 너를 공격을 할 가능성은 얼마나 될까?"

"한 80% 정도요. 용은 아주 난폭하거든요."

순간 미농의 요정은 용을 떠올리며 다소 긴장하고 놀랐지만 닥터 논박과의 문답은 계속되었습니다.

"그렇다면 그 공격을 피하지 못하거나 도와줄 사람이 없어서 공격에 꼼짝없이 당하게 될 확률은 얼마나 될까?"

"제 주변에는 대부분 기사나 도와줄 사람들이 있으니 한 40% 정도요."

"그래, 그럼 그 공격으로 인해 목숨을 잃거나 치명적인 상처를 입을 확률은?"

"20% 정도 되겠지요."

"그래, 그 정도면 됐다. 네가 말한 확률들을 한번 전체적으로 계산해 볼까? 네가 용을 만나서 치명적인 상처를 입으려면, 앞에 말한 일련의 사건들이 연속적으로 일어나야 하니까 그 확률들을 모두 곱해야 한단다. 왕자니까 그 정도는 배워서 알고 있겠지? 그럼, 네가 용을 만나 치명적인 상해를 입을 확률은 바로…. 1.28%란다. 너는 고작 2%도 안 되는 위험을 피하려고 그렇게 두려움에 항상 빠져 있는 거란다. 어떠니? 어떻게 생각하니?"

닥터 논박은 의기양양한 표정으로 미농에게 물었습니다.

'내가 2%도 안 되는 확률의 일로 인해 이렇게 두려워하고 있었다니….'

미농은 순간 무언가가 뒤통수를 내려치는 듯한 충격을 느꼈습니다. 잠시 후 뭔가 큰 깨달음을 얻는 것 같았습니다. 그리고 이내 안심이 되

그래, 나 상처 받았어

고 불안이 줄어드는 것 같았습니다. 미눙의 요정도 갑자기 차분해지고 미눙의 어깨 위에 가만히 내려앉았습니다.

'그래, 이거야! 이렇게 쉬운 걸 왜 몰랐지?'

미눙은 잠시 생각에 잠겨 말을 중단했습니다. 그러자 닥터 논박이 한층 더 자신감에 찬 얼굴로 말을 이었습니다.

"미눙, 이제 좀 이해가 되니? 우리 인간의 이성은 무엇보다 강력하고 무엇보다 지혜롭기 때문에 우리는 이 이성을 통해 마음을 다스릴 수 있단다. 하지만 물론 쉽게 되는 것은 아니지. 끊임없는 훈련을 통해 더욱더 합리적이고 현실적인 판단능력을 갖출 수 있게 된단다. 부단한 노력을 통해 결국 마음을 내 뜻대로 다룰 수 있게 되지. 비유를 들자면, 조련사가 채찍과 숙련된 기술로 사나운 호랑이를 자유자재로 다루는 것과 비슷하다고 할 수 있지."

닥터 논박은 더욱 힘 있는 목소리로 말을 맺었습니다. 마치 수많은 청중 앞에서 탁월한 연설을 마무리하는 것 같았습니다. 미눙은 일어나서 박수라도 쳐야 할 것 같았습니다.

"마법사님, 감사합니다. 이제 좀 알 것 같아요. 제 요정이 그동안 너무 비합리적이고 감정적인 생각을 많이 만들어 낸 것 같아요. 마법사님 말씀대로 논리적이고 합리적인 생각을 계속 연습해서 저의 요정을 잘 다룰 수 있는 사람이 되고 싶어요. 마법사님의 가르침 정말 감사합니다."

미눙은 일어나서 여러 차례 고개를 숙이며 감사를 표했습니다.

"그래, 원리는 그렇게 복잡하지 않지만 연습이 많이 필요하니 이곳에 있는 논리력 훈련소에 머물면서 계속 연습하길 바란다. 잘 되지 않을 때는 언제든 나를 찾아와도 좋아. 그리고 참고로 나는 마법사라는 호칭보다 박사라는 호칭을 더 선호하지. 마법사는 논리적이지 않고 비과학적인 뉘앙스를 풍기거든."

닥터 논박이 안경을 고쳐 쓰며 말했습니다.

"박사님, 정말 감사합니다. 훈련하다가 막히면 찾아뵙겠습니다."

미농이 방을 나서자 밖에서 기다리던 엑스페리언스가 궁금한 표정으로 미농에게 다가왔습니다.

"왕자님, 어때요? 좀 괜찮아지셨어요? 어때요?"

궁금한 엑스페리언스가 다급하게 물었습니다.

"엑스페리언스, 이제 좀 알 것 같아요. 길을 찾은 것 같아요."

미농이 가벼운 미소를 보이며 답했습니다.

그 뒤로 미농은 닥터 논박이 말한 논리력 훈련소에서 지내면서 마음을 다루는 법을 배웠습니다. 그곳에서 논리적인 사고를 향상시키기 위한 강의, 집단토론 등에 참여하고 추천해 주는 책들을 부지런히 읽었습니다. 그러한 훈련이 숙달된 다음에는 혼자서 자신의 요정과 대화하는 시간을 점점 늘려 가도록 하였습니다. 요정과 둘이 마주보고 앉아서 대화를 하되 논리적이고 합리적으로 판단할 수 있도록 하는 훈련이었습니다.

미농은 이러한 과정을 통해 많은 깨달음을 얻을 수 있었고, 자신에게 일어나는 많은 일들을 보다 합리적이고 이성적인 태도로 대할 수 있었

 그래, 나 상처 받았어

습니다. 아울러 그만큼 두려움이 줄어들기도 하였습니다.

하지만 어떤 경우에는 요정과 갈등이 일어나거나 말싸움을 하게 되는 경우도 있었습니다. 특히 무엇보다 용과 관련된 주제에서는 요정과 자주 논쟁을 하게 되었습니다. 그리고 미뇽은 논리적이지 못한 요정이 싫어지기도 했습니다. 그래서 닥터 논박을 찾아가 조언을 구하자, 그는 더 신중하고 합리적인 태도로 요정에게 날카로운 반론적 질문들을 던지는 방법을 알려 주었습니다. 미뇽은 닥터 논박의 가르침을 깊게 새기고 더 열심히 훈련하였습니다.

그러던 어느 날이었습니다. 미뇽이 훈련하는 논박실에서 큰 소리가 났습니다.

"그런 말도 안 되는 소리 하지 마!"

우당탕하는 소리도 들렸습니다. 걱정이 된 엑스페리언스는 미뇽이 훈련하고 있는 방문을 노크했습니다.

"왕자님, 괜찮으세요?"

엑스페리언스가 물었습니다.

"그런 말도 안 되는 소리 집어치워. 난 이제 네가 지긋지긋해!"

미뇽의 격앙된 목소리가 들렸습니다. 엑스페리언스가 문을 열고 들어갔습니다. 하지만 미뇽과 요정은 아랑곳하지 않고 계속해서 논쟁을 하고 있었습니다.

"박사님과 내가 증명해 보인 것처럼 용을 만날 확률은 2%도 되지 않아. 그런데 왜 이렇게 용을 두려워하는 거지? 좀 논리적으로 생각해 보

란 말이야!"

미뇽이 요정에게 소리쳤습니다.

"그런데 그 2% 안 되는 일이 혹시라도 우리에게 일어나면 어떡해? 용에게 물려서 한쪽 팔이나 다리를 잃어버리거나, 얼굴에 흉한 화상이라도 입으면 왕이 되었을 때 백성들 앞에 어떻게 설 거냐고? 그리고 부모님은 얼마나 속상하시겠어? 아무리 2%라도 그 일이 일어나지 않는다고 확실하게 보장은 못하는 거잖아? 안 그래? 그러니 늘 조심하고 경계를 해야지!"

이번엔 요정이 미뇽에게 소리쳤습니다.

"말도 안 돼! 그런 일이 벌어질 확률은 말을 타고 가다가 떨어져서 죽을 확률보다 더 낮아!"

"그래도 만에 하나 일어나면 어떻게 하냐고? 그런 흉한 몰골로 결혼이나 할 수 있겠어? 그럼 다음 왕위는 누가 물려받냐고? 부모님께서 얼마나 실망하실지 생각이나 해 봤어?"

요정이 흥분한 모습으로 끔찍한 미래를 영상으로 보여 주었습니다.

"제발 집어치워. 그딴 결혼 안 해도 돼. 그냥 혼자 살다가 친척이나 다른 더 잘난 귀족에게 왕위를 물려주면 되겠지."

"너야말로 말도 안 되는 소리하지 마. 그건 왕가의 흐름이 끊어지는 일이야. 조상님들과 아버지께서 어떻게 피와 땀으로 이룩하신 왕좌인데."

"제발 좀 그딴 소리 그만하라고. 왜 항상 그렇게 부정적인 결과로만 끝나는 거냐고? 그러니까 내가 겁쟁이가 되는 거지. 이제 너 따위 필요 없어. 그만 꺼져 버려!"

"내가 왜 이러는 건데? 다 너를 도와주려고 혹시나 하는 위험에 대비하려고 이렇게 애를 쓰는 건데. 너를 도우려고 늘 애써 온 나보고 꺼지라고? 어떻게 그럴 수가 있어? 알았어. 나도 너랑 있는 것 이제 지긋지긋해. 마법사인지 박사인지에게 말해서 서로 헤어지는 법이나 좀 알려 달라고 해. 아니면 해리 씨처럼 새장에 가두든지."

"뭐, 지긋지긋? 너 말 다했어?"

어느새 왕자의 수호요정은 덩치가 큰 괴물처럼 부풀어져 있었습니다. 누구보다 친한 친구였던 미뇽과 요정은 어느새 서로 원수처럼 싸우고 있었습니다. 둘은 서로 붙들고 뒹굴면서까지 싸웠습니다. 놀란 엑스페리언스는 미뇽에게 달려갔습니다.

"왕자님, 왜 그러세요? 이렇게 싸워서 될 일이 아니잖아요. 그리고 요정하고 헤어진다는 게 말이 됩니까?"

"나도 몰라요. 이제 지긋지긋해요. 용 따위에 겁을 내는 내가 지긋지긋하다고요. 이제 요정 따윈 없는 게 낫겠어요. 차라리 그게 낫겠다고요. 흑흑흑…"

미뇽은 눈물을 흘리며 엑스페리언스를 밀쳐 냈습니다. 그리고는 문을 열고 건물 밖으로 달려 나갔습니다.

"왕자님, 왕자님! 어디 가세요?"

엑스페리언스가 불렀지만 미뇽은 뒤돌아보지 않고 계속해서 달렸습

그래, 나 상처 받았어

니다. 한참을 달려 도착한 곳은 바위로 된 깎아지른 듯한 낭떠러지였습니다. 낭떠러지 아래에는 깊은 강물이 흐르고 있었습니다.

'이렇게는 살고 싶지 않아. 아버지, 어머니는 내가 뒤를 이어 훌륭한 왕이 되길 기대하시는데, 용이 무서워 밖에 나가는 것조차 두려워하는 내가 어떻게 나라를 다스릴 수 있겠어. 이럴 바에는 그냥 내가 없어지는 게 나아. 그럼 삼촌이나 사촌 동생이 나라를 이어받겠지? 그게 부모님과 나라를 위하는 길이야. 그래, 이렇게 사는 건 아냐.'

"왕자님, 왕자님!"

멀리서 엑스페리언스가 부르는 소리가 들렸지만 미뇽은 눈을 감고 벼랑 끝에 섰습니다. 그러고는 몸을 서서히 앞으로 기울였습니다. 짧은 순간이지만 하늘을 나는 것처럼 느껴졌습니다. 그리고 풍덩 하는 큰 소리와 함께 몸이 물에 가라앉는 것을 느꼈습니다.

'이렇게 끝나는구나…'

반사적으로 몸을 버둥거렸지만 점점 더 가라앉았습니다.

'아버지, 어머니…'

마인드 매뉴얼

닫힌 마음을 여는 열쇠, '공감'

심리적인 고통으로 인해 상담을 받기 위해 찾아 온 사람들의 말을 경청하고 나면 많은 이들이 논리적 오류에 빠져 있음을 발견하게 된다. 사회불안이 높은 이들은 사람들이 자신의 말이나 행동 하나하나를 살펴보며 그것에 대해 부정적인 평가를 내린다고 생각한다. 이에는 내가 다른 사람들의 생각을 읽을 수 있다고 착각하는 '독심술의 오류', 혹은 다른 사람들의 행동이나 반응이 나와 관련이 없을 수 있음에도 불구하고 나를 향한 것이라고 판단하는 '개인화의 오류'가 숨겨져 있다. 우울한 사람들은 자신의 장점은 무시하고 단점이 될 수 있는 부분들만 지나치게 크게 보는 '장점 무시하기의 오류', 작은 부정적인 경험이 다른 상황들에까지 퍼져 나갈 것으로 보는 '과잉일반화의 오류' 등을 나타낸다. 또한

그래, 나 상처 받았어

지나치게 걱정이 많고 불안이 높은 사람들은 앞으로 일어날 일들을 부정적으로 예상하는 '점쟁이 예언의 오류', 혹은 앞으로 일어날 수 있는 상황들 중에 가장 나쁜 결과만을 생각하는 '재앙화의 오류'를 많이 보인다.

이렇듯 논리적인 오류를 나타내는 사람들에게 그들이 가지고 있는 비합리적이거나 현실적이지 못한 생각의 근거를 돌아보게 하고 그 생각이 과연 타당한지를 살펴보게 하면, 많은 이들이 자기 생각의 오류를 찾아내고 그 생각이 지나치다는 점을 인정하게 된다. 그로 인해 결과적으로 자신이 가지고 있던 심리적 고통이 줄어들게 되기도 한다.

하지만 의외로 그렇지 않은 경우들도 많이 있다. 어떤 이들은 상담자의 논리적인 설명에도 불구하고 다음과 같이 말한다.

"그게 머리로는 이해가 되는데, 마음(혹은 감정)으로는 잘 안 되네요."

마치 헤어진 연인을 이제 잊어야 함을 머리로는 충분히 알지만, 뜻대로 잘되지 않고 오히려 계속 생각이 나는 것과 같다. 뿐만 아니라, 상담자가 지나치게 논리적이고 합리적인 입장으로 설득하려 하거나 따지게 될 경우, 오히려 그 생각을 더 고수하려 하거나 감정이 상하게 될 수도 있다. 이러한 경우에는 상담자에게 자신이 이해받지 못한다고 느끼게 되어서운해하거나, 심지어 화가 나서 상담을 더 이상 받지 않기도 한다. 그런 면에서 사람들은 그렇게 논리적이지 않다고 생각된다. 다만 논리적으로 보이고 싶을 뿐이다. 특히 자신의 문제와 오랫동안 어려움을 겪는 부분에 대해서는 더욱 논리적이기 어려우며 매우 감정적이다.

이에 대해 설명하기 위해 한 가지 예를 들어 보자. 어느 날 당신의 집에 당신이 아끼고 사랑하는 귀여운 8살짜리 조카가 방문하였다. 당신은 조카와 열심히 놀아 주고 정성스레 준비한 밥도 먹였다. 그리고 깨끗하게 씻기고 잠자리에 함께 누웠다. 그런데 조카가 자기 전에 화장실에 가고 싶어 한다. 당신은 따라가 주겠다고 했지만 조카는 혼자 할 수 있다며 용감하게 화장실로 들어갔다. 그런데 갑자기 조카가 소리를 지르고 울면서 돌아온다.

"귀신이야! 화장실에 귀신이 있어요. 나를 지켜보고 있었어요. 엉엉엉."

당신은 잠깐 놀랐지만 금세 상황 파악이 가능했다. 아이가 화장실 거울에 비친 자신의 모습을 보고 깜짝 놀란 것이다. 자, 이러한 상황에서 당신은 어떻게 반응할 것인가? 다음 중에서 답을 고른다면?

① 화장실에는 귀신이 없다고 설득하고 다시 가게 한다.

그래, 나 상처 받았어

② 화장실 대신 유아용 변기통을 방에서 사용하도록 한다.

첫 번째는 조카에게 화장실에 귀신이 없다고 말해 주는 경우이다. 화장실에는 귀신이 없으며 거울에 비친 자신을 보고 놀랐을 뿐이라고 말해 준다. 그리고 걱정 말고 다시 화장실에 가 보라고 한다. 이런 경우 조카는 어떤 반응을 보일 것인가? 아마도 아이는 놀란 마음이 진정되기보다 더 심하게 울거나 크게 격앙될 수 있을 것이다. 그리고 이렇게 아이를 설득하는 과정에서 자칫 아이와 다툼이 일어날 수도 있다. "너는 다 큰 애가 왜 그렇게 겁이 많으냐?"라고 다그치거나, 말도 안 되는 소리라고 윽박지를 수도 있다. 하지만 아이는 매우 놀라고 두렵기에 그렇게 쉽게 설득되고 태연하게 화장실로 돌아가기 어렵다. 결국 오히려 더 크게 울고 소리를 지를 수도 있다.

두 번째 경우는 조카가 무서워하는 화장실에 가지 않도록 하는 것이다. 많이 놀랐을 테니 무서운 화장실에 가지 말고 안전한 유아용 변기에 용변을 보도록 한다. 이러한 반응은 아이가 두려워하는 상황에 가지 않도록 하여 감정을 즉시 누그러뜨리는 데 효과가 있다. 하지만 이러한 경우 조카는 우리 집 화장실은 귀신이 있는 무서운 곳으로 기억하게 될 것이며, 우리 집에 올 때마다 화장실에 가지 않으려 할지도 모른다. 즉, 화장실에 대한 공포가 계속 유지되고 행동이 지속적으로 제한되는 것이다.

아마도 정답은 앞의 두 가지가 아닌 다음의 세 번째 방법이 될 것이다.

③ 먼저 아이의 놀란 마음을 달래 주고 진정시킨 후에, 함께 가서 화장실이 무서운 곳이 아님을 알려 준다.

세 번째 방법은 먼저 아이의 감정을 다루어 주는 것이다.

"우리 ○○이 많이 놀랐구나. 이리 와 안아 줄게. 괜찮아? 많이 놀랐어? 무엇 때문에 놀랐어?"

"화장실에서 귀신이 나를 쳐다보고 있었어요."

"그랬구나. 화장실에서 무서운 것을 보아서 놀랐구나."

이렇게 먼저 아이의 놀란 마음을 알아 주고 보듬어 준다. 이러한 과정을 바로 '공감empathy'이라고 한다. 이는 상대의 감정과 욕구를 알아주는 것을 말한다. 혹은 상대방의 입장에서는 그렇게 느끼고 생각할 수도 있었겠구나 하고, 그 경험을 인정해 주는 과정이기도 하기에 '타당화validation'라고 표현하기도 한다. 여기서 주의할 점 중 하나는 마음에 대한 공감 혹은 타당화가, 그 마음의 '내용'을 있는 그대로 인정하거나 받아들이는 '동의agreement'와는 다르다는 것이다.

즉, 조카의 귀신이 있다는 말을 곧이곧대로 믿어 주고 인정하는 것이 아니며, 그래서 귀신이 있는 화장실에 아이가 가지 않도록 도와주는 것이 아니다. 아이의 감정에 대해서 알아주고 인정해 주는 것이다.

그러므로 달래고 보듬어 주며 이해해 주는 과정을 지난 다음에는 아이를 설득하여 두려워하는 화장실로 다시 데려가도록 해야 한다. 물론 아이가 용변이 급한 경우에는 일단 유아용 변기에서 해결하고, 다음날 다시 화장실에 가도록 설득할 수 있다.

"우리 ○○이 이제 좀 괜찮아? 진정이 좀 되었어?"

"네. 이제 좀 괜찮아요."

"이모도 예전에 화장실에서 깜짝 놀란 적이 있었어. 귀신이 나타난 줄 알고 말이야. 그런데 불을 켜고 자세히 보니, 그게 귀신이 아니라 거울에 비친 내 모습이지 뭐야? 그래서 놀란 마음이 안심이 되고 화장실에 다시 갈 수 있었지. 우리 ○○이도 이모하고 용기내서 한번 가 볼래? 이모가 옆에서 지켜 줄게. 혹시 귀신이 나타나면 이모가 한 방에 뻥 하고 날려 보낼게. 어때?"

이렇게 '공감 → 직면'을 하게 될 때, 아이는 놀란 마음을 추스르고 다시 두려운 대상에 직면할 수 있게 되어 화장실을 회피하지 않게 된다. 하지만 우리는 자칫 바른 것을 알려 주려고 바로 직면시키려고만 하거나, 혹은 너무 이해해 주면서 회피하도록 내버려 두기도 하는 실수를 범한다.

우리 마음도 어떤 면에서는 어린아이 같다. 쉽게 놀라기도 하고 쉽게 두려워하기도 하고 또 쉽게 의기소침해지기도 한다. 이런 마음을 비논리적이라고 다그치고 꾸짖다가는 더 크게 울거나 화를 내게 되어 더욱 통제할 수 없게 된다. 아이가 우는 데에는 다 나름대로의 이유가 있다. 마찬가지로 마음이 여러 가지 힘든 감정과 생각을 만들어 내는 데에도 '나름대로의' 이유가 있다. 이러한 마음을 이상하다고 여기거나 꾸짖지 말고 이해하고 보듬으려고 노력해 보자. 다른 사람에 대해서도 물론이지만, 먼저 나의 마음에 대해서도 너그럽게 이해하고 귀를 기울이는 태도를 가지자. 이러한 '자기 공감'은 내 마음의 문을 여는 따뜻한 열쇠가 될 수 있다.

그래, 나 상처 받았어

엘리와의 만남

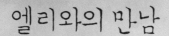

    미뇽은 어느새 왕궁 앞 광장에 서 있었습니다. 그 곳에서 자신이 왕이 되기 위한 대관식이 열리고 있었습니다. 화려한 궁 중 행사에 수많은 백성들이 환호를 보냈고, 부모님의 뿌듯해하시는 표 정이 미뇽의 눈에 들어왔습니다. 마침내 궁중 행사는 절정에 이르렀고, 미뇽이 아버지로부터 왕관을 물려받는 순간이 왔습니다.

    그때 갑자기 하늘이 어두워지고 커다랗고 흉측한 용들이 나타났습 니다. 포악한 용들은 순식간에 곳곳을 불태우고 백성들을 공격하기 시 작했습니다. 그중에서도 가장 크고 흉악하게 생긴 검은 용이 부모님을 잡아갔지만 미뇽은 무서워서 아무것도 할 수 없었습니다.

    미뇽이 폐허가 된 왕궁 광장에서 흐느끼고 있을 때 백성들이 우르르 몰려왔습니다. 그 백성들 앞에 기사 엑스페리언스가 무표정하게 서 있었습니다. 가까이 다가온 엑스페리언스와 백성들은 차가운 눈으로 미농을 노려보았습니다. 그들은 공포정치국의 집회에서처럼 한 목소리로 외쳤습니다.

"겁쟁이 미농! 겁쟁이 미농! 우린 너 같은 왕은 필요 없어. 겁쟁이!"

"제, 제발 그만 좀 해 주세요. 저도 힘들단 말이에요. 가장 힘든 건 바로 저라고요!"

미농은 순간 놀라서 몸을 일으켰습니다. 자신이 침대에 누워 있다는 것을 알았습니다. 그리고 꿈에서 요정이 영상을 보여 주었다는 것도 알았습니다. 미농은 다시 눈을 감았습니다. 시간이 얼마나 흘렀을까, 미농의 귀에 낯선 목소리가 들렸습니다.

"정신이 좀 드니? 너, 거의 한 달을 의식 없이 누워 있었어."

비슷한 또래의 여자아이가 옆에 앉아 있었습니다.

"여, 여긴 어디지?"

미농의 입에서 아주 작은 목소리가 겨우 나왔습니다.

"응, 여긴 대마법사 엘리 님의 집이야. 나는 '윌링네스(willingness: 기꺼이 경험하기)'라고 해."

"내가 어떻게 여기에 오게 된 거지?"

"응, 엘리 님께서 강물에 떠내려오는 너를 보고 건져 주셨대. 네가 누워 있는 동안 엘리 님께서 약초로 약을 만드셔서 계속해서 입에 넣어 주셨지. 넌 엘리 님이 아니었으면 벌써 끝장났을 거야. 그런데 네 옷이

그래, 나 상처 받았어

아주 고급스럽던데 부모님께서 부자이신가 봐?"

"응…."

미뇽은 자신이 랑가주의 왕자라고 말하려다가 이제 왕자가 될 자격이 없다는 생각에 말을 멈추었습니다. 그 때 문이 열리면서 흰 옷에 희고 긴 머리 그리고 흰 수염을 가진 인자한 얼굴의 마법사가 들어왔습니다.

"미뇽, 드디어 깨어났구나."

마법사는 미소를 지으며 미뇽에게 다가왔습니다.

"제 이름을 어떻게 아세요?"

놀란 미뇽이 물었습니다.

"나는 너의 부모를 안단다. 너의 할아버지도 잘 알았지. 너의 할아버지의 할아버지도…. 그리고 너에 대해서도 알고 있었단다."

"쿨럭쿨럭!"

미뇽은 어떻게 자신과 부모님 그리고 조상들을 아는지 물어보고 싶었지만 폐 속 깊은 곳에서 나오는 듯한 기침으로 말을 이을 수가 없었습니다.

"궁금한 건 차차 알아 가기로 하고 일단은 좀 더 쉬도록 하여라. 아직 몸이 완전히 회복된 게 아니야."

미뇽은 윌링네스가 주는 따뜻한 물 한 모금을 겨우 마시고 다시 자리에 누웠습니다. 계속되는 기침으로 가슴이 아팠습니다. 그리고 이런 모습으로 아직 살아 있다는 사실에 더욱 가슴이 아팠습니다.

마음의 목적

며칠이 지나자 미뇽은 음식을 약간씩 먹을 수 있게 되었고, 일어나서 조금씩 걸을 수 있었습니다. 마법사의 집은 인적이 드문 깊은 산속에 있는 것 같았습니다. 아름다운 새소리와 바람을 타고 오는 은은한 꽃향기, 멀리서 들리는 물소리가 미뇽을 위로하는 것 같았습니다. 미뇽은 지나온 모든 것을 잊고 싶었습니다. 그냥 이렇게 사람들에게 잊힌 채로 조용하게 살고 싶었습니다.

"미뇽, 엘리 님께서 찾으셔."

월링네스가 미뇽을 불렀습니다. 미뇽은 월링네스를 따라 마법사의 방으로 갔습니다. 엘리의 방은 나무 계단을 올라가 2층에 있었습니다.

"미뇽, 거기 좀 앉도록 하여라. 몸은 좀 어떠냐?"

엘리의 목소리는 조용한 새벽에 들리는 은은한 종소리처럼 사람의 마음을 평온하게 하는 힘이 있었습니다.

"감사합니다, 엘리 님. 돌봐 주신 덕분에 많이 좋아졌습니다."

미뇽은 차분하게 대답했습니다.

"미뇽, 너의 요정 때문에 많이 힘들었지?"

엘리는 미뇽의 모든 것을 다 아는 것 같았습니다. 미뇽이 살아온 삶, 용에 대한 두려움, 그 이전의 모든 것까지도…. 어떻게 알았냐고 묻는 것 자체가 무의미하게까지 느껴졌습니다.

"네. 그래서 이렇게 끝내려고 뛰어내렸지요."

"그래… 많이 힘들었겠지. 얼마나 힘들면 그런 생각을 했겠니."

미농은 엘리가 왜 그랬냐고, 왜 그렇게 바보 같은 행동을 했냐고 꾸짖지 않아서 너무 감사했습니다. 순간 미농의 눈시울이 붉어졌습니다.

"하지만 요정과의 문제가 해결되지 않는다면 또 그런 행동을 하게 될까 봐 염려가 되는구나. 그건 너를 위해서도, 너의 사랑하는 부모님을 위해서도 좋은 방법은 아닌 것 같구나."

미농은 순간 부모님 생각이 나서 슬프고 죄송스러웠습니다. 눈에서 굵은 눈물이 흘렀습니다.

"미농, 내가 너를 도울 수 있을 것 같구나. 나와 함께 너의 요정을 대하는 법을 배워 보겠느냐?"

엘리는 미농의 눈을 바라보며 물었습니다.

"네, 엘리 님."

"그래, 좋아. 먼저 이 책을 받거라."

엘리는 가죽 표지의 책 한 권을 건넸습니다. 책 표지에는 '마인드 매뉴얼'이라고 적혀 있었습니다. 미농은 책을 펼쳐 보았습니다. 엘리가 말을 이었습니다.

"나는 사람들을 매우 사랑한단다. 그런데 사람들은 너무나 연약하지. 사자처럼 강한 발톱을 가지지도 못했고 독수리처럼 높이 날 수도 없고 또 물고기처럼 자유롭게 헤엄칠 수도 없어. 그리고 말처럼 빠르지도 않고 곰처럼 힘이 세지도 않아. 사실 모든 동물들보다 더 약하고 힘이 없지. 그래서 사람들에게 내가 줄 수 있는 가장 좋은 선물을 하나 주기로 결정했지. 나의 마법으로 모든 사람에게 수호요정을 하나씩 선물하기로 한 거지. 너도 알다시피, 사람들은 그 수호요정에게 '마음'이라는 이름을 붙여 주었어. 그 마음은 내가 가지고 있는 신비한 능력들을 비슷하게 가지고 있지. 사람들은 그 수호요정을 이용해 놀라운 일들을 해내기 시작했지. 수많은 기술과 지식, 문화 그리고 문명을 만들어 냈지. 다른 피조물들은 도저히 엄두도 낼 수 없는 놀라운 것들을 만들어 냈지. 사람들은 그것으로 만물의 영장이 되고 동식물과 자연을 다스릴 수 있게까지 되었단다. 뿐만 아니라 다른 동물들은 상상도 할 수 없는 일들을 할 수 있게 되었지. 사람이 종이에 인쇄된 검은 먹물 자국을 보면서 웃기도 하고 울기도 하는 것을 아무리 똑똑한 개라도 이해할 수 없을 거야."

엘리는 미소를 지으며 미뇽과 눈을 맞추었습니다. 그리고 말을 계속 이어갔습니다.

"그러나 탁월한 능력은 때로 큰 고통을 불러오기도 하지. 마치 유용한 불이 잘못 사용되면 큰 화재를 일으키는 것처럼 말이야. 인간은 때론 다른 피조물들에게는 없는 깊은 마음의 고통에 빠지기도 하지. 눈에 보이지 않는 두려움에 빠져 꼼짝달싹 못 하게 되기도 하고, 마음과의 씨름으로 자신이 원하지 않는 삶을 살게 되기도 하고, 또 심한 우울로 스스로 목숨을 끊는 안타까운 일도 생기기 시작했지."

마법사는 온화한 눈빛으로 미뇽을 쳐다보았지만, 미뇽은 자신의 벌거벗은 모습이 보이는 것처럼 부끄러웠습니다.

"절대 인간을 탓하거나 비난하는 게 아니야. 다만 자신이 받은 선물에 대해 잘 알지 못하는 것이 안타까울 뿐이지. 그래서 이 마인드 매뉴얼을 쓰고 있었단다. 그런데 이 책이 거의 완성될 무렵에 너를 만나게 되었구나."

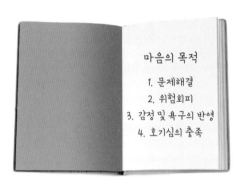

마음의 목적

1. 문제해결
2. 위험회피
3. 감정 및 욕구의 반영
4. 호기심의 충족

미뇽은 책의 첫 장을 펼쳐 보았습니다.

"내가 인간들에게 선물한 수호요정은 네 가지 목적을 위해 만들어졌단다. 첫 번째는 문제를 해결하는 데 도움을 주기 위한 것이지. 인간들은 살아가면서 많은 문제들을 만나게 되는데 그때마다 요정이 생각, 이미지, 감정 등을 통해 인간을 돕게 되지. 예를 들어 보마. 만약 미뇽 네가 이 방에 혼자 있는데 저 문이 갑자기 열리지 않는다면 어떻게 하겠느냐?"

엘리는 나무로 된 크고 육중한 문을 가리키며 물었습니다. 미뇽은 잠시 생각에 잠겼습니다.

"먼저 창가로 가서 사람이 있는지 살펴보고, 있다면 문을 열어 달라고 소리를 지를 거예요. 아무도 듣는 사람이 없다면 옆에 있는 저 의자를 가지고 문을 세게 내려쳐 볼 거예요. 그것도 안 되면 저 등불을 가지

고 문에 불을 붙여 볼까요? 아뇨, 그건 너무 위험할 것 같아요. 자칫 잘 못하다간 불이 나서 타 죽을 수도 있겠네요. 만약 높이가 적당하다면 창문을 통해 아래로 뛰어내릴 수도 있겠지요. 너무 높이가 높아서 다칠 위험이 있다면 마냥 기다릴 수밖에 없겠네요."

미뇽이 차분하게 대답했습니다.

"그래, 멋진 생각들이구나. 그런데 어떻게 짧은 시간에 그렇게 많은 방법들을 알아냈지?"

"요정이 생각과 이미지와 영상으로 보여 주었어요. 여러 가지 방법 들을 떠올려 보고 그것이 어떤 결과를 가져올지 미리 보여 주고, 또 다른 대안을 찾아내고 그 결과는 어떨지 보여 주기도 했지요."

"그렇지. 짧은 순간이지만 너의 요정이 너에게 여러 가지를 보여 주면서 도와주었구나."

"맞아요. 요정이 순간 도와주었어요. 그러고 보니 요정의 능력이 참 대단하네요. 공부를 할 때도, 책을 읽을 때도, 심지어 놀 때도 늘 요정이 도와줬던 거 같아요. 그러면…. 요정 없이 살 수는 없겠군요…. 어떤 때는 화가 나서 요정이 없어져 버렸으면 한 적이 있었거든요."

미뇽은 요정에게 미안한 마음이 들었습니다.

"그래, 요정 덕분에 인간의 지적인 능력이 훨씬 더 커진 것이지. 뿐만 아니라 요정 덕분에 다양하고 특별한 감정들과 느낌들도 느낄 수 있지. 예를 들어… 어머니의 당근 케이크. 이 단어를 들으면 어떤 생각, 느낌이 들지?"

그래, 나 상처 받았어

"요정이 어머니의 얼굴도 보여 주고, 어머니께서 당근 케이크를 만들어 주시던 장면도 떠올려요. 갑자기 어머니 생각이 나서 그립고 조금 슬프기도 하고, 또 추억이 떠올라 기분이 좋아지기도 해요. 아, 갑자기 배가 꼬르륵 거리네요."

미눙이 대답을 했습니다. 미눙의 얼굴에서 생기가 조금 돌았습니다.

"그래, 네 꼬르륵 소리에 집이 다 흔들리는구나. 허허허."

엘리가 크게 웃었습니다.

"그런데 여기에 당근 케이크가 정말 있니? 그렇지 않지. 물론 어머니도 여기 계시지 않지?"

"맞아요. 요정이 너무 선명하게 보여 줘서 그 때문에 여러 느낌과 감정이 들기도 하고, 심지어 배고픔을 느끼기도 하네요."

"그렇지. 그게 바로 요정의 놀라운 능력이지. 이러한 능력으로 인간이 여러 가지 문제를 해결할 수 있단다."

미눙은 그동안 인식하지 못했던 요정의 역할에 놀랐습니다.

"두 번째로 요정이 존재하는 목적은 사람을 위험으로부터 보호하기 위함이야. 물론 위험을 피하는 것도 크게 보면 문제해결에 포함되긴 하지만, 위험회피는 좀 더 급박하고 위험한 상황에서 필요한 능력이지. 생존과 관련이 있는 문제란다. 아까 말한 것처럼 사람은 어떤 동물보다도 약한 존재이기 때문에 위험을 잘 감지하고 대비해야 한단다. 안 그러면 잡아먹히거나 위험한 일을 겪기 십상이지."

"앗! 용이다! 피해!"

엘리는 갑자기 창 쪽을 가리키며 몸을 숙였습니다. 그러자 순간 미뇽은 황급히 테이블 밑으로 들어가서 몸을 피했습니다.

"어디예요? 어디예요?"

미뇽이 놀란 얼굴로 엘리에게 물었습니다. 미뇽의 요정도 작아지고 갑자기 분주해졌습니다.

"허허허. 미뇽, 미안하다. 내가 장난을 좀 쳤단다. 네가 이렇게 빠르고 민첩한 아이인 줄 미처 몰랐구나. 허허허."

"네? 장난이라고요? 많이 놀랐잖아요. 휴~ 심장이 멎는 줄 알았네."

미뇽은 놀란 가슴을 쓸어내리면서 테이블 밖으로 나왔습니다.

"봤지? 미뇽. 이게 바로 요정의 두 번째 중요한 기능이란다. 바로 너를 위험에서부터 보호하려는 것이지."

"이런 기능은 없었으면 좋겠어요. 만날 놀라고 가슴 쿵쾅거리고 떨리고…."

미뇽은 입을 삐죽였습니다.

"많이 놀라게 되고 신체감각이 불편할 정도로 활성화되니까 싫기도 하겠지. 그런데 만약 요정이 이렇게 여러 가지를 동원해서 도와주지 않았다면 너는 이미 이 세상에 없었을 수도 있을 거야."

엘리가 미소를 지으며 말했습니다.

"그게 무슨 말이에요?"

"미뇽, 너 기억나니? 나무 계단이 무너져서 친구들이 크게 다쳤던 일."

"네, 당연히 기억나죠. 그때 하마터면 큰일 날 뻔했지요. 그런데 그걸 어떻게 아세요?"

"다 아는 수가 있단다. 허허허."

엘리가 흰 수염을 쓰다듬으면서 웃었습니다.

"그런데 너는 그때 어떻게 다치지 않았지?"

"그때 요정이 미리 무서운 장면을 보여 주었어요. 그래서 가슴도 쿵쾅거리고 무서워서 저는 아이들을 따라가지 않았지요."

"그렇지? 그게 바로 요정이 너를 위험에서 구해 준 거잖니?"

"음…. 그렇긴 하네요. 생각해 보면 요정이 그렇게 도와준 경우가 많은 것 같아요. 불을 볼 때도 그렇고 높은 곳에 올라갈 때도 그렇지요. 또 험상궂고 위험하게 보이는 사람을 볼 때도 미리 피하게 도와주었지요."

미눙은 그동안 요정을 탓하고 미워했던 것이 많이 미안하게 느껴졌습니다. 하지만 마음이 용을 왜 그렇게 심하게 무서워하는지는 아직 이해가 잘 되지 않았습니다.

"이렇게 마음은 너를 돕기 위해 생각, 이미지, 느낌, 감정, 신체감각 등을 사용하지. 이것들을 상황에 맞게 동원해서 네가 문제를 해결할 수 있도록 돕고, 위험을 미리 피할 수 있도록 돕게 되는 거지."

"마음의 세 번째 목적은 네가 느끼거나 바라는 것들을 보여 주고 적절하게 충족시킬 수 있도록 돕는 것이란다. 예를 들어 미눙, 너는 밤하늘에 뜬 둥근 달을 보면 뭐가 떠오르느냐?"

"음…."

미눙은 잠시 눈을 감고 크고 하얀 둥근 달을 떠올려 보았습니다.

"네, 저는 크고 둥근 하얀 빵이 떠올라요. 건포도가 박혀 있으면 더 맛있겠지만 없어도 맛있을 것 같아요. 저희 엄마께서 빵도 정말 맛있게 구우셨거든요. 아침에 따끈한 빵을 우유와 함께 먹으면 정말… 생각만 해도…."

미농의 입안에 군침이 돌았습니다.

"허허허. 너 정말 배가 고픈 모양이구나. 우선 여기 이 빵이라도 먹어라."

엘리는 웃으며 테이블 위 접시에 담겨 있는 마른 빵 한 조각을 건넸습니다. 미농은 얼른 받아서 입에 넣었습니다.

"그런데 그 둥근 달이 젖먹이를 둔 엄마에게는 무엇으로 보일까? 아마도 동그랗고 귀여운 아기의 얼굴로 보이겠지. 또 돈에 눈이 먼 구두쇠 영감에게는 달이 빛나는 금화로 보일 수도 있을 거야. 이처럼 같은 대상을 볼 때에도 마음은 자신의 감정이나 욕구를 반영하여 다른 것을 볼 수 있게 만들지. 이걸 어려운 말로 '투사projection'라고 한단다."

"투사라고요? 말이 참 어렵네요."

"그래. 우리가 흔히 쓰는 말은 아니지. 내가 원하고 생각하는 것을 다른 대상에 비추어서 투영시키는 것을 말한단다. 투영이라는 말도 어렵긴 매한가지구나. 암튼 이렇게 자신의 감정이나 욕구가 드러나면 사람들은 그것을 충족시킬 방법을 찾게 되지. 달이 빵으로 보이는 사람은 먹을 것을 찾게 되고, 아기 엄마는 아이를 보러 가게 되고, 구두쇠는 돈을 모을 생각을 더 하게 되는 것처럼 말이다."

"아, 그렇군요. 그럼, 마음이 우리에게 숨겨진 무언가를 드러내서 보

 그래, 나 상처 받았어

여 주고 그걸 잘 채울 수 있도록 돕는다는 말이네요."

"그렇지. 바로 그런 역할을 하는 거란다. 그러니 마음이 얼마나 고맙니. 물론 그걸 잘못 알아차리는 경우도 있지만…"

미뇽은 잠시 자신의 요정을 쳐다보았습니다.

"그리고 마음의 마지막 목적은 바로 호기심의 충족이란다. 호기심은 어떤 상황이나 대상에 대해 궁금함을 가지고 더 알고 싶어 하는 거란다. 물론 어떤 문제를 해결하기 위해 호기심을 가지게 되기도 하지. 하지만 인간은 그게 꼭 풀어야 하는 문제가 아니더라도 궁금증을 가지고 호기심을 나타낼 때도 많이 있단다. 정말 단지 궁금해서이지. 그리고 그 호기심이 충족되는 것만으로도 즐거움을 경험한단다. 그래서 꼭 필요한 일이 아니라도 인간은 호기심을 가지고 그 궁금증이 풀릴 때까지 계속 살펴보고 탐색해 보고 고민해 보기도 하지. 때로 호기심이 클 때에는 아주 엉뚱한 생각을 하게 되기도 하지."

"그러게요. 호기심은 왜 있는 건지 그게 호기심이 드네요. 크크크. 정말 때로는 진짜 말도 안 되는 생각을 요정이 만들어 내기도 해요. 저 동굴에는 무엇이 살고 있을까, 왜 인간의 팔은 두 개일까 세 개이면 더 편할 텐데, 고래는 왜 물을 뿜어 낼까, 코딱지는 무슨 맛일까, 나는 숨을 얼마나 참을 수 있을까 등등… 사실 저도 그래서 코딱지를 진짜로 먹어 보기도 했어요. 조금 짭조름하고 씹는 게 쫀득쫀득하긴 한데 별 맛은 없더라고요. 크크크."

"맞아. 참 엉뚱한 생각을 하고 때론 행동에 옮기게 되기도 하지. 호기심은 나에게 있는 창조성의 흔적이라고 할 수 있지. 단순한 궁금함과 호기심으로 엉뚱하고 독특한 생각을 하는 것이 창의적인 사고의 밑거름이 된단다. 유명한 발명가, 창의적인 예술가 그리고 과학자들은 다들 마음에 호기심이 가득한 사람들이었지. 인간의 요정은 이 호기심을 채우는 데 관심이 아주 많단다."

엘리와 대화를 주고받는 미뇽의 얼굴에서 오랜만에 웃음꽃이 피었습니다.

마음의 능력: 학습 기능

"그럼, 왜 제 마음은 이렇게 수시로 놀라서 난리를 치는 거죠?"

미뇽은 눈을 동그랗게 뜨고 다소 격양된 목소리로 물었습니다.

"그래, 너도 그게 궁금할 거야."

엘리는 테이블에 놓여 있던 찻잔을 들어서 차 한 모금을 마셨습니다. 미뇽은 그 순간이 매우 길게 느껴졌습니다.

"그건 바로 마음의 뛰어난 능력 때문이란다."

"네? 마음의 능력 때문에 제가 이렇게 고통스럽게 지낸다고요?"

미뇽은 순간 자신도 모르게 큰 소리를 냈습니다. 도저히 이해가 되지 않았습니다.

"미뇽, 흥분을 좀 가라앉히고 내 말을 들어보렴. 나는 사람들에게 가

그래, 나 상처 받았어

장 좋은 것으로 주고 싶었단다. 사람들을 도울 수 있는 최고의 것으로 선물하고 싶었지. 그래서 수호요정에게 스스로 학습할 수 있는 능력을 주었단다."

"학습하는 능력이라고요? 그건 좋은 것이잖아요. 뭔가를 배울 수 있는 능력인 거잖아요? 그런데 왜 고통을 주는 거죠?"

미뇽은 더 이해가 되지 않았습니다.

"인간이 직접 경험할 수 있는 것들은 많이 제한되어 있단다. 시간과 공간의 제약으로 세상의 모든 것을 다 직접 경험할 수는 없지. 그리고 어떤 것들은 직접 경험했다간 위험할 수도 있지. 뱀이 위험한지 알아보기 위해서 직접 만져 보았다간 그게 마지막 경험이 될 수도 있겠지."

엘리가 다소 익살스러운 표정으로 혀를 내밀고 죽는 시늉을 했습니다.

"그래서 직접적인 경험을 통해 배우는 것만으로는 지식이 턱없이 부족할 수밖에 없지. 그런데 자신이 경험한 것들을 서로 연결시키거나, 이에 더해 직접 경험하지 않은 것들까지 연관시키게 되면 인간이 가질 수 있는 지식의 양은 순식간에 몇 십 배 혹은 몇 백 배 이상으로 증가하게 되지."

미뇽은 어렵다는 듯 머리를 긁적였습니다.

"좀 더 쉽게 설명을 하지. 미뇽, 너 개 좋아하니?"

"네, 그럼요. 저희 집에도 제가 아끼는 큰 검은색 셰퍼드가 있어요. 이름은 럭키죠. 아, 럭키가 보고 싶어요."

미뇽은 두고 온 럭키를 떠올리며 미소를 지었습니다.

"그래, 만약 네가 태어나서 처음 본 개가 그 검은 셰퍼드라면, 그게 바로 '개'라고 주변 사람에게 들었을 거야. 그러고 난 후 다른 몇 종류의 개들을 더 보게 되었겠지. 그럼 너의 요정은 '개'라는 명칭을 여러 종류의 개들과 연결시키게 되고, 나아가 다리가 네 개이고 털이 있고 멍멍 짖는 것들이 모두 개라고 학습을 하게 돼. 그 다음에는 하얀 푸들이든, 으르렁거리는 불도그든 그게 모두 개라고 판단할 수 있게 되지. 심지어 네가 처음 보는 종류의 개라도 순식간에 그게 개라는 것을 금방 알 수 있게 되지."

"그건 그렇죠. 비슷한 특징들이 있으니까요."

"그래, 그걸 어려운 말로 '일반화generalization'라고 하지. 그런데 만약 네가 어쩌다가 개에게 크게 한 번 물리게 되면 이런 일반화가 급속도로 더 빠르게 일어나게 돼. 네가 개에게 물리게 되면 '개는 위험한 거야.'라는 것을 배우게 되고, 그럼 너를 문 그 개만 무서운 게 아니라 개라는 종류 자체가 무서워지게 되지. 또한 개만 무서운 게 아니라 개가 짖는 소리에도 깜짝 놀라게 되고 심지어 개 그림이나 '개'라는 말만 들어도 놀라게 되기도 하지."

미뇽은 자신의 용에 대한 두려움이 용 조각상과 그림, 심지어 용과 조금이라도 비슷한 특징이 있는 대상이나 '용'이라는 글자가 들어가는 말에까지 일반화되었던 것이 떠올랐습니다.

"그런데 그 모든 것이 마음이 너를 위험으로부터 지키려고 한 일이라는 거야. 그래야 두렵거나 위험한 대상을 조심하게 되고 즉각 피할

그래, 나 상처 받았어

수 있으니까."

미뇽은 한편으로는 마음이 고맙기도 하고, 다른 한편으로는 닥터 논박이 한 말처럼 마음이 논리적이지 못하다는 생각도 들었습니다.

"그리고 이렇게 마음이 한 번 크게 놀라게 되면 '자동화'라는 것도 일어나게 된단다. 처음에는 개를 보면 '개가 이전에 나를 물었어. 그러니 또 나를 물 수 있어. 그러면 끔찍하게 아플 거야.'라는 생각이 나서 무섭고 심장이 뛰고 도망가게 되지만, 시간이 지나면 개를 보거나 개에 대한 생각만 해도 바로 움찔하게 되고 심장이 뛰고 두려움을 느끼게 되지."

"그것 또한 마음이 저를 지키려고 그러는 거군요."

"그렇지. 그렇게 자동화가 되어야 빠르게 반응하거나 도망칠 수 있을 테니까."

미뇽은 자신의 용에 대한 두려움도 이제는 자동적으로 일어난다는 것을 깨달았습니다. 엘리가 흡족한 표정을 지었습니다.

"그렇지, 미뇽. 마음이 크게 놀라게 되면 이러한 일반화, 자동화와 같은 학습 기능이 매우 빠르고 과도하게 번지게 된단다. 그러고는 조금만 비슷한 것이 있어도 마음이 놀라고 무서워서 난리가 나게 되지. 그런데 그게 사실은 너를 도우려고 하는 거야."

"마음이 저를 도우려고 하는 건데, 크게 한 번 놀란 이후로는 오히려 저를 더 힘들게 만드는 거군요. 휴…."

미뇽은 혼란스러웠습니다.

마인드 매뉴얼

인간의 관련짓는 능력

어릴 때 장난스럽게 불렀던 노래가 있다.

'원숭이 엉덩이는 빨개, 빨간 것은 사과, 사과는 맛있다. 맛있는 건 바나나, 바나나는 길어, 긴 것은 기차, 기차는 빠르다, 빠른 것은 비행기….'

이 엉뚱한 노래는 작은 공통점으로 어처구니없이 엮어서, 원숭이 엉덩이로부터 시작해서 하늘을 나는 비행기까지의 연결을 만들어 낸다. 이런 말도 안 되는 연결을 만들어 내는 과정이 바로 인간 마음의 본성이라면 믿을 수 있겠는가? 그리고 이러한 연결들을 통해 어린아이의 지적인 능력이 성인의 수준까지 점차 확장된다면 믿을 수 있겠는가? 믿기 어렵겠지만 인간은 그렇게 관련지어 생각하는 방식으로 지식을 축적시켜 나간다.

그래, 나 상처 받았어

최신 심리치료 중 하나인 수용전념치료Acceptance and Commitment Therapy의 근간이 되는 '관계구성틀 이론 Relational Frame Theory'에서는 인간의 서로 다른 대상을 연결 짓는 능력이 언어와 인지의 핵심을 이룬다고 한다. 엄마는 아기가 자신을 쳐다볼 때마다 "엄마"라는 말을 해 줌으로써, 아기가 실제 엄마와 '엄마'라는 단어를 연결시키도록 돕는다. 그리고 손가락으로 밥을 가리키면서 '빠빠'라는 단어와 관련짓도록 돕는다. 이러한 과정을 통해 아이들은 가리키는 대상과 그 대상을 지칭하는 단어가 같은 것임을 깨닫게 된다. 이런 단순한 연결에서 시작해서 아이들은 '엄마'는 '사랑해'와, '빠빠'는 '맛있어'와 연결하기 시작하고, 자라면서 더 복잡하고 다양한 연결망들을 형성하여 머릿속에 저장하게 된다. 물론 이 복잡한 연결망은 죽는 날까지 계속 확장한다. 이 연결망의 확장이 바로 학습의 과정이다.

그런데 문제는 인간의 뛰어난 연결 능력이 '임의적'으로 일어날 수 있다는 것이다. 어떤 사람의 경우에는 개가 '귀엽다' '사랑스럽다' '충성스럽다' '친구' 등의 단어와 연결이 되고, 또 혀를 내밀고 있는 귀여운 모습, 사람과 친근하게 산책하는 모습 등의 이미지와 연결이 될 수 있다. 이 사람은 개의 사진을 보기만 해도 미소를 짓고, 기분이 좋아질 수 있다. 하지만 개에게 물리거나 쫓겨서 도망을 친 경험이 있거나, 주변 사람들에게 개에 대한 부정적인 이야기들을 많이 들은 사람의 경우, 개가 '무섭다' '더럽다' '사납다' '사람을 문다' '괴물' 등의 단어와 연결이 되고, 또한 으르렁거리는 모습, 침을 질질 흘리는 추한 모습 등의 이미지와 연결이 될 수 있다. 이 사람은 개의 사진을 보기만 해도 표정이 일그러지고 오싹한 느낌까지 들 수 있다. 이 부정적이고 위협적인 연결망이 더 확장되어 '멍멍' 짖는 소리나 털이 달린 동물 인형을 보는 것만으로도 두려움이나 혐오감을 느낄 수도 있다. 더 나아가 개나 개와 유사한 물건이 없는 상황에서, 개에 대한 상상만으로도 불안이나 혐오 반응이 일어날 수 있게 된다. 이러한 고통은 인간에게 다양한 모습으로 나타난다. 헤어진 연인을 떠올리게 하는 카푸치노 한 잔, 암울했던 재수생활을 연상시키는 검은색 목도리, 왠지 불길한 숫자 '4', 나에게 깊은 상처를 준 사람과 닮은 인상의 직장 동료 등등. 이것이 바로 '관련짓는 인간'의 놀라운 축복이자 재앙인 것이다.

용을 피하느라 잃어버린 것들

　　"그렇지. 그런데 너를 괴롭게 만드는 것이 한 가
지 더 있단다."

　　"그게 뭐죠?"

　　미뇽은 잠시 혼란을 뒤로 넘겨 두고 엘리의 말에 다시 귀를 기울였
습니다.

　　"그건 바로 '회피avoidance'라는 것이지."

　　"그건 무슨 말씀인지 알 것 같아요. 제가 용과 관련된 것이라면 무조
건 다 피하는 것 말씀이시죠?"

　　"그래, 역시 우리 미뇽은 총명하구나. 허허허."

　　엘리가 흡족한 표정으로 웃었습니다.

"저도 용을 피하는 제 자신이 한심스럽고 싫지만 너무 무섭고 불안해서 자꾸 피하게 돼요."

미농이 시무룩한 표정으로 말했습니다.

"그래, 그 마음 알지. 사실 회피가 나쁜 것만은 아니란다. 두려운 대상을 피하게 되면 그 순간은 불안이나 두려움이 줄어들고 안심이 된단다."

"맞아요. 그래서 피하게 되는 거예요."

미농은 자신의 못난 모습을 다그치지 않고 늘 이해해 주는 엘리가 너무 고마웠습니다. 누구도 자신의 아픔을 이렇게 깊이 이해해 주고 받아 주는 사람은 없었습니다.

"그렇지. 그래서 피하게 되지. 하지만 여기서 문제가 생겨난단다. 두려워하는 대상을 피하게 되면 그 대상이 위험하지 않다는 사실을 배울 기회도 잃어버리게 되지. 다시 말해, 개를 계속 피하게 되면 세상에 물지 않는 개도 있다는 것을 경험하지 못하게 되고, 개는 평생 무서운 존재로 남게 되는 거지."

"그럼, 저는 용을 피하지 말아야 하는 건가요?"

미농이 근심스러운 얼굴로 물었습니다.

"조금 더 들어 보겠니?"

"네."

"회피하는 행동의 다른 나쁜 점 하나는, 회피를 통해 그 대상에 대한 불안이나 공포의 민감도가 더 높아지게 된다는 거야. 개를 피해 다니면 일단은 안심이 돼. 그런데 다음에는 더 안심을 얻기 위해 털 달린 동물은 다 피하고 싶어질 수 있어. 그러니까 개와 조금만 비슷해도 그게 불안을 일으킬 수 있게 되는 거야. 그러다간 개뿐 아니라 모든 동물이 싫어질 수도 있지. 이런 현상은 앞에 말했던 일반화와도 비슷한 거지."

"용은 비슷한 게 많지 않아 다행이네요. 하지만 제가 처음엔 용만 피하다가 이제는 용과 비슷한 것만 봐도 피하게 되는 것은 마찬가지네요."

미뇽은 짧게 기뻤다가 금세 의기소침해졌습니다.

"그렇지. 그런데 더 안타까운 것은 회피하는 패턴에 익숙해지면, 어느새 내가 원하는 삶으로부터 멀어지게 되는 것이지."

"네? 삶이라고요? 용을 피하는 것이 제 삶에 영향을 미친다고요?"

미뇽은 두려움 혹은 공포증에 대한 이야기를 하다가 갑자기 삶이라는 단어가 나와서 의아했습니다.

"그렇지. 기억해 보렴. 그동안 용을 피하느라 삶에서 잃어버린 게 뭔지."

엘리의 말을 듣고 미뇽은 잠시 멍한 상태에 빠졌습니다. 용을 피하느라 삶에서 잃어버린 것이 있다니, 정말이지 전혀 생각해 보지 못한 것이었습니다.

어느새 밤이 깊어 미뇽은 잠자리에 누웠습니다. 엘리와의 대화 이후로 계속 삶에서 잃어버린 것이 무엇인가에 대한 의문이 머릿속에서 떠나지 않았습니다.

'내가 용을 피하느라 잃어버린 게 뭐지? 삶에서 잃어버린 것, 삶에서 잃어버린 것. 그게 뭐지? 앗!'

순간 미눙은 묶인 실타래가 풀린 것처럼 여러 가지 생각들이 줄줄이 떠올랐습니다.

'그래! 내가 그동안 용을 피하는 데에만 온 마음이 꽂혀 있었어. 용이 무서워서 친구들도 만나지 않았어. 용이 무서워서 집 밖에도 잘 나가지 않았지. 용을 피하느라 너무 많은 걸 포기했었어. 맑고 파란 하늘, 신선한 공기, 향긋한 꽃향기, 말 타기, 친구들과 즐거운 시간…. 그리고 백성을 행복하게 해 주고 싶었던 소중한 꿈마저도….'

미눙은 갑자기 흐르는 눈물을 주체할 수 없었습니다. 베개에 얼굴을 파묻고 한참 동안 엉엉 울고 말았습니다. 그렇게 울다가 스르르 깊은 잠에 빠졌습니다.

그래, 나 상처 받았어

마인드 매뉴얼

회피의 악순환

엄마: 너 오늘 정말 학교 안 갈 거니?

아들: 가기 싫어요. 오늘은 정말 가기 싫어요.

엄마: 왜 그러니? 도대체 뭐가 불만이니?

아들: 한두 가지가 아니에요. 반 애들이 다 엉망이에요. 정신이 제대로 된 애들이 하나도 없어요. 그리고 교실도 너무 시끄럽다고요. 선생님들도 다 마음에 안 들어요. 게다가 수업은 하나도 재미없어요.

엄마: 그래…. 네 말이 다 맞는 것 같구나.

아들: 그렇지요? 그러니 저 학교 안 갈래요.

엄마: 네 마음이 이해가 가긴 한다. 하지만 네가 선생인데 학교에 안 가면 어떡하니?

싫은 것을 회피하는 행동만큼 인간에게 자연스러운 반응도 드물 것이다. 싫어하는 반찬은 먹지 않으려 하고, 지루한 공부는 하지 않으려 하고, 불편한 사람은 피하려 하고, 어려운 일이나 과제는 끝까지 미루는 등, 회피는 우리에게 너무 익숙해서 마치 내 성격의 일부분처럼 느껴지기도 한다. 물론 피할 수 있는 것은 피하는 것도 현명한 방법이며, 싫은 것을 매번 억지로 대할 필요는 없다. 징그러운 뱀을 집에서 키울 필요도 없고, 무서운 공포영화를 억지로 볼 의무도 없으며, 중학교 때 나를 끔찍하게 괴롭혔던 일진 동창을 일부러 다시 만날 필요도 없다.

하지만 때로는 피할 수 없는 대상도 있다. 학생이라면 시험을 피할 수 없고, 다이어트 중이라면 힘 빠지는 허기와 배고픔을 피할 수 없으며, 중요한 프레젠테이션을 앞두고 심장이 두근거리는 긴장을 피할 수도 없으며, 어렸을 때 경험한 학대나 폭력과 관련된 기억도 쉽게 잊어버릴 수 없다.

당신이 매번 회피하는 것은 무엇인가? 앞서 말한 것처럼 피할 수 있는 것이라면 피할 수도 있다. 하지만 단기적으로는 가능할지 몰라도 장기적으로는 회피할 수 없는 것도 있다. 특히, 당신의 마음속에서 일어나는 감정, 기억, 생각 혹은 신체감각 등의 내적 경험은 외부사건과 다르게 피하려고 해도 피할 수가 없다. 그리고 그것을 회피함으로써 당신의 삶에 중대한 손실을 겪게 될 수도 있다.

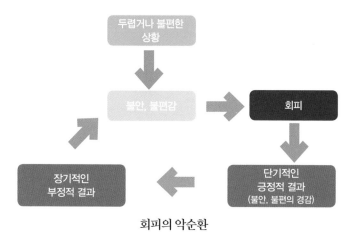

회피의 악순환

출처: hofmann & Otto (2008) 인용 및 수정

  그림처럼 두렵거나 불편한 상황을 대하게 되면 자연스럽게
불안이나 불편감이 발생하게 된다. 그리고 이를 회피하게 되
면 당장 불편한 감정들이 사라지게 된다. 그러나 이러한 회피
행동은 장기적으로는 부정적인 결과를 가져오게 되고, 오히
려 불안과 불편감이 더 증폭되는 결과를 가져온다. 예를 들
면, 당신이 여러 사람들 앞에서 발표를 하거나 자신의 생각을
표현하는 상황을 불편해하는 사회불안이 있다고 하자. 그래
서 학교에서 팀별로 과제 프로젝트를 하는 상황에서 당신은
발표자 역할은 절대로 하지 않고 자료 준비 같은 다른 일들

만 도맡아 하였다. 그런 상황마다 당신이 불편해하는 발표를 하지 않아도 되니 안심하게 된다. 하지만 장기적으로는 발표나 사람들 앞에 서는 것에 대한 불편함이 더 커지고, 사람들 앞에서 하는 수행에 대한 자신감은 더 줄어들게 된다. 뿐만 아니라, 불안한 상황을 회피하느라 입게 되는 손실도 만만치 않다. 대학에서는 발표나 토론이 많은 과목들을 수강하지 못하고 피하게 되고, 진로를 선택할 때에도 그러한 역할이 중요한 일이나 직장은 선택하지 못하고 보다 소극적으로만 선택할 수밖에 없다. 따라서 이에 대한 후회나 아쉬움이 늘 마음속에 남아있다.

마찬가지로 이성, 특히 자신에게 매력적으로 느껴지는 이성을 대할 때 긴장을 많이 하는 사람이라면 이성을 만날 기회를 가지지 않으려 할 수 있다. 이렇게 이성을 만나지 않으면 당장은 안심이 되겠지만, 장기적으로는 이성을 대하는 방법도 잘 모르게 되고 오히려 더 어색해질 수 있다. 그리고 마음에 드는 이성이 있어도 말 한번 걸어 보지 못하고 아쉬움만 남게 될 것이며, 결국 연애나 결혼에 어려움을 겪게 될 수 있다.

이처럼 회피는 단기적으로 안심을 주지만, 장기적으로는 불안이나 불편을 더 크게 만들고 회피하는 대상이 더 늘어나게 할 수 있다. 이 때문에 우리를 위험으로부터 지켜 주는 역할을 하는 불안이라는 애완견은 회피라는 달콤한 먹이를 먹고 결국 거대한 괴물이 되어 버릴 수 있다. 회피의 가장 쓰라린 결과는 결국 내가 진정으로 원하는 삶에서 멀어지게 만든다는 것이다. 발표를 두려워하여 회피한 사람은 자신이 원하는 학업이나 직업의 기회를 놓칠 수 있으며, 이성을 만날 때의 긴장을 회피한 사람은 행복한 가정을 이루고 싶은 꿈을 이루지 못할 수 있으며, 부부간의 갈등이 두려워 솔직한 감정이나 욕구를 표현하지 못하는 사람은 늘 불만족스럽거나 친밀하지 못한 관계를 지속할 수 있는 것이다. 당신은 무엇이 두려운가? 당신은 어떤 상황이 불편감을 주는가? 혹시 그것을 회피하느라 자신이 진정으로 원하는 삶에서 점점 멀어지고 있는 것은 아닌가?

우리가 무언가 하는 이유를 '동기motivation'라고 한다. 지금 간단하게 당신의 동기를 한번 살펴보고자 한다. 다음 질문에 답해 보라.

● 나는 왜 공부(혹은 일)를 하고 있는가? 대답을 떠올려 보라. _____

_____

● 만약 연애를 하고 있는 중이라면, 나는 왜 그 사람과 만나고 있는가? 마찬가지로 대답을 떠올려 보라.

_____

_____

이 질문들에 솔직하게 답하였는가? 우리가 무언가를 하게 되는 이유인 동기는 크게 '접근approach' 동기와 '회피 avoidance' 동기로 나눌 수 있다. 접근 동기는 내가 원하는 혹은 소중하게 여기는 긍정적인 것을 얻고 그것에 접근하기 위한 동기를 말한다. 반면, 회피 동기는 내가 원하지 않는 혹은 싫어하는 부정적인 것을 피하기 위한 동기를 말한다. 만약 첫 번째 질문에 '내가 이루고 싶은 꿈을 위해서' 혹은 '돈을 벌어서 ○○을 하고 싶어서' 등과 같이 답했다면 접근 동기에 속한다. 그러나 '공부 안 하면 사회에서 낙오자가 되니까' '일하지 않으면 노후가 불안정하니까' 혹은 '어쩔 수 없어서' 등과 같이 답했다면 회피 동기가 될 것이다. 두 번째 질문에도 만약 '상대를 사랑하니까' '행복한 가정을 가꾸고 싶어서' 등과 같이 답한다면 접근 동기, '외롭고 허전한 게 싫어서' '오래 만나서 헤어지기 어려우니까' '다른 사람 만나는 것은 힘들고 번거로우니까' 등과 같이 답한다면 회피 동기에 가까울 것이다.

접근 동기로 결정을 하게 되는 사람은 그것을 이루었을 때 만족스럽고 행복과 보람을 느끼게 되며, 아울러 그 성취로 힘이 생겨 더 많은 성취를 이룰 가능성이 높아진다. 반면 회피 동기로 결정을 하고 그것이 이루어진 사람은 성취를 했으나 크게 기쁨이나 만족은 느낄 수 없고 단지 잠시 동안 안심을 하는 정도이다. 그리고 늘 나쁜 결과를 회피하는 데 초점이 맞추어져 있으므로 마음속에 불안이 항상 내재되어 있다. 저자가 상담을 위해 만났던 한 명문대생이 기억난다. 그녀에게 어떻게 대학교와 학과를 선택했는지 물어보았다. 그녀는 고등학교 때 성적이 우수해서 갈 수 있는 학교와 학과의 폭이 넓었다. 그러나 그녀의 결정은 모 학교 모 학과는 취업이 잘 안 될 것 같아서 가지 않았고, 다른 곳은 사람들에게 잘 알려진 곳이 아니어서, 다른 곳은 부모님이 좋아하지 않아서, 또 다른 곳은 공부가 어려울 것 같아서 가지 않았고, 결국 남은 곳을 선택했다고 한다. 물론 남들이 부러워하는 명문대 명문학과였으나, 정작 본인은 큰 만족이나 성취감을 경험하지 못하고 단지 졸업을 목표로 다녔다고 한다. 당신은 접근 동기로 결정하는가? 아니면 회피 동기로 결정하는가?

요정을 관찰하라

"미뇽, 일어나."

어느새 아침이었습니다. 눈을 뜨자 윌링네스의 얼굴이 보였습니다.

"일어나, 잠꾸러기야. 이 산을 통틀어서 가장 잠이 많은 건 바로 너야. 나무늘보도 너보단 덜 자겠다. 크크크."

익살스러운 표정의 윌링네스가 손가락 끝으로 미뇽의 얼굴에 물을 뿌려 댔습니다.

"알았어, 알았어. 일어날게."

미뇽은 윌링네스의 장난에 손바닥으로 얼굴을 막으며 몸을 일으켰습니다. 웬일인지 마음이 조금 가벼워진 것도 같습니다. 정확히 기억은 나지 않지만 많은 꿈을 꾼 것 같았습니다. 꿈에서 부모님을 뵌 것 같기

그래, 나 상처 받았어

도 하였습니다. 요정의 날갯짓이 더 가볍고 힘 있게 느껴지는 것이 상쾌하고 맑은 숲속 공기 때문만은 아닌 것 같습니다. 무언가 조금씩 미뇽과 요정 모두에게 새로운 변화가 일어나는 것 같았습니다. 미뇽은 윌링네스를 도와 아침 식사 준비를 했습니다. 마당에 있는 암탉에게서 달걀을 얻어오고, 윌링네스를 따라 난생 처음 얼룩소의 젖도 짜냈습니다. 둘은 함께 수프도 끓이고 빵도 준비했습니다. 식사 준비가 끝날 무렵 엘리가 산에서 내려오는 모습이 보였습니다. 아마도 새벽에 나갔다가 돌아오는 것 같았습니다.

"미뇽, 잘 잤니?"

엘리가 미뇽을 보며 인사를 건넸습니다.

"네, 잘 잤어요. 이렇게 깊고 편안하게 자 본 것은 정말 오랜만인 것 같아요."

미뇽이 미소로 답했습니다.

"그렇다면 다행이구나. 단잠은 마음의 보약과도 같지. 어이쿠, 우리 부지런한 윌링네스는 오늘도 진수성찬을 준비했네. 고맙구나."

엘리가 윌링네스에게 시선을 옮기며 눈웃음을 보였습니다.

"이 정도야 뭐, 식은 죽 먹기지요. 잠꾸러기 미뇽이 아주 조금 도와줘서 조금 수월했어요."

의기양양한 윌링네스가 미뇽에게 핀잔을 주듯이 말했습니다.

"내가 윌링네스 덕분에 잘 먹어서 아랫배가 더 나오는 깃 같아. 허허허."

미뇽은 왕궁의 화려한 요리는 아니지만 함께 하는 소박한 식탁에서 마음의 풍요로움을 느낄 수 있었습니다. 식사가 끝나자 엘리가 미뇽에게 말했습니다.

"미뇽, 너에게 오늘 할 일을 알려 주마."

미뇽은 기대 반, 걱정 반으로 엘리를 쳐다보았습니다.

"오늘은 하루 종일 너의 요정과 마주 앉아서 요정이 너에게 어떤 것을 보여 주고 알려 주는지 잘 관찰해 보도록 하여라."

"요정이 보여 주고 알려 주는 것을 잘 관찰하라고요? 어떤 특별한 방법이나 기술이 있는 건가요?"

미뇽이 물었습니다.

"아니, 그런 건 따로 없어. 그냥 바라보고 관찰하면 돼. 하지만 한 가지만 기억하길 바란다."

"그게 뭐지요?"

미뇽은 눈을 동그랗게 뜨고 엘리를 쳐다보았습니다.

"요정이 보여 주는 것들에 너무 푹 빠지지 말고, 그것들을 약간 거리를 두고 바라보는 것이지."

"네? 그게 무슨 말이지요?"

"일단 해 보면 알게 될 거야. 허허허."

미뇽은 좀 답답하기도 하고 조금은 실망스럽기도 했습니다. 오늘부터 엘리가 뭔가 대단한 비법을 알려 줄 것 같았기 때문입니다. 미뇽은 큰 아름드리나무 아래 있는 바위 위에 걸터앉아 자리를 잡았습니다. 그

 그래, 나 상처 받았어

러고는 요정을 눈앞 맞은편에 앉혔습니다.

　'요정이 보여 주는 것을 관찰하란 말이지. 그것에 빠지지 말고. 뭐, 쉽네. 가만히 앉아있으면 되는데 뭐…. 땀 흘리는 일도 아니고.'

　파란 하늘에 뭉게구름이 두둥실 떠가고 산들바람은 시원하게 불었습니다.

"날씨가 참 좋네. 왕궁 사람들은 모두 잘 있을까?"

요정이 말을 꺼냈습니다. 미뇽은 요정이 하는 말을 들었습니다. 그러다가 어느새 요정이 보여 주는 상상 속에 푹 빠져들고 말았습니다. 왕궁에 있는 사람들의 얼굴이 하나씩 떠올랐습니다. 요정이 키 작은 광대 아저씨의 우스꽝스러운 공놀이와 재주를 보여 주자, 미뇽은 자신도 모르게 혼자 낄낄 대며 웃고 말았습니다.

'앗, 나도 모르게 요정이 보여 주는 것에 푹 빠져 버리고 말았네.'

어느새 요정은 미뇽의 머리 위에 앉아 있었습니다. 왕궁에 대한 추억과 상상에 빠져있는 사이 시간도 꽤 지난 것 같았습니다.

'그래, 이게 마냥 쉬운 일은 아니구나.'

다시 미뇽은 요정을 앞에 앉혔습니다.

"나는 너를 관찰해야 하는 거야. 네가 던지는 생각에 푹 빠져 버리는 게 아니라."

미뇽은 괜스레 요정에게 힘을 주어 말했습니다. 잠시 동안 앉아 있다가 저 멀리 하늘에 떠 있는 커다란 구름이 눈에 들어왔습니다. 구름은 크고 긴 날개를 가진 듯한 모양이어서 용이 자동적으로 떠올랐습니다. 그러자 요정은 용의 모습을 구름에 겹쳐서 보여 주었습니다. 아니나 다를까 요정은 '용이다!' 하는 소리를 내었습니다. 어느새 미뇽은 요정이 보여 주는 용에 대한 기억들과 상상들 속에 푹 빠져 버렸습니다. 두렵기도 하고 심장이 쿵쾅거리며 빨리 뛰는 것을 느낄 수 있었습니다. 하지만 미뇽은 자신이 요정이 만들어 준 생각에 빠져 있다는 것을 다시

 그래, 나 상처 받았어

알아차렸습니다. 미뇽은 자신의 이런 모습에 실망감마저 들었습니다.

"또 용 생각을 떨쳐 버리지 못하고 바보처럼 겁내고 있는 거야?"

미뇽은 이런 자신이 못나고 바보처럼 느껴졌습니다. 그리고 기분이 우울해지는 것을 느낄 수 있었습니다. 그러자 요정은 계속해서 부정적이고 자기비난적인 생각을 주었습니다. 어느새 미뇽은 자신이 무엇을 연습하고 있었는지조차 잊어버리고 요정이 주는 생각에 푹 빠져 버렸습니다.

"미뇽, 연습은 잘되니?"

순간 미뇽은 깜짝 놀랐습니다. 미뇽 앞에 윌링네스가 도시락 바구니를 들고 서 있었습니다. 윌링네스가 오는 것도 모르고 생각에 빠져 있었던 것입니다. 그리고 금세 자신의 요정이 보여 준 것들을 윌링네스가 보았을까 봐 부끄러웠습니다.

"걱정 마, 미뇽. 그 훈련이 쉽지 않다는 걸 나도 알고 있어."

"으응? 윌링네스, 너도 이 훈련을 했니?"

"당연하지. 나는 엘리님의 수제자잖아."

윌링네스는 어깨를 으쓱하고 올렸습니다.

"사람들은 마음이 주는 생각, 이미지, 감정, 신체감각 등에 푹 빠지기 쉽대. 마치 물속에 있는 물고기처럼 생각 속에 빠져서 살고 있다는 거지. 그래서 생각이 나인지, 내가 생각인지 구분이 되지 않은 경우가 많다고 하지. 그걸 바로 '융합fusion'이라고 하는 거야."

미뇽은 윌링네스가 갑자기 대단하게 느껴졌습니다. 윌링네스는 계속 말을 이었습니다.

"마치 빨간색 렌즈로 된 안경을 끼고 있으면 세상이 빨갛게 보이는 것처럼 말이지."

"그럼, 그 빨간색 안경을 벗어 버리면 되지 않아?"

미농이 물었습니다.

"그래서 아직 네가 초보인 거야. 사람은 눈이 나빠서 그리고 아주 어릴 때부터 쓰고 있어서, 그 안경 없이는 세상을 볼 수가 없는 거야. 그래서 빨간 안경이 싫어도 쓸 수밖에 없지."

"그럼 어떻게 해야 해?"

"그건 말이지. 안경을 이렇게 잠시 벗어서 눈앞에 두고 '내가 빨간 안경을 쓰고 있구나.' 하고 알아차리면 되는 거지."

윌링네스는 마치 자신이 안경을 쓰고 있다가 벗은 것처럼 손으로 시늉을 했습니다.

"알아차리라고?"

"그래, 알아차리는 것이야. 내가 어떤 생각이 드는지, 어떤 감정이 드는지를 자꾸 관찰하면 어느새 그것들로부터 약간 거리를 둘 수 있는 여유가 생기지. 그럼 그 생각, 느낌에 푹 빠지지 않을 수도 있게 돼. 그걸 바로 '탈융합defusion'이라고 하지."

"우와 그게 가능하단 말이야? 너는 되니?"

"당연하지. 이 윌링네스 누나는 말이야. 여기 온 지 벌써 2년도 넘었어. 게다가 대마법사 엘리 님의 수제자잖아."

그래, 나 상처 받았어

월링네스는 어느새 턱을 위로 치켜들고 이야기하고 있었습니다. 미농은 그 모습이 귀엽게 느껴져 미소를 지었습니다.

'요정이 주는 생각, 느낌 등을 관찰한다⋯, 알아차린다⋯, 바라본다⋯, 거리를 두고⋯.'

미농은 알 듯 말 듯했습니다. 월링네스를 보낸 후 저녁이 될 때까지 한참 동안 나무 아래에 앉아 있었습니다.

마인드 매뉴얼

내 마음 관찰하기

지금부터 미뇽이 하는 것처럼 자신의 마음을 관찰하는 연습을 해 보려고 한다. 여러 가지 내적 경험이 일어나는 장소라고 할 수 있는 마음에서는 다음과 같은 것들이 수시로 나타나고 사라진다.

● **마음의 내용**

1. 생각: 혼잣말 같은 언어적 형태

2. 이미지: 장면이나 영상과 같은 시각적 형태

3. 느낌 혹은 감정

4. 욕구 혹은 충동

5. 신체감각 등

그래, 나 상처 받았어

이러한 내적 경험들은 우리가 인식하지 못하고 있어도 지속적으로 일어나고 유지되고 또 사라진다. 심리학에서는 이러한 마음의 내용들을 바라볼 수 있는 나를 '관찰하는 나 observing self'라고 하며, 이는 훈련을 통해 길러질 수 있다고 한다. 이러한 관찰하는 나는 다른 말로는 '지혜로운 마음 wise mind' '큰 마음big mind' '상위인지meta-cognition' '맥락적 자기contextual self' 등으로 불리기도 한다. 아울러 종교적인 관점에서는 모든 내적 경험을 겪는 주체이며 영속적인 존재인 '영혼soul'으로 볼 수도 있다.

먼저 혼자 조용히 앉을 수 있는 장소를 찾아라. 물론 숙달이 되면 지하철을 타고 가면서도 '내 마음 관찰하기' 연습을 할 수 있지만, 처음 시작은 조용하고 방해받지 않는 장소가 좋다. 눈을 감고 허리를 편 다음, 편안하게 앉아서 먼저 심호흡을 5번 정도 하라. 깊게 들이마시고 가능한 한 길게 내뿜으면서 몸과 마음을 이완하라. 다음으로는 자신의 호흡에 주의를 집중하라. 공기가 코로 들어와서 기도를 통해 폐로 들어간 다음, 데워진 공기가 다시 코나 입으로 나가는 과정에 집중하고 마음을 두라.

이렇게 호흡에 집중하고 있다 보면 마음은 금세 다른 것들을 보여 주기 시작할 것이다. 갑자기 해야 할 일이 떠오를 수도 있고, 근래에 보았던 재미있는 드라마의 한 장면이 떠오를 수도 있으며, '내가 지금 뭐하고 있나?' '와, 진짜 집중이 잘 안 되네'와 같은 다양한 생각들이 떠오를 것이다. 뿐만 아니라, 호흡에 집중이 잘 안 되는 것에 대한 짜증이 일어날 수도 있고, 갑자기 속상한 일이 떠오르면서 약간의 슬픔이 올라올 수도 있다. 또한 약간의 허기나 배고픔이 느껴지면서 프라이드 치킨이 먹고 싶어질 수도 있고, 목이 마르고 시원한 물 한 잔이 생각날 수도 있다. 아니면 목이 뻐근하거나, 발가락이 가렵다거나 옷이 꽉 끼는 등의 신체감각이 느껴질 수도 있다. 이러한 여러 가지 마음의 내용들이 떠오를 때, '~라는 생각이 드는구나.' '~라는 감정(느낌)이 드는구나.' 혹은 '~한 (신체)감각이 느껴지는구나.'와 같은 식으로 그 경험들에 이름을 붙이고 잠시 살피고 관찰하라. 그런 다음 다시 호흡으로 돌아오라. 또 호흡에 어느 정도 집중이 유지되다가 생각, 느낌, 감정, 욕구, 감각 등이 일어나면 알아차리고 관찰하고 이름을 붙여라. 그리고 다시 호흡으로 돌아오라. 이러한 과정들을 반복적으로 연습하라. 주의가 호흡에서 금방 마음의 내용으로 옮겨가는 것은 매우 자연스러운 일이니, 이를 답답해하거나 자책하지 말고 편안하게 관찰하고 호흡으로 돌아오라. 이 과정을 연습하다 보면 아마도 깜짝 놀라게 될 것이다. '와, 이 짧은 시간에 정말 많은 생각과 이미지, 감정, 욕구, 감각들이 떠오르고 사라지는구나!'

그래, 나 상처 받았어

여기서 한 가지 더 연습할 부분이 있다. 그것은 바로 당신의 마음이 제시하는 내용물에 푹 빠지는 것을 알아차리고 가볍게 빠져나오는 것이다. 눈을 감고 있다 보면 마음이 보여주는 생각이나 이미지 등에 푹 빠지기 쉽다. 그래서 내가 무엇을 연습하고 있었는지를 잊을 정도로 마음의 내용물에 빠지게 된다. 이를 '인지적 융합cognitive fusion'이라고 한다. 이는 당신이 영화 스크린 속 영상에 푹 빠지는 것과 유사하다. 당신은 공포 영화나 잔인한 영화를 좋아하는가? 어떤 이는 좋아하지만, 어떤 이는 절대 보지 않을 것이다. 절대로 보지 않는 이들 대부분은 그 내용에 너무 몰입되기 때문이다. 영화 속의 귀신이나 괴물이 너무 실감나게 느껴지고, 잔인한 내용에서는 마치 내 몸이 상해를 입는 것처럼 혐오감이나 불쾌한 감각이 느껴지기도 한다. 이는 말 그대로 영화 스크린 속에 들어가서 그 내용과 융합이 되는 것이다. 반면, 어떤 이들은 아주 무섭고 잔인한 영화를 보면서 스릴을 느끼면서 동시에 치킨이나 족발을 먹으며 즐기기도 한다. 어떻게 이런 일이 가능할까? 그 이유는 영화 스크린에 푹 빠져 들어가지는 않고 어느 정도 거리를 두는 것이 가능하기 때문이다. 영화 속의 피나 신체가 물감이나 고무로 제작된 도구라는 것을 어느 정도 인지를 하고 있거나, 아니면 현실이 아니라는 것을 알아차리고 있기 때문에 지나치게 몰입하지 않는 것이다. 이렇게 지나치게 몰입하지 않고 거리를 두는 것을 '탈융합'이라고 한다. 말 그대로 융합에서 빠져나오는 것을 말한다.

　우리는 마음의 내용에 융합이 될 때, 깊은 사고를 할 수 있고 책을 읽거나 영화를 보면서 깊은 감동을 경험할 수도 있다. 그러나 공포 영화의 예처럼 자신의 생각, 이미지, 감정, 감각 등에 지나치게 융합이 되면, 그로 인한 정서적 고통 또한 지나치게 커지는 결과가 일어날 수 있다. 그러므로 자신의 마음의 내용물로부터 거리를 두고 관찰할 수 있는 탈융합의 능력도 필요하다. 특히나 숨 가쁘게 살며 여유를 갖기 어려운 현대인은 수많은 생각과 감정, 감각의 홍수 속에서 빠져 허우적거리기 쉽다. 그러므로 잠시나마 여유를 가지고 융합에서 빠져나오는 훈련이 마음에 빠지면서 오는 고통에 대한 해독제로 작용할 수 있다. 앞서 연습한 내 마음 관찰하기 훈련은 마음의 내용물에서 거리를 두고 관찰하는 가장 기본적이고도 유용한 연습이 될 수 있다.

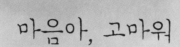

마음아, 고마워

미뇽은 그렇게 며칠 동안 요정이 보여 주는 것들을 거리를 두고 관찰하는 연습을 했습니다. 아직도 수시로 요정이 보여 주고 들려주는 것에 푹 빠지곤 하지만, 이제는 관찰하는 방법을 어느 정도 익히게 된 것 같았습니다. 그러던 어느 날 미뇽이 나무 그늘에 앉아서 마음을 관찰하는 연습을 하고 있을 때, 엘리가 찾아왔습니다.

"미뇽, 열심히 하고 있구나. 잘되고 있니?"

"아직 잘되진 않지만 이제 조금 알 것 같아요."

미뇽이 머리를 긁적이며 대답했습니다.

"그래, 너무 무리하지 말고 쉬어 가면서 하도록 하여라. 여기 마실 걸 좀 가져왔단다. 산에 있는 야생포도를 따서 만든 주스란다. 약간 시지만 향이 좋고 마실 만할 게야."

엘리가 병에 든 주스를 건넸습니다. 미뇽은 병을 받아서 주스 한 모금을 입에 머금었습니다. 약간 시지만 달콤하고 향긋한 포도향이 입안과 코를 통해 온몸으로 퍼져 나가는 것 같았습니다. 주스가 꿀꺽하고 목구멍을 넘어갈 때는 시원함이 목을 통해 뱃속으로 그리고 온몸으로까지 전해지는 것 같았습니다.

"때로는 좋은 음식을 천천히 음미하면서 먹는 것도 몸과 마음을 관찰하고 생각이 아닌, 지금 현재의 순간으로 돌아오는 데에 도움이 된단다."

"네, 그렇군요."

미뇽은 아직 잘 이해가 되진 않지만 고개를 끄덕였습니다. 미뇽은 엘리와 있는 시간이 좋았습니다. 뭔가 늘 이해받고 자신을 있는 그대로 존중해 주는 느낌을 받는 것 같았습니다. 해는 조금씩 기울어 황혼이 깃드는 때였습니다. 멀리서 저녁노을이 점차 하늘을 붉게 물들이고 있었습니다.

"미뇽, 이제 너의 마음과 많이 친해졌니?"

한참을 말없이 앉아 있던 엘리가 미뇽에게 물었습니다.

"네? 마음과 친해졌냐고요?"

요정과 거리를 두고 관찰하기에 집중하던 미뇽은 조금 당황스러웠습니다.

"글쎄요. 그냥 좀 거리를 두고 관찰하는 데에 집중했지요. 친해져야

                                          그래, 나 상처 받았어

겠다고 생각한 적은 없는 것 같아요. 뭐, 싸운 적도 있지만⋯. 그냥 그렇죠, 뭐."

미농은 멋쩍은 미소를 지어 보였습니다.

"너의 수호요정, 네 마음은 네가 태어나는 날부터 너를 보호하고 도와주려고 늘 애써 왔단다. 한 번도 너를 떠나거나 싫어한 적이 없지."

미농은 멀리 지는 해를 바라보며 엘리의 말을 들었습니다.

"널 정말로 잘 도와주려고 애쓰다가 너무 놀라 버려서 그렇게 두려움에 빠진 거야. 그래서 너도 그렇게 괴로움을 겪게 되는 거고⋯."

미농은 잠자코 엘리의 말을 들었습니다.

"미농, 네 마음에게 고맙다고 말해 본 적 있니?"

엘리가 고개를 돌리고는 미농의 눈을 보며 말했습니다.

"아⋯. 아니요. 한 번도 그래 본 적 없는 걸요⋯."

그러고 보니 미농은 마음을 다스리고 잘 사용하려고만 했지 한 번도 고마움을 느낀 적은 없었던 같았습니다.

"마음은 늘 너와 함께 있었던 네 오랜 친구란다. 내가 하는 말을 한번 따라 해 보겠니?"

"네? 네."

미농은 갑자기 말을 따라 하라는 엘리의 말에 조금 당황했습니다.

"따라 해 보렴. 마음아, 고마워."

"마⋯ 마음아, 고마워."

미농이 따라 했습니다.

"마음아, 고마워."

"마음아, 고마워."

왠지 어색했습니다.

"그렇게 무뚝뚝하게 하지 말고 그동안 애쓰고 지켜 준 마음에게 다시 한번 좀 더 따뜻하게… 마음아, 고마워."

"네…. 마음아, 고마워."

미눙은 왠지 눈물이 핑하고 돌았습니다. 아주 가까운 오랜 친구에게 한 번도 표현하지 못하다가 어렵게 말을 꺼낸 것 같았습니다. 다투었던 친구에게 화해를 청하는 것 같았습니다. 그동안 알아주지 않고 너무 쉽게 대한 것에 미안함으로…. 한편으로는 뭔가 위로받고 누군가가 알아주는 것 같은 고마움으로…. 그렇게 마음속에 따뜻함이 느껴졌습니다.

이른 새벽 멀리서 한 줄기의 희미한 빛이 땅에 내려앉는 것처럼, 마음 깊은 곳에서 평온함이 조금씩 느껴지는 것 같았습니다.

"미눙, 바람과 해님의 내기를 알고 있니?"

엘리가 다시 말을 꺼냈습니다.

"네? 아…. 그 바람과 해님이 나그네의 외투를 벗기는 이야기요?"

"그래. 아는구나. 바람과 해님이 길을 가는 나그네를 보면서 내기를 하지. 누가 저 나그네의 두꺼운 외투를 벗길 수 있는지. 먼저 바람이 으스대며 말하지. 내가 강하고 거센 바람으로 나그네의 외투를 확 날려 버리겠다고. 그러고는 나그네를 향해 거세고 차가운 바람을 불어 댔지. 그러자 나그네가 어떻게 했지?"

 그래, 나 상처 받았어

"나그네는 자신의 외투를 더 꼭 잡고 바람을 막았죠."

"맞아. 잘 기억하고 있구나. 그런 다음에 해님이 나섰지. 자기가 해 보겠다고. 해님이 나타나서 나그네를 따뜻하게 비추자 어떻게 됐지?"

"나그네가 따뜻해져서 꼭 붙들고 있던 외투를 놓고, 더 더워지자 외투를 아예 벗었지요. 외투뿐만 아니라 다른 겉옷도 벗어서 들고 가게 되었지요."

미농은 잘 아는 이야기이기에 신나서 대답했습니다.

"그래. 아주 잘 말했구나. 마음도 그렇단다. 두려움, 불안, 걱정, 우울과 같은 외투를 꼭 붙들고 있는 이유가 있지. 그 이유를 몰라주고 외투만 자꾸 떼어 내려고 하면 마음은 두려움으로 그 외투를 더 꼭 붙들게 되지."

"음…."

미농은 이전에 닥터 논박에게 배웠던 것들이 생각났습니다. 논리라는 강한 바람으로 합리성을 따지고 틀린 생각들을 고쳐 주려고 마음과 거칠게 싸웠던 기억이 났습니다.

"하지만 따뜻한 해님처럼, 마음이 그렇게 될 수밖에 없었던 나름의 이유를 이해해주고 따뜻하게 공감해 주면 마음은 그 두려움의 외투를 조금씩 벗을 수 있게 되지. 그것이 바로 공감의 힘이란다."

엘리는 인자한 미소로 미농을 지긋이 쳐다보았습니다.

'그래서 엘리가 나를 혼내지 않으셨구나. 나를 이해해 주고 오히려 다독여 주셨어.'

미뇽은 엘리가 해님 같다는 생각이 들었습니다.

"그렇군요. 그래서 아무리 논리적으로 따지고 반론을 내놓아도 마음이 변하지 않고 오히려 더 고집을 피우게 되고, 결국 마음과 싸우게 되었군요."

미뇽이 손바닥으로 무릎을 치며 말했습니다.

"그렇지. 이제 알았구나."

"저도 나름대로 겪어 봤거든요. 너무 심하게 마음과 싸우고 나서 힘

그래, 나 상처 받았어

들어서 결국 나쁜 결정을 했었죠…."

미뇽은 순간 요정이 절벽에서 떨어지던 기억을 보여 주어 자기도 모르게 몸을 움츠렸습니다.

"그래, 맞아. 특히나 힘든 일들을 겪고 난 후 오랜 기간 동안 가지게 된 생각은 좀처럼 바뀌지 않는단다. 마치 두꺼운 외투처럼 더 꼭 붙들게 되지."

어느새 해가 기울고 차가운 저녁 공기가 조금씩 느껴지기 시작했습니다. 엘리는 입고 있던 겉옷을 미뇽의 어깨에 걸쳐 주었습니다.

"미뇽, 이제 일어나야겠구나. 감기 걸릴지도 몰라."

"네, 엘리 님."

둘은 천천히 집을 향해 걸었습니다. 뉘엿뉘엿 지는 해에 둘의 긴 그림자가 나란히 따라오고 있었습니다.

"상처를 입은 마음은 마치 우는 아이와도 같단다. 어린아이가 밤에 화장실에 갔다가 거울에 비친 자신의 모습에 깜짝 놀라고 말았지. 그래서 화장실에 무서운 괴물이 있다며 엉엉 울기 시작하는 거야. 그러고는 절대로 화장실을 가지 않겠다고 하는 거였어. 이럴 때 어떻게 해 줘야 할까?"

"아이에게 올바로 가르쳐야죠. 화장실에 괴물 따윈 없다고, 그리고 거울에 비친 네 모습이라고 당장 바로 가르쳐 줘야죠."

"좋은 방법이구나. 그런데 아이는 계속 엉엉 울 텐데, 그래서 그 말이 귀에 들리지 않을 수 있을 텐데…."

"흠… 그러면 어떻게 해야 하죠? 아이를 감싸 주고 화장실을 데려가지 말아야 하나요? 그냥 병에 소변을 보게 해야 하나요?"

"그럴 수도 있겠지. 그런데 그러면 아이는 화장실을 계속 가지 않으려고 하고 화장실은 괴물이 사는 곳으로 계속 생각하게 되겠구나."

"그럴 수 있겠네요… 참 어렵네요."

미뇽은 답을 구하는 눈빛으로 엘리를 보았습니다.

"나 같으면 먼저 아이를 달래고 놀란 마음을 위로해 줄 것 같구나. '많이 놀랐지? 많이 무서웠지?' 그러면서 꼭 안아 주고 달래 주겠지. 그러다가 조금 진정이 되면 이렇게 말할 거야. '많이 놀랐지? 나도 예전에 밤에 화장실에 갔다가 거울에 비친 내 모습을 보고 깜짝 놀라 뒤로 자빠질 뻔한 적이 있었단다. 그런데 정신을 차리고 보니 괴물이 아니라 거울에 비친 나인 걸 알고 안심을 했단다. 나랑 다시 한번 가 보지 않을래?' 그리고는 조심조심 아이의 손을 꼭 잡고 화장실을 불로 비추어 보겠지. 그리고 나서 거울에 비친 모습을 확인시켜 주겠지. 그럼 어떻게 될까?"

"아이가 거울을 확인하고 좀 덜 무서워지겠지요."

"그래 맞아. 그리고 화장실을 계속 피하지도 않겠지?"

엘리가 오른팔로 미뇽의 어깨를 감쌌습니다.

"마음이 두려움으로 가득 찼을 때, 우리는 마음을 혼내거나 혹은 아예 무시해서는 안 돼. 마음이 왜 그러는지, 무엇 때문에 힘든지를 잘 들어 주고 이해하고 공감해야지. 또 그렇다고 마음이 시키는 대로 두려움

그래, 나 상처 받았어

에 빠져서 모든 것을 피하고 마음이 하는 말에 빠져 있어서도 안 되지. 마음이 그런 말을 할지라도 피하지 말고, 경험을 통해 마음의 말이 다 맞지는 않다는 것을 깨달아야 하지. 마치 아이에게 괴물이 없다는 것을 여러 번 설명하는 것보다 한 번 데려가서 경험하도록 하는 것이 더 나은 것처럼 말이지. 그런 일이 계속 반복되다 보면 마음이 주는 두려움의 목소리가 조금씩 줄어들게 된단다."

미눙은 잠자리에 누웠지만 잠이 오지 않았습니다. 그동안 마음을 너무 냉정하고 차갑게 대한 것 같아서 미안했습니다. 용에 대한 두려움이 생기고 나서는 정말 마음을 떼어내어 버리고 싶을 정도로 싫어했던 것 같았습니다. 미눙은 침대에 누운 채로 두 손을 가슴에 올렸습니다. 그리고 마음에게 천천히 말했습니다.

"마음아, 미안해. 그리고 고마워. 날 지키려고, 날 보호하려고 해 줘서 고마워. 마음아, 고마워…. 마음아, 고마워…."

미눙은 그렇게 잠이 들었습니다.

마인드 매뉴얼

내 마음에 고마워하기, '자기 공감'

마음이 제시하는 모든 내적 경험은 나름의 이유가 있다. 주어진 문제를 해결하기 위해서, 예상되는 위험을 피하기 위해서, 아니면 단순한 호기심을 해결하기 위해서 등 나름의 이유가 있는 것이다. 그런데 우리가 마음이 제공하는 생각, 이미지, 감정, 느낌, 욕구, 감각 등을 거부하고 억누르려 하거나 더 나아가 없애 버리려고 한다면, 엘리가 예를 든 놀란 아이나 외투를 움켜쥔 나그네처럼 무서워서 마음이 더 요동치거나 마음의 내용물들을 오히려 더욱 움켜쥐게 될 것이다. 우리가 겪는 많은 심리적 증상들은 그렇게 마음을 제대로 알아주지 못한 결과로 나타난다고 할 수 있다. 그러므로 우리는 마음을 어린아이와 같이 친절하게 대하는 법을 배워야 한다. 이렇게 마음을 따뜻하고 너그럽게 대하는 태도가 바로

그래, 나 상처 받았어

앞서 소개한 공감이다.

수많은 심리학, 상담, 대인관계, 리더십, 자녀양육 관련 서적들에서 타인의 마음을 공감하는 방법과 그 중요성에 대해서 소개하고 있지만, 정작 자신의 마음을 이해하고 공감하는 방법에 대해서는 소홀히 하고 있다는 생각이 든다. 우리는 남을 사랑하기 전에 먼저 자신을 사랑하는 법을 배워야 한다. 그러므로 자신의 마음을 이해하고 돌볼 줄 알아야 한다. 이렇게 자신의 마음을 스스로 공감하는 태도, 즉 '자기 공감self-empathy'의 지혜로운 방법 중에 하나가 마음이 일으키는 작용들에 대해 고마워하는 것이다.

우리는 의외로 자신의 마음에 대해 지나치게 엄격한 태도를 가지고 있는 경우가 많다. 특히 마음이 부정적인 내용을 제공할 때는 더욱 그러하다. 여기 매우 도덕적이고 성실한 김 군이 있다. 무더운 여름에 김 군이 지하철을 타고 가는데, 앞 좌석에 짧은 치마에 몸매가 드러나는 민소매 상의를 입은 예쁜 아가씨가 눈에 들어온다. 다리를 꼬고 앉아 있는 그녀에게 자꾸 시선이 간다. 김 군은 주의를 옮기려 스마트폰을 들여다보지만 자기도 모르게 힐끔힐끔 쳐다보게 된다. 죄책감이 든 김 군은 아예 눈을 감아 버렸다. 하지만 갑자기 야한 생각이 들고, 심지어 약간의 성적인 흥분마저 일어나는 것을 경험했다. '내가 왜 이러지? 미쳤다. 미쳤어. 남들이 알면 변태라고 손가락질할 거야.' 김 군은 앞에 앉은 여성에 대한 생각을 떨쳐 버리려 애쓰지만 오히려 더 시선이 가게 되는 자신을 한심스럽게 여기며 자책하고 있다.

50대 여성인 박 씨는 치매에 걸린 시어머니를 모시고 있다. 7년째 정성스럽게 모셔서 가족과 주변사람들로부터 효부로 칭송이 자자하다. 하지만 박 씨는 자신이 점점 지쳐 가는 것을 느낀다. 시어머니는 점점 더 말귀를 알아듣지 못하고, 아무데나 용변을 보며, 때로는 잠시 한눈을 판 사이에 집을 나가서 박 씨가 찾아 헤맨 적도 있다. 이제는 박 씨도 관절염으로 몸이 힘든 상태라 시어머니를 돌보는 것이 너무 버겁다. 하지만 누구에게도 이러한 속마음을 말할 수가 없다. 그러던 어느 날 박 씨는 시어머니가 그냥 밖에 나갔다가 차에 치여 돌아가셨으면 좋겠다는 생각이 문득 들었다. 그리고 그런 장면이 머릿속에 떠올랐다. 이내 박 씨는 이런 생각이 드는 자신이 너무 못나고 나쁜 며느리로 여겨져 주먹으로 가슴을 치고 죄송한 마음에 눈물까지 흘렸다. '내가 왜 이러지? 어머님이 예전에 얼마나 잘해 주셨는데…. 내가 정말 나쁜 년이지…. 내가 왜 이러지?'

과연 무엇이 문제일까? 부정적인 생각이나 감정이 드는 것이 문제일까? 아니면 그러한 생각이나 감정을 나쁜 것으로 여기고 없애려는 것이 문제일까? 이 책을 계속 읽어 온 당신

그래, 나 상처 받았어

은 그 답을 알 것이다. 그렇다. 생각이나 감정이 드는 것이 문제가 아니라, 그것들을 나쁜 것으로 여기고 억누르고 지우려는 태도가 문제이다. 이는 우리에게 어떠한 생각이 드는 것이 실제로 그러한 행동을 하는 것만큼이나 나쁘다고 여기거나, 혹은 생각이 들면 실제로 그러한 행동을 하게 될 것이라는 믿음이 있기 때문이다. 이를 심리학에서는 '사고 행위 융합thought-action fusion'이라고 한다. 즉, 생각과 행동을 동일하게 여기는 것이다. 하지만 '드는' 생각과 '하는' 생각은 분명히 다르다. 드는 생각은 나의 의지가 들어가지 않지만, 하는 생각은 의지가 들어간다는 측면에서 다르다. 그리고 하는 생각은 반복하게 될 때 실제로 관련된 행동을 하게 만들 수 있지만, 드는 생각은 그렇지 않다. 드는 생각은 단지 감정이나 욕구 등을 반영할 뿐이다. 즉, 예를 든 김 군이 지하철에서 본 여성을 성적 대상으로 여기고 성적인 행동을 '하려고' 생각하거나 계획을 세운다면, 그것은 실제로도 나쁘고 위험한 행동일 수 있다. 그러나 그냥 '드는' 생각은 젊은 남성이기에 충분히 들 수 있는 생각이고, 오히려 신체적 혹은 성적으로 건강함을 반영하는 것이다. 마찬가지로 박 씨의 경우에도 시어머니가 교통사고를 당하게 하려고 계획을 세우거나 그러기를 바라고 '하는' 생각은 문제가 있고 위험한 생각일 수 있지만, 단지 '드는' 생각은 자신이 너무 힘들기 때문에 이 상황이 끝이 났으면 하는 바람에서 나오는 것이다. 즉, '하는' 생각은 의지를 품고 있기에 도덕적으로 나쁘거나 위험한 생각이 될 수 있지만, '드는' 생각은 나의 감정이나 욕구 등을 반영하기 때문에 이해받고 공감 받아야 하는 대상인 것이다.

그렇다면 어떻게 이러한 마음의 내용들에 고마움을 표현할 수 있을까? 김 군의 경우에는 '마음아, 고마워. 내가 매력적인 여성에 끌려서 그러는구나. 그리고 내가 성적으로 문제가 없고 건강하다는 거구나. 그래, 알려 줘서 고마워'와 같이 반응하고, 이러한 생각이 자연스레 지나가기를 기다릴 수 있다. 박 씨의 경우에도 '마음아, 고마워. 내가 어머님 돌보는 게 많이 힘들고 지쳤나 보다. 그래서 그런 생각이 들었나 보다. 많이 힘들면 그럴 수도 있지. 어머님 돌보는 것도 좋지만 나도 조금씩 여유를 내어 나를 돌보고 쉬어야겠구나. 마음아, 고맙다.'와 같이 자신에게 말해 줄 수 있다.

자, 이제는 당신 차례이다. 앞서 '내 마음 관찰하기' 연습에서 했던 것처럼 조용한 곳에 자리를 잡고 앉아라. 먼저 심호흡을 하고 몸과 마음의 여유를 가져라. 그런 다음 눈을 감고 호흡에 집중하라. 다음으로 마음이 다양한 생각, 이미지, 감정, 감각 등을 보여 주면, 이를 바라보고 마음에게 고마워하라. 양손을 가슴에 올리고 '마음아, 고마워.'라고 말하며 그 경험들을 제공하는 것에 대해 고마워하고 최대한 공감해 주어라. 혹시 두렵거나 불안한 생각이 들면, 가슴을 쓸어내리면서 위험이나 위협을 미리 알려 주는 것에 고마워하고 또 스스로 달래 주어라. 때로 아주 뜬금없는 엉뚱한 생각이나 장면이 떠오르면 호기심과 즐거움을 제공한 것에 대해 고마워하라. 잊지 마라. 마음은 당신의 오랜 친구이자 수호요정이다. 지금 바로 두 손을 가슴에 얹고 말해 보라. '마음아, 고마워!'

고통의 두 가지 비밀

　　다음날부터 미농에게는 두 가지의 변화가 나타 났습니다. 하나는 자신의 수호요정을 대하는 태도가 달라진 것입니다. 용을 만나기 전에 그랬던 것처럼 미농과 요정은 다시 친한 친구 사이로 조금씩 돌아가는 것 같았습니다. 서로 다정하게 이야기를 나누기도 하고 요정이 놀랐을 때는 위로하고 다독여 주기도 하였습니다. 그리고 요정이 주는 생각과 감정 등을 관찰할 때에도 그냥 차갑게 주시하는 것이 아니라, 요정이 그런 생각과 느낌을 주는 이유에 대해 이해하고 공감하려고 하였습니다. 예를 들어, 하늘에 떠 있는 커다란 먹구름을 보고 용에 대한 생각이 들면, 예전에는 왜 그런 말도 안 되는 생각을 하냐고 요정을 차갑게 비난하였지만, 이제는 '구름의 이런저런 모양이 용을 닮은

그래, 나 상처 받았어

부분이 있구나. 그래서 그런 생각이 드는구나.' 하고 이해해 주었습니다.

미뇽의 또 다른 변화는 이전에는 두려워하고 피했던 것들을 이제 스스로 찾아서 살펴보기 시작한 것입니다. 그 이유는 엘리가 말한 놀란 아이의 이야기에서 '피하지 않고 경험할 때 두려움의 목소리가 줄어든다.'는 말이 마음에 크게 남았기 때문입니다. 그 뒤로 미뇽은 용의 비늘을 닮은 지붕의 기왓장도 회피하지 않고 바라보았습니다. 용을 생각나게 하는 비늘 때문에 먹지 않으려 했던 생선도 조금씩 먹기 시작했습니다. 심지어 윌링네스에게 부탁해서 커다란 용의 그림이 그려져 있는 그림책도 한 권 구했습니다.

'그래, 이제부터가 진짜 시작이야. 내가 두려워하는 용을 피하지 말고 한번 만나 보자고. 그 경험을 통해 두려움의 목소리가 작아지는 것을 직접 느껴 보는 거야!'

결의에 찬 얼굴로 미뇽은 자신의 방에 들어가서 윌링네스가 준 책을 꺼냈습니다. 그림책은 가죽 끈으로 묶여 있었습니다. 용기를 내어 책을 받아 왔지만 막상 그림을 보려니 가슴이 두근거렸습니다. 미뇽의 요정은 등 뒤에서 바들바들 떨고 있었습니다. 미뇽도 온몸에서 전율이 느껴지고 등에서는 식은땀이 났습니다. 심장도 마치 전력질주를 할 때처럼 쿵쾅거리기 시작했습니다. 미뇽은 눈을 감고 묶여 있는 매듭을 풀었습니다. 다시 눈을 뜨는 순간 그림책이 펼쳐지고 포악하게 생긴 커다란 용이 눈에 들어왔습니다. 용의 발 밑에는 갈기갈기 찢겨진 사람들의 팔,

다리 등이 흩어져 있었습니다.

"용이다! 용이야! 용이 우릴 갈기갈기 찢어 버릴지 몰라! 저 날카로운 이빨과 발톱을 봐! 미농, 그림을 덮어! 그림을 덮으란 말이야! 으악!"

미농의 요정이 소리를 지르면서 울부짖었습니다.

"진정해. 진정하라고. 이건 그냥 그림이야. 우리가 예전에 만난 용 때문에 두려워서 그런 줄 알아. 나도 안다고. 그런데 이겨 내야 해. 이렇게 평생 두려움에 갇혀 살 순 없어. 제발, 제발 진정하라고!"

작은 방 안은 순식간에 요정의 비명과 미농의 목소리로 울렸습니다. 미농도 요정을 안심시키려고 했지만 온몸이 떨리고 공포와 불안으로 고통스러웠습니다. 정말이지 그림책을 당장 창밖으로 던져 버리고 싶었습니다. 하지만 미농은 요정을 등 뒤로 숨기고 용기를 내어 다시 그림을 보려고 했습니다. 조금 더 자세히 보니 용의 그림은 더욱 끔찍했습니다. 두 개의 머리가 달린 용의 머리 하나는 불을 뿜으며 집들과 사람들을 불태우고 있었고, 다른 하나는 사람들을 날카로운 이빨로 물어뜯고 있었습니다. 땅에는 사람들의 시체가 보이고 피가 흥건하게 고여 있었습니다. 요정은 순식간에 이전에 용에게 쫓기던 장면을 생생하게 보여 주고, 연이어 미농이 그림 속의 광경에서 쫓기다가 용에게 덥석 물리는 장면까지 보여 주었습니다. 순간 미농은 온몸에 땀이 흐르고 용의 이빨이 뼛속까지 깊숙이 들어오는 것 같은 통증까지 느꼈습니다.

'도저히 안 되겠어. 너무 고통스러워. 너무 힘들어. 내가 왜 이런 고통을 겪어야 돼? 그냥 용을 피하고 살면 되잖아. 차라리 용을 피해 다니면

그래, 나 상처 받았어

서 사는 것이 훨씬 덜 고통스러울 것 같아. 싫어. 이런 고통은 정말 싫어.'

미눙은 그림책을 바닥에 던져 버리고 집 밖으로 뛰쳐나왔습니다. 그리고 자주 가던 커다란 나무 아래로 갔습니다.

'난 왜 이러지? 그림만 보고도 이렇게 괴로워하다니… 난 왜 이렇게 못났을까? 평생을 이러고 살아야 하는 거야? 이렇게 끔찍하게 살아야 하는 거냐고? 차라리 죽는 게 나을 수도 있을 것 같아. 이런 바보 같은 삶을 계속 사는 게 무슨 의미가 있어? 집 밖에도 제대로 못 나가는데…'

미눙은 나무에 기대어 한참이나 울었습니다. 얼마나 지났을까? 주변이 어두웠습니다. 그때 뭔가 스산한 느낌이 들어 눈을 뜨고 뒤를 돌아보니 이게 웬일입니까? 아까 그림 속에서 보았던 머리가 두 개인 용이

미눙을 노려보고 있었습니다. 순간 미눙은 몸을 일으켜 있는 힘껏 달리려 했습니다. 하지만 웬일인지 두 발이 땅에 붙어서 움직일 수가 없었습니다. 매섭게 노려보던 용은 미눙이 꼼짝할 수 없음을 알았는지 잠시 멈추고는 비웃듯이 여유를 보였습니다. 그러고는 커다란 입을 벌리고 미눙을 향해 무서운 속도로 달려들었습니다.

"아, 안 돼!"

"미눙, 미눙! 괜찮니?"

미눙은 몸이 흔들리는 것을 느꼈습니다. 그러고는 놀라서 눈을 번쩍 떴습니다. 온몸에 식은땀이 흐르고 어디에 얻어맞은 것처럼 여기저기가 아팠습니다.

"미눙, 괜찮으냐? 네가 안 보여서 찾으러 나왔는데 여기 있었구나."

눈앞에 엘리가 보였습니다. 미눙은 그제야 꿈이었다는 것을 알았습니다. 미눙은 아무 말도 못하고 잠시 동안 멍하게 있었습니다.

"잠든 사이에 무서운 꿈을 꿨나 보구나. 괜찮니?"

"네? 네…."

"방에 용 그림이 펼쳐져 있더구나."

"네…."

미눙은 조금 정신이 들었습니다. 그리고 자신이 어디에 있는지도 알게 되었습니다. 미눙이 천천히 입을 열었습니다.

"엘리 님 말씀대로 피하지 않으려고 했어요. 피하지 않고 맞서는 경험을 통해 두려움의 목소리가 줄어드는 것을 경험해 보려고 그림을 꺼냈어요. 그런데….”

“그런데?”

엘리가 미농을 바라보았습니다. 물어보고 있지만 그의 눈을 보면 왠지 다 알고 있는 것 같이 느껴졌습니다.

“너무 괴로워요. 정말이지 너무 괴로워서 다시는 안 보고 싶어요. 그냥 용을 안 만나면 되는 거잖아요? 그냥 용과 관련된 것은 다 안 보고 생각도 안 하고 지내면 되지 않나요?”

엘리는 미농을 가여운 눈으로 바라보았습니다.

“그런 방법도 있을 수 있겠지…. 하지만 전에 말한 것처럼 회피하면 할수록 더 많은 것들을 피하게 되고, 그 두려움은 오히려 더 커지게 된단다.”

미농은 이전에 엘리에게 들었던 회피의 부작용에 대한 설명이 떠올랐습니다.

“알아요, 안다고요. 하지만…. 하지만 너무 괴로워요. 끔찍하게 두려워하는 용을 다시 본다는 것이 너무 두려워요.”

“맞아. 너무 두렵지? 너무 괴롭지?”

“네…. 너무 괴로워서 정말이지 피할 수 있다면 피하고 싶어요.”

미농의 눈에서 눈물이 글썽였습니다. 엘리는 잠시 동안 미농을 묵묵히 바라보았습니다. 그리고 조용한 목소리로 말을 이었습니다.

“맞아. 사람들은 고통을 싫어하지. 아니 좀 더 엄밀하게 말하면 사람들의 마음이 고통을 싫어하지. 왜냐하면 고통을 피하는 것이 마음의 중요한 목적 중에 하나거든. 그래서 사람들은 고통스러운 것이라면 뭐든 지 피하려고 하지. 고통을 좋아하는 사람은 아무도 없지. 그건 자연스러 운 거고."

"그렇지요. 고통을 좋아하는 사람이 어디 있겠어요?"

미뇽이 맞장구를 쳤습니다. 풀이 죽어 있던 미뇽이 힘을 주어 말하자 엘리는 그 모습에 미소를 지었습니다.

"미뇽, 너에게 고통과 관련된 두 가지의 비밀을 알려 주마."

"두 가지의 비밀이라고요?"

미뇽은 귀를 쫑긋 세웠습니다.

"그래, 사람들이 싫어하는 고통과 관련된 두 가지의 비밀이지. 사람 들은 고통을 피하는 데에만 너무 마음이 가 있어서 고통을 제대로 들여 다보지 않지. 그래서 이 비밀을 아는 사람이 별로 없지. 아끼는 제자인 너에게만 내가 특별히 알려 주마."

엘리는 눈웃음을 짓고 팔짱을 끼며 장난기 있는 표정을 지었습니다. 그러고는 미뇽의 눈앞에 손가락 하나를 펼쳐 보였습니다.

"첫 번째 비밀은 바로…."

"그게 뭐예요? 그게 뭐죠?"

미뇽이 궁금증을 이기지 못하고 재촉했습니다.

"너무 재촉하지 말렴. 나는 나이가 너무 들어서 너처럼 빨리 말하는 게 힘들단다. 허허허. 음…. 첫 번째 비밀은 바로 고통은 크게 두 종류가 있다는 것이지."

"네? 고통이 두 종류가 있다고요?"

"그래. 그게 바로 첫 번째 비밀이지."

미뇽은 괴로운 것은 다 고통인데, 고통이 두 종류가 있다는 말이 전혀 이해되지 않았습니다. 귀를 더욱 쫑긋 세웠습니다.

"고통은 크게 두 가지로 나눌 수 있단다. 하나는 '존재의 고통pain of presence'이고 다른 하나는 '부재의 고통pain of absence'이지."

"존재의 고통? 부재의 고통?"

미뇽은 어려운 단어가 이해되지 않아 미간을 살짝 찌푸렸습니다.

"말이 좀 어렵지? 존재의 고통은 내가 살아 있기 때문에 겪을 수밖에 없는 당연한 고통, 또는 내가 원하는 것을 얻기 위해 겪을 수밖에 없는 고통을 말하지. 그런데 부재의 고통은 존재의 고통을 겪지 않으려고 회피하면서 빠지게 되는 고통이란다. 그리고 내가 원하는 것을 얻지 못해서 겪게 되는 고통이기도 하지."

"죄송해요. 무슨 말씀이신지 정말 모르겠어요."

미뇽이 시무룩한 표정을 보였습니다. 그 표정 또한 엘리에게는 사랑스러웠습니다.

"허허허. 걱정마라. 더 설명해 줄 테니. 원래 좀 어렵긴 하단다. 그래서 비밀이지."

엘리는 웃으며 말을 이었습니다.

"미뇽, 너 고향에 있을 때 학교에 다녔니?"

"네, 물론이죠. 제가 얼마나 공부를 열심히 했는데요."

미뇽은 의기양양하게 어깨를 들썩였습니다.

"그래. 어떤 학교를 다녔니?"

"물론 왕궁학교였죠. 저와 다른 귀족 아이들이 모여서 같이 공부를 했어요. 그곳에서 이것저것 여러 가지를 배우고 아이들과 쉬는 시간에는 어울려 놀기도 했지요. 정말 좋았어요."

미뇽은 그때 생각이 잠시 나서 미소를 지었습니다.

"그래. 그곳은 네가 원해서 간 거니?"

"물론이죠. 부모님께서 보내시긴 했지만 제가 가고 싶어 해서 간 거죠. 여러 가지도 배우고 친구들도 만날 수 있으니까 당연히 가야죠."

"그래. 정말 네가 원해서 다녔나 보다. 그런데 늘 즐겁기만 했었니? 모든 것이 다 좋았어?"

"아, 그건 아니죠. 선생님들이 얼마나 엄하신데요. 숙제를 안 하거나 시험을 잘못 보면 회초리 맞는 일은 일상이었죠. 그래서 시험 기간이 되면 친구들과 놀지도 못하고 밤늦게까지 공부를 해야 했죠. 그리고 이런 말하기 좀 그렇지만 정말 지루하고 따분한 선생님들도 계셨어요. 철학 선생님은 늘 검은 가운을 입고 계셨는데 정말 따분하고 졸렸어요. 게다가 수업 중에 졸면 몽둥이로 엉덩이를 맞아서 잘 수도 없었죠. 애들 말이 차라리 고문을 당하는 것이 더 나을 거라고 했지요. 크크크."

"다른 힘든 것은 없었니?"

"왜 없었겠어요. 아침 첫 수업을 가려면 어찌나 일찍 일어나야 하는지. 저는 아침잠이 많은 편이라 아침마다 전쟁이었어요. 지각하면 검술

그래, 나 상처 받았어

선생님이 문 앞에서 기다리고 계셔서 기합을 받아야 하죠. 그분의 목검에 한 대 맞으면 정말 뼈가 으스러지는 것 같았어요. 아, 또 있어요. 같이 공부하는 녀석 중에 정말 꼴 보기 싫은 녀석이 있었어요. 어찌나 잘난 척을 하는지 자기네 가문이 지구상에서 가장 우월한 줄 알아요. 정말 밥맛이었어요. 제가 왕이 되면 그 녀석의 잘난 가문을 멀리 외딴 섬으로 유배를 보내고 싶을 정도였지요. 물론 그러면 안 되겠지만요. 크크크."

"그래, 그렇게 좋아하는 학교에 가는데도 힘든 점은 있구나."

한참 동안 미뇽의 말을 듣던 엘리가 말했습니다.

"그러게요. 그렇긴 하네요. 그런데 즐거운 것들이 더 많아서 힘든 점들은 잊고 다녔나 봐요."

"그랬나 보다. 그런데 혹시 방금 말한 힘든 점들이 싫어서 학교를 그만두고 집에 있었더라면 어땠을까?"

"글쎄요. 생각을 안 해 봐서… 음… 며칠은 좋았을 수도 있겠지요. 늦게 일어나도 되고 숙제나 시험도 없고… 꼴 보기 싫은 녀석 안 봐도 되고…."

"그런 다음에는?"

"음… 글쎄요…. 며칠 더 지나면 심심하고 재미없을 것 같은데요."

"그렇겠지. 그렇게 계속 혼자 있게 되면 어느 날 마음 깊은 곳에서 '너 뭐하니? 친구들은 학교도 다니고 열심히 사는데… 너는 뭐하니?' 하는 소리가 들려올 거야. 그리고 무언가 삶에서 중요한 걸 잃어버린 것 같고, 기분도 좋지 않아지게 되지. 그게 바로 부재의 고통이야."

"아, 그렇다면 제가 학교를 다닐 때 겪게 되는 스트레스나 고통들이 바로 존재의 고통이로군요."

미놈은 깨달았다는 듯이 손뼉을 쳤습니다.

"그렇지. 역시 똑똑하구나. 네가 원하는 삶을 살 때 겪게 되는 고통이 바로 존재의 고통이고, 그 존재의 고통이 싫어서 피할 때 필연적으로 겪게 되는 고통이 바로 부재의 고통이란다."

"또 다른 예를 들어 보자. 미놈, 너는 혹시 충치가 생겨서 고생한 적이 있니?"

"물론 있지요. 치아를 뽑는 것이 무서워서 도망 다니다가 어머님께 걸려서 강제로 뽑혔었죠. 그때 저 때문에 궁중이 들썩였다고들 하더라고요. 궁중 의사들 세 명이 동원되고, 제가 소리를, 소리를 질렀거든요. 크크."

"그래. 치아를 뽑는 것이 엄청 아프지."

"아프기만 해요? 엄청 무서웠어요. 의사들이 뭔가 쇠로 된 이상한 기구들을 들고 오는데, 저는 사람을 고문하는 기구들이 저렇게 생겼을 거라는 생각까지 들더라고요. 지금도 생각만 해도…. 으…."

"허허허. 그렇긴 하지. 미놈의 엄살이 보통이 아니구나. 허허허."

엘리는 한참을 웃었습니다. 그러고는 목소리를 가다듬고 다시 말했습니다.

"그런데 만약 충치를 뽑지 않고 그냥 두면 어떻게 되었을까?"

그래, 나 상처 받았어

"저는 안 뽑아도 괜찮을 줄 알았는데 시간이 지나니까 더 아프더라고요. 궁중의사 말로는 안 뽑으면 다른 치아들도 썩게 되어 더 아프게 되고, 심지어는 위험해질 수도 있다고 하더라고요."

"그래, 그렇단다. 감염이 심해지면 큰 일이 날 수도 있지."

"아, 그럼 충치를 뽑을 때 생기는 고통이 피할 수 없는 존재의 고통이라는 거지요? 그리고 뽑지 않고 놔둘 때 생기는 더 큰 고통이 부재의 고통이라는 것이고요?"

"그렇지. 역시 하나를 가르쳐 주면 열을 아는구나."

엘리가 흡족한 듯 미소를 지었습니다.

"그럼, 두 번째 비밀은 뭐지요? 알려 주세요. 네?"

미눙이 궁금함을 못 이기고 재촉했습니다.

"알았다. 이 녀석아. 급하긴. 두 번째 비밀은 바로 이것이란다. 존재의 고통은 받아들이면 받아들일수록 더 견딜 만해지고 조금씩 줄어들게 된단다. 게다가 네가 원하는 삶으로 조금씩 데려다준단다. 하지만 부재의 고통은 경험하면 할수록 더 깊어지고 더 끈적끈적 해지고 더 끔찍해진단다."

"그러니까 존재의 고통은 경험할수록 줄어들고, 부재의 고통은 경험할수록 더 깊어진다고요?"

"그렇지. 그게 바로 고통에 대해 숨겨진 두 번째 비밀이지."

미눙은 왠지 모를 흥분과 떨림을 느꼈습니다. 아직 다 이해되지는 않지만 뭔가 자신의 문제를 해결할 수 있는 열쇠를 발견한 것 같은 직감이 들었습니다.

"존재의 고통은 계속 받아들이고 경험하면 점점 근육이 생기고 굳은 살이 생겨서 견딜 만하게 된단다. 마치 운동을 처음 시작할 땐 몸이 아프고 힘들지만 점점 익숙해지고 고통이 덜해지는 것과 비슷하지. 그리고 악기를 계속해서 연주하면 처음에는 손가락이 너무 아프고 힘들지만 점점 굳은살이 생겨서 덜 아픈 것과 비슷하단다. 하지만 부재의 고통은 그렇지 않단다. 경험하면 경험할수록 더 심해지고 더 깊어지고 더 끔찍해진단다."

"부재의 고통은 왜 더 심해지고 줄어들지 않나요?"

미농이 궁금함으로 눈을 동그랗게 떴습니다.

"그건 마치 배고픔과 같은 거란다."

"배고픔이요?"

"그래. 부재의 고통은 내가 원하고 바라는 것이 없어서 경험하는 고통이란다. 마치 배가 고플 때 경험하는 허기나 속쓰림과 비슷하지. 배가 고픈데 아무리 '나는 배고프지 않아. 그동안 배부르게 먹고 살았으니 한 달 정도는 굶어도 배고프지 않아.' 하고 마음을 강하게 먹어도 배고픔이 해결되지 않지. 이때는 어떻게 해야 하지?"

"먹어야지 살죠."

"그래, 그게 정답이란다. 배고플 땐 먹어야 해결되지. 그 방법밖에 없단다. 부재의 고통도 존재의 고통을 받아들이고, 힘들지만 내가 원하는 삶으로 나아갈 때만 해결될 수 있단다. 어떤 사람이 친구에게 상처를

그래, 나 상처 받았어

크게 받아서 사람을 못 믿게 되고 관계에 대한 두려움이 생기고 난 후에 결국 혼자만 있게 되었단다. 늘 혼자이기에 깊은 외로움을 경험하게 되었지. 혼자만 지내고 아무도 만나지 않으면서 '나는 괜찮아. 나는 아무도 없이도 잘 살 수 있어. 절대 외롭지 않아.'라고 맘속으로 되뇌어도 그 외로움은 결코 줄어들지 않지. 사람에 대한 두려움을 받아들이고 조금씩 사람들을 만나서 좋은 관계를 맺게 될 때에만 그 외로움이 줄어들게 되겠지."

미농은 잠시 생각에 잠겼습니다. 자신에게 있어 존재의 고통은 무엇이고 부재의 고통은 무엇일까 하는 생각을 하였습니다. 아마도 용에 대한 두려움이 존재의 고통이고, 그 고통을 피해 밖에 나가지 않고 사람들을 만나지 않고 방 안에서만 지내며 모든 것을 포기하면서 겪게 된 고통이 부재의 고통이었던 것 같았습니다.

"두 가지 고통을 다 겪지 않을 수는 없을까요?"

한참을 생각하다 미농이 다시 진지하게 물었습니다.

"많은 사람들이 그렇게 질문을 하지. 하지만 애석하게도 그럴 수는 없단다. 인간에게는 둘 중에 하나를 선택할 선택권 밖에 없단다. 존재의 고통을 선택할 때에만 더 나은 삶과 바라는 삶을 살 수 있단다. 마치 조개가 모래알갱이 하나를 품게 되었을 때, 그 모래알갱이가 연약한 속살에 상처를 내게 되고, 그 상처를 감싸기 위한 체액이 쌓이고 뭉쳐서 진주가 되는 것과 같단다. 상처알갱이가 없이는 빛나는 진주도 없단다. 고통이 없이는 성장 혹은 성숙 또한 있을 수 없는 것이 세상의 이치지."

엘리 또한 진지한 표정으로 답했습니다.

"흠…."

미농은 짧은 한숨을 내쉬었습니다.

"그렇다면 왜 그렇게 많은 사람이 부재의 고통 속에 빠져 있는 거지요?"

"처음에 말한 것처럼 사람들은 고통이라면 무조건 기겁을 하고 싫어한단다. 그래서 존재의 고통을 피하게 되고, 그 결과 자기도 모르게 부재의 고통에 빠지게 된단다."

미농은 부재의 고통 속에 빠져 사는 사람들이 생각났습니다. 사람들을 만나지 않고 혼자 외롭게 지내는 사회불안 아저씨, 손 씻느라 다른 아무것도 못하는 강박 아주머니와 높은 기준으로 자신을 채찍질하는 아들 완벽주의, 늘 누워 지내며 그림을 그리지 못하고 있는 화가 우울 누나, 아픈 기억을 잊으려 자신의 마음을 가둬 버린 상인 해리 씨, 두려움 때문에 공포 왕의 압제 속에서 떨며 지내는 공포정치국 사람들, 서로를 비교하며 만족을 모르고 사는 자유경쟁국 사람들, 분노폭발로 소중한 것들을 한 순간에 불태워 버리는 쌍둥이 형제…. 그들 모두 자신이 진정으로 원하는 삶에서 멀어져 부재의 고통 속에 빠져 살고 있었습니다.

"그런데 어떤 사람들은 존재의 고통도, 부재의 고통도 잘 모르고 사는데, 왜 어떤 사람들은 존재의 고통을 피하려다 부재의 고통 속에 갇혀 살게 되는 거죠?"

"흠…. 그건 매우 어려운 질문이란다."

274

그래, 나 상처 받았어

엘리는 잠시 말을 멈추고 생각에 잠긴 듯 눈을 지그시 감았습니다. 그리고 다시 눈을 뜨고 천천히 말을 이었습니다.

"사실 모든 사람이 각자 존재의 고통을 가지고 있단다. 하지만 자신의 고통은 잘 보이지만 타인의 고통은 잘 보이지 않기 때문에 자신만 고통을 당하고 있다고 생각하기 쉽지. 그리고 각자 타고난 기질과 이후의 경험에 따라 존재의 고통의 크기와 종류가 다르게 되지. 예를 들자면, 미뇽 너는 낯선 사람을 만나는 것이 어떠니? 긴장이 많이 되니? 안 그러니?"

"네. 저도 모르는 사람을 만나면 긴장이 되고 나를 어떻게 볼까 신경이 쓰이긴 해요. 하지만 그렇게 크진 않아요. 견딜 만한 정도예요. 저는 새로운 사람 만나는 것을 좋아하거든요."

"그래, 그렇지. 하지만 네가 만난 사람 중에 사회불안은 어땠지?"

미뇽에게 자신이 사회불안을 만난 사실을 엘리가 알고 있다는 것이 예전 같았으면 소름 돋칠 정도로 놀랄 일이었지만, 이제는 그리 놀랄 만한 일이 아니었습니다.

"사회불안 아저씨는 원래 겁이 많은 사람 같긴 했어요. 하지만 친구들에게 놀림당한 경험 때문에 마음이 많이 놀랐던 것 같아요."

"그래, 맞아. 하지만 사회불안은 용을 무서워하진 않았지?"

"네. 그렇긴 하지요."

미뇽은 조금씩 이해가 되는 듯 했습니다.

"그래. 그처럼 사람들 각자가 더 크게 느끼는 존재의 고통이 있고, 그 고통은 자신의 타고난 기질적인 부분과 경험이 상호작용을 해서 다른 것보다 더 크게 된 거란다. 간혹 어떤 사람들은 크게 어려운 경험을 하지 않았거나, 어려운 경험을 했더라도 그 부분에 대해 강한 기질을 가지고 있어서 그 일이 크게 상처가 되지 않을 수도 있지. 그런 경우에는 존재의 고통이 그리 크게 느껴지지 않지. 이해가 되니?"

"그러니까 사람마다 타고난 부분과 경험 때문에 존재의 고통의 종류나 크기가 달라질 수 있다는 말씀이지요?"

"그렇지. 사회불안은 사람을 두려워하고 너는 용을 두려워하지만, 다른 사람은 둘 다 두려워하지 않을 수도 있고 다른 두려움이 있을 수도 있다는 것이지."

미뇽은 자신에게 그런 두려움이 있는 것이 억울하기도 하고 속상하기도 했습니다. 하지만 사회불안 아저씨처럼 사람을 두려워하지 않는 것은 다행이라는 생각도 들었습니다. 그랬다면 엘리와 이렇게 대화를 나누는 것도 쉽지 않았을 것이기 때문입니다.

"미뇽, 너는 존재의 고통을 선택하겠니? 부재의 고통을 선택하겠니?"

엘리는 부드럽지만 단호한 눈빛으로 미뇽을 바라보았습니다. 미뇽은 한참 동안 대답을 하지 못했습니다. 그러다가 입을 열었습니다.

"쉽진 않겠지만 존재의 고통을 선택하고 싶어요."

"그래, 멋진 선택이다. 존재의 고통을 선택한다는 것이 존재의 고통은 쉽고 가볍다는 것을 의미하는 것은 아니란다. 하지만 존재의 고통을

그래, 나 상처 받았어

선택해서 부재의 고통에서 빠져나와 네가 원하는 삶을 살 수 있길 진심으로 바란다. 너의 그 용기에 마음을 다해 응원하고 싶구나."

미뇽과 엘리는 석양을 보며 걸었습니다. 미뇽에게는 엘리와 함께 걷는 시간이 따뜻하고 든든하게 느껴졌습니다. 그동안 혼자서 용에 대한 두려움과 맞서 싸우며 겪었던 외로움과 고단함이 조금씩 눈 녹듯 사라지는 것 같았습니다. 엘리에게 말로 다 표현할 수 없을 만큼 많이 고마웠습니다.

마인드 매뉴얼

존재의 고통과 부재의 고통

존재의 고통	부재의 고통
원하는 것을 얻기 위해 겪을 수밖에 없는 고통	원하는 것을 얻지 못해 겪는 고통. 존재의 고통을 피하면서 겪게 됨

'존재의 고통'은 당신이 삶을 살기 때문에 겪을 수밖에 없는, 혹은 원하는 것을 얻기 위해 경험할 수밖에 없는 종류의 고통을 의미한다. 예를 들어, 대인관계에서 직장상사나 지도교수와 같은 윗사람을 대하거나 낯선 사람을 만날 때 경험하는 긴장과 불안, 혹은 중요한 시험을 치르게 될 때 경험하는

그래, 나 상처 받았어

스트레스와 불안이 이에 속한다.

　반면 '부재의 고통'은 존재의 고통과는 다른 종류의 고통이다. 이는 원하는 삶을 살지 못할 때 경험하는 고통으로, 존재의 고통을 피한 결과로 얻게 되는 2차적 고통이라 할 수 있다. 예를 들어, 대인관계에서 경험하는 불안과 스트레스가 싫어서 누구도 만나지 않는 고립된 삶을 살 수 있다. 이때 속으로는 다른 사람들과 의미 있는 관계를 맺고 어울리는 것을 간절히 바라지만, 고립되어 살기 때문에 내면에 깊은 고독과 고립감, 우울 등을 경험할 수 있다. 또한 중요한 시험이나 면접을 치르는 것이 두렵고 싫어서 포기하고, 이로 인해 원하는 학업이나 직장을 선택하지 못한다면 좌절이나 우울을 경험할 수 있다. 이는 삶에서 원하는 것으로부터 멀어져 있기 때문에 나타나는 어쩌면 당연한 결과인 것이다. 즉, 존재의 고통을 차단하려고 애쓰면 애쓸수록, 당신은 부재의 고통으로 더욱 고통스러워진다.

　그러므로 우리는 존재의 고통을 수용 혹은 기꺼이 경험함으로써 부재의 고통을 피할 수 있다. 존재의 고통은 삶에서 피할 수 없는 자연스러운 고통이라고 할 수 있지만, 부재의 고통은 생생한 삶으로부터 멀어진 결과로 나타나는 더 끔찍하고 심각한 고통이라고 할 수 있을 것이다. 아쉽게도 고통 없는 삶은 없다. 다만 어떤 고통을 선택할 것인지에 대한 선택권만 주어져 있다.

● 나의 존재의 고통과 부재의 고통

이제 당신의 삶으로 들어가 보자. 당신이 현재 삶에서 겪고
있는 고통은 무엇인가? 당신이 삶에서 겪을 수밖에 없는, 혹
은 원하는 방향으로 살고 싶어서 겪게 된 존재의 고통은 무
엇인가? 아니면 이러한 존재의 고통을 피하다 보니 생겨난,
혹은 원하는 삶에서 멀어져서 겪게 되는 부재의 고통은 무엇
인가? 다음 표의 빈칸을 채워 보라.

나의 존재의 고통	나의 부재의 고통
예) 새로운 직장에서 일하게 될 때의 두려움과 도전과제들	예) 흥미와 보람을 느끼지 못하는 현재의 직장에서 억지로 일하고 있음
예) 마음에 드는 이성에게 거절당하는 것에 대한 두려움	예) 마음에 드는 이성에게 말 한번 해 보지 못하고 늘 후회가 남음
예) 아이를 갖는 것에 대한 두려움	예) 아이가 없는 것에 대한 아쉬움. 지나가는 아이를 볼 때 겪는 쓸쓸함

그래, 나 상처 받았어

빈칸을 채워 보니 어떤가? 왼쪽에 있는 존재의 고통은 쉽게 지울 수 없다. 하지만 존재의 고통을 받아들이고 원하는 방향으로 행동한다면 오른쪽 부재의 고통으로 가지는 않게 될 것이다. 아울러 왼쪽 존재의 고통을 회피하고 있는 사람은 더 깊고 처절하게 느껴지는 부재의 고통에 빠지게 될 것이고 우울을 경험하게 될 것이다. 왜냐하면 우울은 자신이 원하는 삶에서 멀어진 만큼 경험하는 감정이기 때문이다.

엘리가 말한 두 번째 비밀처럼 존재의 고통은 괴롭지만 경험하면 할수록 더 견딜 만하고 어느 정도 익숙해질 것이다. 그리고 자신이 원하는 삶의 방향으로 데려다줄 것이다. 표에 예를 든 것처럼, 새로운 직장으로 옮기게 되면 처음에는 불안정하고 헤맬 수 있다. 하지만 시간이 지나면 익숙해지고 나름의 안정을 찾게 된다. 또한 마음에 드는 이성에게 다가가는 과정은 매우 긴장되기도 하고 거절당하게 되면 속이 상하겠지만, 경험이 쌓이면 점점 노하우도 늘게 되고 거절당하는 것도 조금은 익숙해질 수 있다. 게다가 성공하게 된다면 마음에 드는 사람과 연애를 시작할 수도 있다. 반면에 원치 않는 직장에 계속 있게 되면서 쌓이는 후회와 무기력은 시간이 갈수록 더욱 깊어질 것이다. 또한 마음에 드는 이성에게 말 한번 해 보지 못하고 늘 놓쳐서 겪는 후회와 아쉬움은 쉽게 없어지지 않을 것이다. 물론 꿈꾸던 연애와 결혼과도 점점 멀어지게 된다.

당신은 어떤 선택을 할 것인가? 불안과 같이 뜨겁고 불편하지만 내가 원하는 삶으로 데려다주고 익숙해질 수 있는 존재의 고통을 선택할 것인가? 우울과 같이 깊고 찐득찐득하며 내가 원하는 삶에서 멀어지고 익숙해질 수 없는 부재의 고통을 선택할 것인가? 꿈꾸는 자, 사랑하고픈 자여! 운명의 신에게 존재의 고통이라는 대가를 기꺼이 지불하길 바란다.

내가 바라는 삶을 향하여

        이후 몇 주 동안 미뇽은 용이 등장하는 책들을 여러 권 구해서 읽었습니다. 어떤 책에는 용이 무섭게 묘사되어 있고, 어떤 책에는 익살스럽게 표현되기도 하였으며, 또 다른 책에서는 인간과 친구가 되기도 하였습니다. 글을 읽는 것도 쉽지는 않았지만, 그림을 보는 것보다는 덜 힘들었습니다. 책을 여러 권 읽다 보니 글로 용을 만나는 것은 조금씩 수월해지는 것 같았습니다. 물론 첫 책을 읽을 때에는 미뇽의 요정이 매우 겁을 먹고 긴장했지만 점점 두려움의 목소리도 작아지고 그 빈도가 줄어드는 것을 경험할 수 있었습니다. 이렇게 책을 여러 권 읽은 후에, 미뇽은 존재의 고통을 떠올리며 다시 한번 그 끔찍한 그림책에 도전하고 싶은 생각이 조금씩 들었습니다. 하지만 그럴 때마다 요정이 말했습니다.

"미놓, 그림만은 가능하면 보지 말자. 너도 기억하잖아. 저번에 그림을 펼쳐 봤다가 어떻게 됐었는지. 웬만하면 피했으면 좋겠어. 정말로 보고 싶지 않아. 그냥 그림은 넘어가면 안 될까? 정말 무섭고 떨려. 정말 괴롭단 말이야."

그럴 때마다 미놓도 의지가 약해지고 두렵기도 해서 그림은 피하게 되었습니다. 그리고 한편으로는 이렇게 힘든 고통을 사서 하는 것도 납득이 되지 않았습니다. 굳이 그렇게까지 할 필요가 있을까 하는 생각이 들었습니다. 그리고 다시 용을 피하면서 살면 되지 않을까 하는 유혹이 들기도 했습니다. 그렇게 그림을 앞에 두고 볼지 말지 고민하면서 시간을 보낼 때가 여러 번 있었습니다. 그러던 어느 날 미놓은 엘리에게 찾아가서 물어보기로 결심을 했습니다. 저녁 식사를 마치고 잠자리에 들기 전 미놓은 엘리의 방문을 노크했습니다.

"엘리님, 저 미놓이에요."

"그래. 미놓이구나. 무슨 일이니?"

"뭐 좀 여쭤 봐도 될까요?"

"그래. 들어오렴."

엘리는 잠옷을 입은 채로 의자에 앉아 책을 보고 있었습니다. 반가운 얼굴로 미놓을 맞아주었습니다.

"차 한 잔 할 테냐?"

"네, 감사합니다."

 그래, 나 상처 받았어

엘리가 화로에 올려놓은 주전자의 따뜻한 물로 차를 우려내어 하얀 찻잔에 담았습니다. 그리고 그 잔을 미뇽에게 건넸습니다.

"그래. 뭐가 궁금하니?"

엘리는 차를 한 모금 천천히 삼키고 미뇽에게 물었습니다.

"다름이 아니고…. 존재의 고통을 받아들이려고 애를 쓰는데 쉽지가 않아요. 머리로는 어느 정도 알겠는데 요정이 많이 싫어하고 그러다보니 저도 웬만하면 피하고 싶고…. 또 이렇게까지 해야 하나 하는 생각도 들고 많이 복잡해요."

미뇽은 말을 끝내고 한숨을 쉬었습니다. 그리고 따뜻하고 향긋한 차 한 모금을 천천히 삼켰습니다. 차 향기가 입안에서 목을 타고 몸속 깊이 내려가는 것 같았습니다.

"그래, 그럴 게야. 전에 내가 존재의 고통을 받아들여야 하는 이유가 뭐라고 했지?"

"음…. 그래야 부재의 고통에 빠지지 않을 수 있고, 또 존재의 고통은 받아들일수록 작아진다고 하셨어요."

"그래, 그랬지. 그런데 중요한 한 가지를 빼고 말하고 있구나."

"그래요? 그게 뭐지요?"

미뇽은 다소 의아해하며 물었습니다.

"그건 말이지. 존재의 고통을 받아들일 때, 네가 진정으로 원하는 삶을 살 수 있다는 것이지."

"아, 맞다. 그런 말씀을 하시긴 하셨어요. 그런데 그게 왜 중요하죠?"

 그래, 나 상처 받았어

"그게 매우 중요하단다. 전에 말한 것처럼 사람들은, 또 마음은 고통을 매우 싫어하지. 그래서 고통스러운 것을 피하려 하는 것은 너무나도 당연하고 자연스러운 거란다."

"그렇죠? 그래서 제가 그러나 봐요. 제가 이상한 것은 아니죠?"

"당연하지. 모든 사람들이 그렇단다. 모두가 고통을 피하고 싶어 하지. 그런데 존재의 고통을 피하면 자신이 원하는 삶의 방향으로부터 멀어지게 되고, 또 반대로 존재의 고통을 기꺼이 경험하려고 하면 자신이 원하는 삶의 방향으로 갈 수 있게 된단다. 존재의 고통은 배를 타고 내가 원하는 곳으로 가기 위해 지불하는 뱃삯과 같은 거지. 그리고 이렇게 자신이 원하는 삶의 방향을 바로 '가치value'라고 하지."

"가치라고요?"

"그래. 모든 사람은 저마다 자신에게 의미 있고 소중해서 정말 살기를 바라는 삶의 방향이 있단다. 그것을 바로 가치라고 하지. 예를 들어, 어떤 사람은 다른 사람을 돕는 삶을 사는 것이 자신에게 매우 중요하단다. 어떤 사람은 좋은 아빠가 되는 것이 매우 중요하지. 또 어떤 사람은 세상에 대한 호기심을 채워 가면서 많은 것을 알아 가는 것이 중요하지. 다른 사람은 자신의 손으로 아름다운 것을 창조해 내는 것이 매우 중요하지. 또 다른 사람에게는 주변에 있는 사람들과 깊은 친밀감을 맺는 것이 매우 중요하지. 이처럼 사람마다 중요한 가치는 다를 수 있고, 또 동시에 여러 개의 중요한 가치들을 가질 수도 있지."

"그럼, 아이들이 가지는 꿈 같은 것과 비슷한 건가요?"

미뇽은 호기심 어린 눈으로 엘리를 쳐다보았습니다. 엘리는 미뇽의 동그랗게 뜬 눈에 미소로 응답했습니다.

"비슷하기도 하고, 조금 다르기도 하지. 음…. 미뇽, 너는 네가 바라는 삶의 방향이 어떤 거였니?"

"음…. 예전에는 매우 명확하고 선명했어요. 조금 부끄럽지만 제 꿈은 왕이 되는 거였어요. 하지만 지금은 잘 모르겠어요."

미뇽의 표정이 조금 시무룩해졌습니다.

"그래. 왕이 되는 것이 꿈이었구나. 그런데 그건 가치는 아니란다. 그건 '목표goal'일 뿐이지."

"목표라고요? 그건 가치와 뭐가 다르지요?"

"가치가 살고 싶은 삶의 방향을 말한다면 목표는 그 방향으로 가는 중간 단계와 같은 것들이지. 그래서 가치는 어느 순간에 완성했다고 혹은 도달했다고 할 수 있는 것이 아니지. 즉, 삶의 방향을 알려 주는 나침반 같은 거야. 하지만 목표는 이룰 수도 있고, 그 다음에는 다른 목표를 성취할 수도 있지. 예를 들자면 약하고 힘든 사람들을 돕는 것이 가치라면, 의사가 되어 병을 고쳐 주거나 사업가가 되어 돈을 많이 벌어서 도와주거나 선생님이 되어 불쌍한 아이들을 가르치거나 하는 것은 목표이지. 그래서 같은 가치를 이루기 위해 다른 목표들을 가질 수도 있단다. 남쪽으로 가는 것이 가치라면, 남쪽으로 가는 길에 있는 저 산은 도달하려는 하나의 목표가 될 수 있겠지."

"알 것 같기도 하고, 아닌 것 같기도 하네요."

"그래. 그럴 수 있지. 그럼, 다시 네 이야기로 돌아가서, 미뇽, 너는 왜 왕이 되고 싶었지?"

"네? 저요? 저는 백성들이 행복한 모습을 보는 것이 좋았어요. 아버지의 선정으로 백성들이 큰 걱정 없이 행복하게 사는 것이 너무 보기 좋았어요. 그리고 아버지처럼 백성들에게 존경받고 기억되는 사람이 되고 싶었어요."

"정말 멋진 꿈을 가졌구나. 내 생각엔 너의 가치는 '사람들을 행복하게 하는 것' 또는 '사람들에게 존경받고 기억되는 것'인 것 같구나. 그 가치에 가까이 가기 위해 '왕이 되는 것'이라는 목표를 세운 것이고."

"아, 그렇군요. 가치는 좀 더 추상적인 것 같네요. 목표는 더 구체적이고 실질적인 것이고요."

미뇽이 고개를 끄덕이며 말했습니다.

"그래, 미뇽. 만약 네가 왕이 되지 못하더라도 그 가치는 이룰 수 있겠지. 훌륭한 정치학자가 되어서 백성들이 더 행복한 삶을 살 수 있도록 좋은 제도를 만들 수도 있고, 음악가가 되어서 사람들이 듣고 행복해할 수 있는 좋은 음악을 만드는 것도 가치를 이룰 수 있는 방법이 될 수 있겠지."

"그렇군요. 그렇다면 반드시 왕이 되어야 할 필요는 없는 거군요."

미뇽은 위대한 왕이 되어야 한다는 부담이 줄어들고 마음이 조금 가벼워지는 것 같았습니다.

"그렇단다. 그런데 사람들은 목표가 좌절되면 가치마저 이룰 수 없다고 생각하고 포기해 버리는 경우가 많지. 그건 가치와 목표를 혼동해서 생기는 일이지."

"그런데 가치가 존재의 고통을 받아들이는 데 왜 중요하지요?"

"그래. 내가 아직 그 이야기를 안 했나 보구나."

엘리는 수염을 쓰다듬으며 말을 이었습니다.

"사람들은 자신의 가치에 맞는 방향으로 살게 될 때 생기 있게 된단다. 그 방향으로 살게 될 때 활력이 생기고 보람을 느끼게 되며 또 삶의 의미를 경험하게 되지."

미뇽은 왕궁학교에서 친구들과 더 행복한 나라를 만들 수 있는 방법에 대해 토론할 때 경험했던 생기가 떠올랐습니다. 마음이 맞는 친구들과 더 부강하고 행복하고 평화로운 나라를 만드는 방법들에 대해 밤새 토론했던 기억이 났습니다. 어떤 친구는 평화를 위해 국력이 필요하다며 먼저 군사력을 키우는 것이 제일 중요하다고 주장했고, 어떤 친구는 배부르게 먹을 수 있는 것이 중요하다며 부를 키우기 위해 배를 많이 만들어 무역을 촉진해야 한다고 주장했고, 또 어떤 친구는 백성들이 좋은 음악을 듣고 아름다운 예술품을 감상할 수 있다면 행복할 거라며 문화와 예술을 활성화해야 한다고 주장했습니다. 모두들 자신의 의견을 내세우며 밤이 새는 줄 모르고 이야기를 나누었던 때가 떠올랐습니다. 미뇽은 그때 그렇게 나라와 백성들을 위해 함께 논의할 수 있는 친구들이 있다는 것만으로도 행복했습니다. 그래서 한 달에 한 번 자신의 방으로 친구들을 초대해서 맛있는 음식도 준비하고 편안한 자리를 만들

그래, 나 상처 받았어

어 밤새 토론하는 시간을 주선하곤 했었습니다. 미뇽은 그때가 그립고 그때가 가장 생기 있는 삶을 살았다고 생각했습니다.

'그래. 그때가 가장 즐겁고 행복한 시간이었는데… 용에 대한 두려움이 생기고 나선 친구들도 만나지 않았고 내 방으로 초대할 생각도 못했지. 언제 용이 나타날지 모른다는 생각 속에서만 갇혀 지냈어. 내 삶에서 진짜 소중한 것들을 잃어버리고 살았어…'

미뇽은 눈물이 핑 돌았습니다. 그리고 잠시 생각에 잠겼습니다.

"이렇게 사람들은 자신의 가치를 발견하게 될 때 두려움도 고통도 무릅쓰려는 용기가 생겨나곤 한단다. 그리고 존재의 고통을 '기꺼이 경험willingness'하려는 태도를 가지게 되지. 그리고 그 가치에 다가갈수록 힘들지만 생기가 더 일어나서 존재의 고통을 받아들일 만한 마음의 공간도 생겨나게 된단다."

"아, 그래서 가치를 발견하는 것이 중요한 거군요. 마치 고통을 받아들일 수 있는 힘의 원천 같은 거네요."

"그래, 그렇게 볼 수 있지."

엘리가 흐뭇한 미소를 지었습니다.

"미뇽."

"네."

"넌 훌륭한 왕이 될 거야. 정말 백성들을 행복하게 해 주고 싶니?"

"네… 하지만 자신이 없어요. 그리고 이제는 그게 정말 제 가치인지조차 혼란스러워요."

미뇽은 고개를 떨구었습니다. 용에 대한 두려움이 생기고 난 후로 자신감이 사라져 버렸습니다. 어쩌면 자신처럼 겁 많고 바보 같은 사람이 아닌 다른 용감한 사람이 왕이 되는 것이 백성들을 위해 더 나을지 모른다는 생각이 들었습니다.

"미뇽, 창밖을 한번 보렴."

엘리의 시선이 창을 향했습니다. 밖에는 하루 종일 비가 내리고 바람이 불었습니다. 날이 어두웠고 비바람에 나뭇가지들이 흔들리고 있었습니다.

"오늘처럼 비가 많이 내리고 구름이 잔뜩 낀 날에도 해가 뜨니?"

"네? 네. 해가 뜨긴 뜨겠죠."

미뇽은 엘리의 뜬금없는 질문에 조금 당황스러웠지만 금세 대답했습니다.

"그래. 오늘 같이 비가 내리고 구름이 가득한 날에도 해가 뜨지. 먹구름에 가려서 해가 보이진 않지만 해는 여전히 떠 있었지."

엘리는 이제 거의 식어 가는 찻잔에 입을 댔습니다. 그리고 한참 후에 다시 말을 이었습니다.

"가치도 그렇단다. 마음에 고통과 우울이 가득할 때는 나에게 가치가 없는 것처럼 느껴지기도 하고, 있다고는 생각되어도 희미하게만 느껴지고, 도저히 다가갈 수 없는 것처럼 느껴지지."

엘리는 여전히 창밖을 내다보고 있었습니다. 미뇽은 엘리에게 인사를 하고 자신의 방으로 돌아왔습니다. 침대에 누웠지만 잠이 오지 않았

그래, 나 상처 받았어

습니다.

'나의 가치, 내가 원하는 삶, 내가 바라는 삶, 나를 생기 있게 하는 것, 나의 꿈, 나의 소명…'

미뇽은 갑자기 아버지의 모습이 떠올랐습니다. 그리고 어느 밤 아버지와 나누었던 대화가 생각났습니다.

"아버지, 아버지는 왕이 되신 것이 좋으세요?"

"우리 아들이 갑자기 뚱딴지같은 질문을 하는구나. 하하하. 그게 왜 갑자기 궁금한 게냐?"

"그냥요. 저도 이 다음에 왕이 될 거니까 미리 좀 알아 놓으려고요. 하기 싫은 일을 평생 하면서 살 순 없잖아요."

아버지는 웃으며 미뇽의 머리를 쓰다듬었습니다.

"백성들이 행복한 모습을 볼 때, 가난한 농부가 감사의 표시로 소중한 거위알을 선물로 가져올 때, 우리 군사들이 늠름하게 행진할 때, 그럴 때는 내가 왕이라는 사실이 자랑스럽고 행복하단다. 하지만 늘 좋은 것만은 아니란다."

"그래요? 아버지도 왕인 것이 싫을 때가 있으세요? 그게 언제예요?"

그러자 왕이 몸을 숙이며 손가락으로 가까이 오라는 신호를 했습니다. 미뇽이 다가가자 왕은 작은 목소리로 미뇽의 귓가에 속삭였습니다.

"이건 정말 비밀인데…. 너만 알고 있어야 하느니라. 사실 아버지는 백성들 앞에서 연설할 때가 가장 싫어. 내가 연설공포증이 좀 있거든."

"네? 연설공포증이라고요?"

미뇽이 깜짝 놀라 그만 목소리를 조절하지 못하고 큰 소리로 되물었습니다. 백성들 앞에서 그렇게 당당하고 위엄 있게 말씀을 하시던 아버지에게 연설공포증이 있다는 것이 전혀 믿기지 않았습니다.

"쉿! 조용히 말하거라. 국가기밀이라니까, 미뇽!"

왕이 더 놀라서 손가락을 입에 대며 말했습니다.

"아바마마가 연설공포증이 있다고요? 말도 안 돼요."

미뇽이 이번에는 작은 소리로 속삭이듯 반문했습니다.

"그래. 연설공포증이 있단다. 사람들에게 표가 나는지 안 나는지 잘 모르겠지만, 많은 사람들 앞에서 말을 하려고 하면 심장이 쿵쾅거리고 얼굴에 열이 오르고 다리가 저릿저릿한 것이 당장이라도 그 자리를 피하고 싶단다."

미뇽은 정말 믿기지 않았습니다. 많은 신하들이 왕의 연설이 큰 소리로 외치진 않지만 조용하고도 힘이 있고 감동이 있는 명연설이라고 말하는 것을 들은 적이 여러 번 있었기에 더욱 믿을 수 없었습니다.

"그래서 연설을 하는 횟수를 최대한 줄이고 연설이 있을 때에는 일주일 전부터 긴장하고 잠도 잘 못 자고 소화도 잘 안 되곤 한다. 하지만 왕으로서 당연히 해야 하는 일이니 어쩔 수가 없지. 그것 빼고는 그럭저럭 할 만하단다. 하지만 이 이야기는 정말 비밀이야. 누구에게도 말해선 안 돼. 알았지, 미뇽?"

지금 생각해 보니 아버지에게도 존재의 고통은 있었나 봅니다. 그렇게 위풍당당하고 용감한 군인이기도 하셨던 아버지가 대중 앞에서 말

 그래, 나 상처 받았어

하는 것을 두려워하시다니…. 미뇽은 다시 생각에 잠겼습니다. 그러다 침대에 누워 있던 몸을 벌떡 일으켰습니다.

"그래. 나도 피하지 않겠어!"

미뇽은 일어나서 책장 뒤에 숨겨 두었던 그림책을 꺼내 왔습니다. 창밖에는 아직도 비바람이 세차게 불고 있었습니다. 지금 이 그림을 본다면 며칠 동안 몸서리치게 괴로울지도 모릅니다. 미뇽은 잠시 망설였지만 가죽 끈을 풀고 그림책을 펼쳤습니다. 그런 다음 피하지 않고 그림을 응시했습니다.

마인드 매뉴얼

내가 살고 싶은 삶의 방향, '가치'

우리에게 '가치'는 나침반이 가리키는 방향과 같다. 만일 당신이 길을 잃었다면, 원하던 방향으로 가고 있는지 확인하기 위해 나침반을 사용할 것이다. 예를 들어, 당신이 남쪽으로 가고 싶어 한다고 하자. 당신은 먼저 남쪽을 확인하기 위해 나침반을 볼 것이다. 그런 다음 목표로 남쪽 방향에 있는 산봉우리를 가리킬 것이다. 당신이 열심히 걸어서 그 산봉우리에 도착했을 때 어떤 일이 일어나겠는가? 당신은 이제 남쪽에 완전히 도달하였는가? 아니면 가고자 하는 남쪽이 당신 앞에 더 있는가? 물론 여전히 더 가야 할 남쪽이 남아 있다. 아울러 남쪽으로 가는 길은 다양할 수 있다. 산으로 난 길로 갈 수도 있고, 과수원을 통과해 갈 수도 있다. 때로 구불구불한 길을 따라가면 약간 동쪽으로 향할 수도 있지만 그 길 또한 여전히 남쪽으로 가는 길이다. 이처럼 남쪽으로 가는 것이 '가치'라고 한다면, 산이나 과수원은 남쪽으로 가는 길에 있는 중간 지점의 하나로 '목표'라고 할 수 있다.

예를 들어 '따뜻하고 지지적인 부모 되기'가 가치라고 한다면 '아이와 놀아 주기, 자주 대화하기, 책 읽어 주기' 등은 목표라고 할 수 있다. 우리가 어느 순간 "이제 남쪽에(완전히) 도착했어."라고 말할 수 없는 것처럼, "이제 따뜻하고 지지적인 부모가 (완전히) 되었어."라고 말할 수 없다. 이와 같이 가치는 도달할 수 있는 지점이 아니라 계속 나아갈 수 있는 방향이라고 할 수 있다. 하지만 "이번 주에 아이와 10시간 놀았어. 아이와 하루에 30분 이상 대화하고 있어."와 같이 목표는 가치를 추구하는 과정에서 도달할 수도, 성취할 수도 있는 것이다.

가치
(value)
당신이 살고 싶은 삶의 방향
예) 따뜻하고 지지적인 부모 되기

목표
(goal)
가치에 맞는 삶을 살면서 이룰 수 있는 중간 단계
예) 아이와 놀아 주기, 자주 대화하기, 책 읽어 주기

● 가치에 대해 몇 가지 알아 둘 점

1. **가치는 부모의 가치관이나 사회, 문화적인 기대를 그대로 반영한 것이 아니다.** 나도 모르게 부모나 주변 사람들의 가치관이나, 사회 혹은 문화의 기대에 맞춰 살면서 그것이 나의 가치인 줄 착각할 때가 있다. 그러한 삶은 활기가 없으며 왠지 모르는 '의무감'에 따라 사는 느낌이 든다. 그러므로 가치는 다른 사람이 아닌 내가 선택한 것이어야 한다.

2. **가치는 목표가 아니다.** 어떤 목표 달성에 실패한 후에 삶의 의미를 잃어버리고 좌절하는 것은 가치와 목표를 혼동하는 것일 수 있다. 예를 들어, '약한 사람들을 돕는 삶'이 가치일 때 '의대 진학'이라는 목표가 무너졌을 때 좌절하는 것은 가치와 목표를 혼동하는 것일 수 있다. 의사가 되지 않아도 약한 사람들을 도울 수 있는 일이나 직업들은 여전히 존재한다.

3. **가치는 좋은 느낌 자체가 아니다.** 우리는 스스로 선택한 가치와 일치되게 살아갈 때 '생기vitality', 생동감 혹은 활력을 자주 느낀다. 그러나 이것이 느낌이 좋은 것이 다 가치에 맞다는 것을 의미하지는 않는다. 술이나 마약에 빠져 있는 사람은 좋은 느낌을 얻지만 가치에 맞게 사는 것은 아

그래, 나 상처 받았어

니다. 즉, 가치에 맞게 사는 것은 반드시 '느낌이 좋은 것 feeling good'이 아니라, '잘 사는 것living good'이다. 사람들과 친밀한 관계를 맺으며 사는 것이 가치이더라도, 사람을 만날 때 늘 기분이 좋거나 행복감을 느끼지는 않는다. 때로 불편함을 경험하더라도 친밀한 관계를 만들기 위해 다가가야 하는 것이다. 때로는 오히려 고통이 가치를 향한 길을 안내해준다. 우리는 자신이 소중하게 여기는 것에서만 고통을 느낄수 있다. '당신은 상처받지 않으면서 결코 사랑할 수 없다!'

4. 가치는 미래에 존재하는 것이 아니다. 가치는 현재에 경험될 수 있다. 가치를 선택하는 매순간 당신은 가치에 맞는 길을 걷고 있는 것이다. 가치의 방향을 따라가는 모든 발걸음은 그 과정의 일부분이다. 예를 들어, 당신이 '늘 배우는 삶'이라는 가치를 위해 시험을 준비하고 있다면 시험에 합격했을 때만 가치에 접촉하는 것이 아니다. 시험을 준비하기 위해 교재를 구입하거나 공부를 시작하는 이 순간부터가 가치에 접촉하는 삶을 살고 있는 것이다.

5. 죽은 사람의 가치는 가치가 아니다. 대부분의 경우 '~하지 않기'와 같은 식의 주제는 가치가 아니다. 예를 들어, '불안해하지 않기' '거절당하지 않기' '실패하지 않기'와 같은

내용이다. 이는 회피의 일종이라고 할 수 있으며, 죽은 사람이 제일 잘할 수 있기 때문에 '죽은 사람의 가치'라고 하며 진정한 의미의 가치라고 할 수 없다.

그러면 나의 가치는 어떻게 알 수 있을까? 자신의 가치를 찾는 방법들은 여러 가지가 있다. 먼저, 자신에게 다음과 같이 질문함으로써 찾아낼 수 있다. '만약 내가 지금 겪는 어려움이나 고통이 없어진다면 나는 무엇을 하고 싶은가 혹은 어떤 삶을 살고 싶은가?' 그 소원 속에 당신이 소중하게 여기는 가치가 숨어 있을 수 있다. 둘째, 어린 시절의 소원을 통해 알 수 있다. '당신은 어린 시절 어떤 사람이 되고 싶었는가? 무엇이 되고 싶었는가? 무엇을 할 때 가슴이 뛰고 밤을 새워 몰두할 수 있었는가?' 그 안에 가치가 숨어 있을 수 있다. 셋째, 심리적인 고통을 통해 알 수 있다. 역설적이게도 당신이 살면서 가장 괴로워하는 그 순간, 당신이 가장 바라는 가치로부터 멀어지면서 경험하는 부재의 고통 속에 있을 수 있다. 즉, 당신이 가장 고통스러워했던 이유를 살펴보면 그 안에 잃어버린 가치가 무엇인지 알 수도 있다. 넷째, 존경하는 인물의 삶을 통해 알 수 있다. '당신은 누구를 존경하는가? 그 존경하는 인물의 어떤 점이 당신을 감동하게 하고 가슴 뛰게 하는가?' 그것이 당신의 가치일 수 있다.

좀 더 구체적이고 명확한 방법은 없을까? 물론 있다. 이 시간 함께 당신의 가치를 찾아 떠나는 짧은 여행을 해 보도록 하자.

● **나의 장례식에 참석한다면?**

오해는 말길 바란다. 당신이 지금 죽기를 바라는 것이 결코 아니다. 다만 인간은 죽음 앞에서 겸허해지고 진정으로 소중하게 여기는 것들이 선명해질 수 있기 때문이다. 다음 지시문을 천천히 읽으면서 상상력을 동원해 보자. 혹시 도와줄 사람이 있다면 당신은 눈을 감고 지시문에 따르고, 상대가 지시문을 천천히 읽어 주면 더욱 좋다. 물론 서로 역할을 바꾸어 번갈아 가며 해 보는 것도 좋다. 가능하면 차분하고 조용한 분위기에서 해 보자. 촛불 한 자루나 은은한 조명, 잔잔한 음악 같이 경건한 분위기를 만들 수 있는 소품을 사용하는 것도 좋다.

장례식 명상

자리에 편안하게 앉으십시오. 눈을 감고 두세 번 정도 심호흡을 하고 잠시 동안 몸과 마음의 긴장을 풉니

다. 지금부터는 '당신 자신의 장례식' 광경을 지켜보고 있는 상상을 해 보겠습니다. 이 장례식은 당신이 갑작스러운 사고 등으로 불행하게 맞이하게 된 경우가 아니라, 당신이 삶에서 실현하고자 하는 가치에 연결된 삶을 살다가 평온하게 맞이하게 된 장례식입니다.

뚜껑이 열려 있는 관 속에 편안하게 누워 있는 당신의 모습을 그려 보십시오. 조문객들이 보내온 국화꽃 향기를 맡으면서 은은하게 울려 퍼지는 장엄한 음악소리를 들어 보십시오.

장례식이 펼쳐지는 방 안을 한번 둘러보십시오. 누가 참석했습니까? 아마도 당신이 사랑했던 사람들, 즉 가족들, 친구들, 친척들, 동료들 그리고 지인들이 보일 것입니다. 그들이 나누고 있는 대화에 귀를 기울이고, 그들이 당신에 대해서 어떻게 추모하고 있는지 들어 보십시오. 당신의 배우자는 당신에 대해서 어떻게 말하고 있습니까? 당신의 자녀들은…. 당신의 친구들은…. 당신의 동료들은…. 그리고 당신의 이웃들은 당신이 어떤 사람이었다고 말하고 있습니까?

그들이 나누는 이야기에 귀를 기울이면서, 진정으로 당신이 듣고 싶었던 이야기가 무엇인지 생각해 보십시오. 당신은 당신이 마음을 쏟았던 사람들에게 어떤 사람

그래, 나 상처 받았어

으로 기억되기를 바랍니까? 당신이 사랑했던 사람들이 당신을 어떤 말로 추모하기를 바랍니까?

묘비명 쓰기

이제 발걸음을 옮겨 당신의 묘비가 있는 곳으로 가 봅니다. 언젠가는 그것이 당신의 무덤 앞에 놓이게 될 것입니다.

당신의 묘비에 어떤 글귀가 적혀지기를 바라십니까? 당신이 간절히 소망하는 삶의 모습을 표현한 간단한 구절이나 문장을 생각해 보십시오. 당신은 어떤 사람으로 기억되고 싶습니까? 한 가지 혹은 그 이상의 구절이 떠오르면, 그것을 묘비의 빈자리에 직접 써넣으십시오.

출처: 『분노의 갑옷을 벗어라』(유성진 역, 2008)에서 인용 및 수정

MEMORIAL

고 _____

여기에 잠들다.

_____

_____

_____

_____

_____

자신의 상상 속 장례식에 참석해 보고 미래에 놓일 묘비명을 써 보는 경험이 어떠했는가? 어느 정도 몰입이 가능했다면 당신이 살고 싶은 삶에 대한 방향이나 윤곽을 잡는 데 도움이 되었을 것이다. 이제 이 방향에 기반하여 보다 구체적인

그래, 나 상처 받았어

그림을 그려 보려고 한다.

다음 표에는 삶의 10가지 영역이 제시되어 있다. 먼저, 각 영역에서 당신이 이루고 싶은 삶의 가치 혹은 방향을 적어 보기 바란다. 예를 들어, '부부/친밀한 관계'에는 현재 혹은 미래의 연인/배우자 관계에서 이루고 싶은 가치를 적으면 된다. '평생 서로에게 힘이 되는 관계' 혹은 '어떠한 상황에서도 상대를 믿어 주는 남편/아내' 등과 같은 가치를 적으면 된다. 또 다른 예로, '직업/직장'의 영역에서는 '경제적 이익만이 아닌 사회에 기여할 수 있는 일' '나의 창의성을 지속적으로 발휘하고 실현하는 것'과 같이 기록할 수 있다. 나열된 10가지 영역을 모두 다 적을 필요는 없다. 아직 '부모 되기'가 나와 멀게 느껴진다거나, '영성'과 관련되어 특별히 관심이나 중요성을 느끼지 않는다면 적지 않아도 좋다. 다음으로, 각 영역의 가치가 나에게 얼마나 중요한지를 1점(중요도 낮음)에서 10점(중요도 높음)까지 '중요도' 란에 평정하기 바란다. 그리고 지난 한 달 동안 이 가치에 따라 얼마나 부합되게 살았는지를 1점(전혀 그렇지 않음)에서 10점(매우 부합되게 살았음)까지 '성공도' 란에 평정하기 바란다. 마지막으로, 현재 나의 삶에서 그 가치에 맞게 살도록 마음을 기울이는 것이 중요한 순서에 따라 '우선순위'란에, 가장 우선적인 것은 1, 다음은 2 등의 순으로 평정하기 바란다.

영역	나의 가치	중요도	성공도	우선 순위
부부/ 친밀한 관계				
부모 되기				
가족 관계				
사회적 관계 (친구, 동료)				
직업/직장				
교육과 훈련				
레크리에이션 (재충전 활동)				
영성				
지역사회 생활 (봉사, 공헌)				
건강/ 신체 관리				

출처: 문현미(2006)에서 인용

그래, 나 상처 받았어

각 영역에 대한 가치를 기록하고 중요도, 성공도, 우선순위를 평정하였는가? 당신은 어느 영역의 가치가 가장 중요한가? 그리고 얼마나 그 가치에 맞게 살고 있는가? 현재 당신이 마음을 먼저 집중해야 할 영역의 가치는 무엇인가? 이제 당신은 삶에 대한 개략적인 지도를 가지게 되었다. 지금 이 순간부터 당신의 가치에 맞는 삶과 구체적인 행동을 선택하기 바란다.

다시 집으로

어느새 계절이 바뀌었습니다. 초록으로 울창하던 숲이 울긋불긋 옷을 갈아입고 있었습니다. 미뇽은 이제 용을 피하지 않습니다. 용이 등장하는 이야기책도, 흉측한 용 그림도, 용을 닮은 어떤 것도 피하지 않습니다. 물론 때로는 용에 대한 두려움으로 위축되거나 요정이 놀랄 때도 있지만 그렇다고 피하지는 않습니다. 그리고 엘리에게 많은 것들을 배웠습니다. 백성을 행복하게 하는 데 도움이 될 수 있는 것이라면 가리지 않고 공부했습니다. 배우면 배울수록 엘리에게 배울 것들이 더 늘어만 가는 것처럼 느껴졌습니다. 하지만 언제든 다시 엘리에게 물어볼 수 있다는 생각에 서두르지 않았습니다. 늘 불안과 긴장으로 어둡던 미뇽의 얼굴이 많이 밝아졌습니다. 다시 미소를 찾았고

그래, 나 상처 받았어

소리 내어 웃는 일도 많아졌습니다.

미뇽은 그동안 윌링네스와 함께 지내면서 절친한 사이가 되었습니다. 윌링네스는 엘리에게 약초로 병을 다스리는 법과 같은 의술을 꾸준히 익혔습니다. 윌링네스는 어릴 때 부모님께서 모두 역병으로 돌아가셔서 몸이 아픈 사람들을 돕는 것이 꿈이었습니다. 미뇽은 윌링네스가 랑가주에서 의술을 연구하며 병든 사람들을 돌봐 주는 궁중 의학원에서 일하면 좋겠다고 생각했습니다.

어느 날 미뇽은 늘 있던 큰 나무 아래서 책을 읽고 난 후, 엘리의 집으로 돌아가고 있었습니다. 미뇽이 집근처에 왔을 때 뜰에서 누군가가 고래고래 큰 소리를 지르는 것 같았습니다.

"우리 왕자님을 당장 내놔!"

"지금 여기에 없다고요. 조금 있으면 돌아올 거예요. 도대체 누구신데 이렇게 난리를 치시는 거예요?"

"난리를 친다고? 이곳에 있는 악한 마법사 녀석이 우리 왕자님에게 마법을 걸어서 하인처럼 부리고 있다는 소문을 듣고 왔는데 내가 흥분하지 않게 생겼어? 왕자님은 어디 계셔? 그리고 그 사악한 마법사 녀석은 어디 있고?"

멀리서이지만 투박하고 우렁찬 목소리는 엑스페리언스의 것임에 틀림없었습니다. 미뇽은 반가운 마음으로 단숨에 달려갔습니다.

"엑스페리언스, 나예요! 미뇽!"

엑스페리언스가 미뇽에게로 고개를 돌렸습니다.

"아이고 왕자님. 그동안 어떻게 지내신 거예요. 몰골이 이게 뭐예요? 이런 누더기 같은 옷을 걸치고 어떻게 사셨어요? 몸도 마른 것 좀 봐. 밥은 제대로 먹고 지내신 거예요? 힘든 일 하시느라 이렇게 마르신 거죠?"

엑스페리언스는 눈물을 글썽이며 미농을 와락 안았습니다. 그러고는 이내 흥분해서 칼을 빼어 들었습니다.

"이 나쁜 놈의 마법사를 만나기만 해 봐라. 내가 당장에 단칼로 끝내 버리겠다."

때마침 엘리가 나타났습니다.

"집에 손님이 온 모양이구나."

"네가 그 사악한 마법사로구나. 네 이놈을 당장!"

엑스페리언스는 다짜고짜 칼을 들고 엘리가 있는 쪽으로 달려갔습니다.

"엑스페리언스, 그게 아니라. 엘리 님께서 나를…"

흥분한 엑스페리언스는 미농의 말을 귀담아 듣지않고 엘리를 향해 칼을 겨누었습니다.

"이 사악한 놈아! 우리 왕자님을 이 꼴로 만들어 놓다니 도저히 용서할 수 없다. 내 칼을 받아라."

엑스페리언스는 망설임 없이 칼을 들어 엘리를 향해 내리치려고 했습니다.

"슝!"

그래, 나 상처 받았어

순간 엘리의 막대기가 번쩍이더니 엑스페리언스의 온몸이 얼음처럼 굳어 버렸습니다.

"엑스페리언스!"

미뇽은 깜짝 놀라 엑스페리언스에게 달려갔습니다.

"미뇽, 너무 놀라지 말거라. 너의 친구가 너무 흥분한 것 같아 잠시 멈추게 한 것뿐이니 얼마 후면 깨어나게 될 거야."

엘리의 말을 듣고 미뇽은 안심이 되었습니다. 그리고 엘리에게 죄송한 마음이 들었습니다.

"죄송해요. 엘리 님. 워낙 화가 나면 앞뒤를 안 가리는 성격이라 엑스페리언스가 실례를 범했어요."

미뇽이 대신 머리 숙여 사죄했습니다.

"괜찮단다, 미뇽. 정말 충성스럽고 용감한 기사인 것 같구나. 생각이 깊진 않지만 그 덕분에 두려움이 없고 피하는 것이 없는 친구이지."

미뇽과 윌링네스는 얼음처럼 굳어버린 엑스페리언스를 들어 침대 위에 눕혔습니다. 엑스페리언스는 다음날 아침이 되어서야 깨어났습니다. 깨어난 엑스페리언스는 미뇽의 설명을 듣고 엘리에게 가서 무릎을 꿇고 사과했습니다.

"저희 왕자님의 생명의 은인이신데 제가 난리친 것 진심으로 사과드립니다. 제가 흥분하면 워낙 생각이 없어서 큰 잘못을 했습니다. 정말 죄송합니다."

엑스페리언스는 무릎을 꿇은 채 고개를 숙였습니다.

"괜찮아. 요즈음 그대처럼 충성스러운 기사도 드물지. 그건 그렇고. 이제 미뇽, 너도 고향으로 돌아가거라."

"네? 고향으로 가라고요?"

미뇽은 엘리의 갑작스러운 말에 눈이 휘둥그레졌습니다. 한참은 더 머물다가 적어도 겨울까지는 지낸 다음에야 돌아가리라 생각하고 있었기 때문입니다.

"그래, 미뇽. 이제 고향으로 돌아가도 될 것 같구나. 가서 너의 가치에 맞는 삶을 살아야지."

그래, 나 상처 받았어

"하지만 아직 저는 준비가 많이 부족해요. 가끔 용에 대한 두려움으로 위축되기도 하고, 그럴 때면 모든 걸 내려놓고 회피하고 싶을 때도 있고, 아직 모르는 것도 너무 많고…."

"그래, 아직 부족하지. 하지만 나가서 삶을 사는 것이야말로 가장 빨리 회복되는 길이란다. 그리고 언제든 찾아와도 좋다고 했지 않느냐?"

엘리는 미농을 보며 온화한 미소를 지었습니다.

"그리고 윌링네스. 너도 미농과 함께 가거라."

"네? 저도 가라고요?"

윌링네스는 미농보다 더 커진 눈으로 엘리를 쳐다보았습니다.

"그래, 너도 가거라. 가서 미농을 도와주거라. 그리고 미농도 윌링네스를 도와주도록 하고. 그렇게 서로 친구로 돕고 각자의 가치에 맞는 삶을 살도록 하여라."

"하지만 제가 가면 엘리 님의 식사와 빨래 등은 어떻게…."

"그런 것은 걱정하지 말고. 네가 없을 때에도 나는 별 탈 없이 잘 살았느니라."

셋은 갑작스레 떠날 준비를 하게 되었습니다. 윌링네스는 먼 길을 떠날 채비를 하면서 입을 옷과 먹을 음식을 챙겼습니다. 엘리는 미농에게 마인드 매뉴얼을 챙겨 주었습니다.

"미농, 앞으로도 유용하게 쓰일 것이야. 잘 챙겨 가길 바란다."

미농은 갑자기 눈물이 핑하고 돌았습니다.

"엘리 님…."

다음날 아침 세 명은 말을 타고 엘리의 집을 나섰습니다. 엘리는 문 앞에 서서 손을 흔들어 주었습니다. 윌링네스는 자꾸만 뒤를 돌아보았습니다. 윌링네스와 미뇽의 눈가에 눈물이 잔뜩 고였습니다. 그리고 그 동안 있었던 일들이 순식간에 머릿속을 지나갔습니다.

"다시 찾아오겠습니다."

미뇽 일행은 아무 말 없이 한참을 갔습니다. 그러다 엑스페리언스가 입을 열었습니다.

"왕자님, 이제 다 나으신 거예요?"

갑작스러운 질문에 미뇽은 조금 당황했습니다.

"다 나았냐고요? 음…. 글쎄…. 가끔은 용에 대한 두려움으로 요정이 소리를 지르기도 하고 겁을 먹기도 해요. 하지만 점점 줄어들고 있는 것 같아요. 그리고 이제는 그 두려움을 피하지 않으려고 해요. 적어도 이것 때문에 내 삶의 소중한 것들을 잃어버리거나 포기하지는 않을 거예요."

"그러시군요. 다 나으셨다는 건지, 아직 안 나으셨다는 건지 잘은 못 알아듣겠지만 왠지 왕자님이 좀 어른이 되신 것 같네요. 그리고 여자친구도 생기고. 흐흐흐."

엑스페리언스가 익살스레 웃으면서 미뇽의 어깨를 툭하고 쳤습니다. 그러자 미뇽의 얼굴이 빨개졌습니다.

"우린 그런 사이 아니라고요! 제가 저런 애기 같은 녀석과 어울리지도 않고요!"

그래, 나 상처 받았어

윌링네스가 엑스페리언스를 향해 소리 질렀습니다. 하지만 윌링네스의 표정이 그리 나쁘진 않았습니다. 그 때 미뇽의 요정이 목소리를 내었습니다.

"빨리 가자고요. 이러다가 해가 지고 숙소를 못 찾으면 광야에서 밤을 보내게 될지도 몰라요. 여긴 늑대가 우글거릴지도 몰라요. 왠지 느낌이 안 좋다고요."

요정의 불안한 목소리에 미뇽이 미소를 지으며 대답했습니다.

"그래, 마음아 고마워. 알려 줘서 고마워. 그래, 이제 삶으로 돌아가자고."

미뇽이 먼저 말에 박차를 가하고 선두에 섰습니다. 윌링네스와 엑스페리언스도 뒤처질세라 따랐습니다. 세 명의 뒷모습이 저 멀리 광야를 향해 점점 작아져 갔습니다.

마인드 매뉴얼

고통을 피하지 않는 삶

우리는 각종 소셜 네트워크 서비스SNS를 통해 자신의 근황과 타인의 소식을 공유한다. 이때 공유되는 소식이나 사진들은 대부분 즐겁고 행복한 내용들로 가득하다. 그러나 우리의 실제 삶이 사진에서처럼 정말 늘 행복하기만 한 것일까? 물론 그렇지 않다. 사람들에게 보이는 내용들과 다르게 남몰래 힘들어하고 눈물 흘리는 순간들이 있다. 우리 모두가 남모르는 각자의 고통을 하나 이상씩 가지고 살아 내고 있다. 사람들은 각기 다른 문제들, 즉 가족 간의 불화로, 친구관계의 갈등으로, 연애 문제로, 직장 문제로, 경제적인 문제로, 건강상의 문제로 힘들어하고 아파한다. 그러므로 고통이 우리 삶의 일부라고 해도 누구도 감히 부인할 수 없을 것이다.

인간은 다양한 고통을 마음이라는 통로를 통해 경험하게 된다. 끊임없이 반복되는 걱정과 부정적인 생각, 쓰라린 감정, 떠올리고 싶지 않은 기억, 그리고 불편하고 괴로운 감각까지 모두 마음을 통해 겪게 된다. 앞서 설명한 바와 같이, 마음의 놀라운 능력과 특유의 기능으로 인해 인간의 고통은 더 증폭되기도 한다. 아울러 이러한 고통들을 섣불리 떼어 내고 지우려 할 때, 역설적으로 오히려 더 증폭되기도 하고, 의도치 않게 2차적인 고통까지 발생하기도 한다. 그러므로 우리는 마음이 주는 고통을 통제하고 억누르기보다, 이해하고 감싸 주는 태도를 길러야 한다. 마음이 제시하는 모든 경험들이 나름의 이유가 있음을 인정하고, 마치 어린아이를 돌보듯 마음을 달래고 보살피는 법을 배워야 한다. 이렇게 자신과 타인의 마음을 따뜻하게 돌보는 태도를 '공감'이라고 하며, 이 책에서 나오는 마음에게 고마워하는 태도는 자기 공감의 결정체라고 할 수 있다.

다음 그림과 같이 우리는 살면서 경험할 수밖에 없는 혹은 내가 원하는 삶을 살기 위해 겪게 되는 존재의 고통을 기꺼이 받아들여야 한다. 물론 기꺼이 경험하는 것이 그 고통을 좋아하고 원한다는 것을 의미하지는 않는다. 엄마가 사랑하는 아기를 정성스럽게 돌볼 때 냄새나는 기저귀를 수도 없이 기꺼이 갈지만, 아기의 배설물과 그 냄새까지 원하고 좋아하

그래, 나 상처 받았어

는 것은 아니다. 내 삶의 소중한 가치를 위해서 고통을 기꺼이 받아들이기로 선택하는 것이다. 이렇게 존재의 고통을 받아들일 때, 우리는 내가 바라는 삶에서 멀어지는 부재의 고통을 줄일 수 있게 된다. 아울러 그림에서 보듯이 존재의 고통은 경험하면 경험할수록 화살표와 같이 줄어들게 되지만, 부재의 고통은 경험할수록 더 깊어지고 더 커진다.

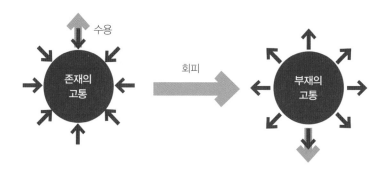

이제 우리도 미뇽처럼 삶으로 돌아가야 할 시간이 왔다. 당신은 그동안 어떤 마음의 경험 혹은 상처와 싸워 왔는가? 어떤 존재의 고통을 피해 왔는가? 두려움, 불안, 귀찮음, 수치심 등으로 인해 삶에서 피해 온 것은 무엇인가? 그 결과로

삶에서 잃어버린 것은 무엇인가? 나의 삶은 현재 내가 원하는 방향으로 가고 있는가? 이제 때로는 고통스럽지만 당신의 마음을 다독여 가면서 존재의 고통을 스스로 선택해 보자.

이를 위해 무엇을 다시 시작해 보겠는가? 당신의 가치를 위한 새로운 행동은 진학, 이직, 결혼과 같이 삶에서 중대한 변화일수도 있지만, 어색함에 연락하지 못했던 옛 친구에게 전화하기, 귀찮음으로 미루어 두었던 책 읽기, 남들 보기에 이상할까 봐 피했던 스타일의 옷 입어 보기, 거절에 대한 두려움으로 피했던 소개팅 나가 보기, 피트니스 센터에 등록하기 등 작은 변화일 수도 있다. 이러한 변화들이 쌓여 갈 때 어느새 당신은 자신이 원하는 삶의 방향에 맞는 삶을 하루하루 살아 내고 있을 것이다.

새로운 변화들이 때로는 고통과 상처를 주겠지만 아직 아물지 않은 상처를 가지고 다시 삶을 향해 여행을 떠나는 미뇽처럼, 당신도 '경험(익스피리언스, experience)'과 '기꺼이 경험하기(윌링네스, willingness)'와 함께 떠나기 바란다. '고통은 축복이라는 선물을 감싸고 있는 거친 포장지이다!'

● 내가 바라는 삶을 위해 지금부터 하려는 행동들

1. _____

2. _____

3. _____

4. _____

5. _____

6. _____

참고문헌

권석만(2013). **현대 이상심리학(제2판).** 서울: 학지사.

권석만, 임선영, 김기환 공역(2011). **정서적 경험 활용하기.** 서울: 학지사.

김기환(2006). 사고- 행위 융합과 사고- 사건 융합의 측면에서 본 강박사고의 하위유형. 서울대학교 석사학위 청구논문.

김문수, 박소현 공역(2014). **학습과 행동.** 서울: 피앤씨미디어.

김병수, 서호준 공역(2012). **우울증의 행동활성화 치료.** 서울: 학지사.

김춘경 역(2007). **상담기법.** 서울: 학지사.

문현미. (2006). 심리적 수용 촉진 프로그램의 개발과 효과: 수용-전념 치료 모델을 중심으로. 가톨릭대학교 대학원 박사학위 청구논문.

문현미 역(2013). **우울증을 위한 ACT.** 서울: 학지사.

문현미, 민병배 공역(2009). **마음에서 빠져나와 삶 속으로 들어가라.** 서울: 학지사.

유성진 역(2008). **분노의 갑옷을 벗어라.** 서울: 학지사.

최병휘 역(2006). **사회불안증의 인지행동치료.** 서울: 시그마프레스.

최영희, 유은승, 최지환 공역(2012). **수용전념치료 배우기.** 서울: 학지사.

American Psychiatric Association. (2013). *Diagnostic and statistical manual of mental disorders–5th edition(DSM–5).* Washington, DC: Author.

Beck, J. S. (2011). *Cognitive behavior therapy: Basics and beyond.* New York: Guilford Press.

Cloninger, C. R., Svrakic, D. M., & Przybeck, T. R. (1993). A psychobiological model of temperament and character. *Archives of general psychiatry, 50*(12), 975–990.

Hayes, S. C., Barnes–Holmes, D., &Roche, B. (2001). *Relational frame theory: A post–Skinnerian account of human language and cognition.* Springer Science & Business Media.

Hayes, S. C., Strosahl, K. D., &Wilson, K. G. (2012). *Acceptance and commitment therapy: The process and practice of mindful change.* New York: Guilford Press.

Hofmann, S. G., &., Otto, M. W. (2008). Cognitive Behavioral therapy for social anxiety disorder: Evidence–based and disorder specific treatment techniques. Routledge.

Nolan, S. A., Roberts, J. E., & Gotlib, I. H. (1998). Neuroticism and ruminative response style as predictors of change in depressive symptomatology. *Cognitive Therapy and Research, 22,* 445–455.

저자 소개

김기환 Kim Kiwhan

　　서울대학교 대학원에서 임상 및 상담 심리학 전공으로 석사와 박사 학위를 받았다. 덕성여자대학교 학생상담센터 전임상담원, 서울대학교 대학생활문화원 위기상담팀장, 한국임상심리학회 홍보 및 정보이사, 마음사랑인지행동치료센터 부소장 등을 역임하였다. 현재 심리상담연구소 '사람과 사람'의 소장 및 서울디지털대학교 상담심리학과 교수로 재직하고 있다. 임상심리전문가, 인지행동치료전문가이며 임상현장에서 상담 및 심리치료를 통해 심리적 고통을 겪는 이들을 돕고 있다. 아울러 노래로 치유를 나누는 뮤지션 '라파'로도 활동하고 있다.

이야기를 통해 배우는 마음 돌봄

그래, 나 상처 받았어
I've accepted my pains

2019년 1월 30일 1판 1쇄 발행
2024년 1월 25일 1판 3쇄 발행

지은이 • 김기환
펴낸이 • 김진환
펴낸곳 • (주) **학지사**
        04031 서울특별시 마포구 양화로 15길 20 마인드월드빌딩
대표전화 • 02)330-5114   팩스 • 02)324-2345
등록번호 • 제313-2006-000265호

홈페이지 • http://www.hakjisa.co.kr
인스타그램 • https://www.instagram.com/hakjisabook

ISBN 978-89-997-1709-3 03180

정가 16,000원

출판미디어기업 **학지사**

간호보건의학출판 **학지사메디컬** www.hakjisamd.co.kr
심리검사연구소 **인싸이트** www.inpsyt.co.kr
학술논문서비스 **뉴논문** www.newnonmun.com
교육연수원 **카운피아** www.counpia.com